治 安 学 文 库

2017年度湖北省本科高校治安学荆楚卓越经管人才协同育人计划项目资助出版

行政应急法律实施机制之优化

刘菲 著

武汉大学出版社

图书在版编目(CIP)数据

行政应急法律实施机制之优化/刘菲著. —武汉：武汉大学出版社，2020.12(2022.4 重印)
治安学文库
ISBN 978-7-307-21579-5

Ⅰ.行… Ⅱ.刘… Ⅲ.行政法—研究—中国 Ⅳ.D922.104

中国版本图书馆 CIP 数据核字(2020)第 096932 号

责任编辑：林 莉 沈继侠　　责任校对：汪欣怡　　版式设计：马 佳

出版发行：**武汉大学出版社** （430072 武昌 珞珈山）
（电子邮箱：cbs22@whu.edu.cn 网址：www.wdp.com.cn）
印刷：武汉邮科印务有限公司
开本：720×1000 1/16 印张：19 字数：298 千字 插页：1
版次：2020 年 12 月第 1 版 2022 年 4 月第 2 次印刷
ISBN 978-7-307-21579-5 定价：58.00 元

版权所有，不得翻印；凡购我社的图书，如有质量问题，请与当地图书销售部门联系调换。

目 录

导论 ··· 1
  一、问题的提出 ·· 1
  二、研究现状 ··· 3
  三、研究意义 ·· 32
  四、研究框架、研究方法与创新之处 ······························ 35

第一章 行政应急法律实施机制之新的分析理论 ············· 43
第一节 传统法律实施理论之梳理 ································ 43
  一、法律实施的内涵 ··· 43
  二、法律实施的框架 ··· 45
  三、法律实施机制的概念 ··· 51
第二节 行政应急法律实施机制之再构 ·························· 55
  一、行政应急法律实施机制的概念 ······························· 55
  二、行政应急法律实施机制的创新 ······························· 62
第三节 行政应急法律实施机制的主体和指向对象 ············ 67
  一、行政应急法律实施机制的主体 ······························· 67
  二、行政应急法律实施机制指向的对象 ·························· 83
第四节 行政应急法律实施机制的法教义学分析工具 ········· 90
  一、行政行为理论 ·· 90
  二、行政过程理论 ·· 95
  三、行政法律关系理论 ··· 100

第二章 预防与应急准备阶段法律实施机制之优化 …… 104
第一节 预防与应急准备机制阶段法律实施机制的内容 …… 104
第二节 预案管理机制 …… 105
一、我国预案管理机制存在的不足 …… 106
二、制约预案管理机制良性运行的原因 …… 112
三、预案管理机制的完善 …… 114
第三节 风险评估机制 …… 118
一、我国风险评估机制存在的不足 …… 119
二、制约风险评估机制良性运行的原因 …… 123
三、风险评估机制的完善 …… 127
第四节 宣传教育培训演练机制 …… 132
一、我国宣传教育培训演练机制存在的不足 …… 133
二、制约宣传教育培训演练机制良性运行的原因 …… 135
三、宣传教育培训演练机制的完善 …… 139
第五节 物资储备保障机制 …… 144
一、我国物资储备保障机制存在的不足 …… 146
二、制约物资储备保障机制良性运行的原因 …… 148
三、物资储备保障机制的完善 …… 150

第三章 监测与预警准备阶段法律实施机制之优化 …… 155
第一节 监测与预警阶段法律实施机制的内容 …… 155
第二节 监测机制 …… 156
一、我国监测机制存在的不足 …… 156
二、制约监测机制良性运行的原因 …… 158
三、监测机制的完善 …… 161
第三节 预警机制 …… 164
一、我国预警机制存在的不足 …… 165

二、制约预警机制良性运行的原因 ……………………………… 168
　　三、预警机制的完善 ……………………………………………… 173

第四章　应急处置与救援阶段法律实施机制之优化 …………… 178
第一节　应急处置与救援阶段法律实施机制的内容 …………… 178
第二节　接警响应机制 …………………………………………… 179
　　一、我国接警响应机制存在的不足 ……………………………… 179
　　二、制约接警响应机制良性运行的原因 ………………………… 183
　　三、接警响应机制的完善 ………………………………………… 189
第三节　应急指挥决策机制 ……………………………………… 194
　　一、我国应急指挥决策机制存在的不足 ………………………… 195
　　二、制约应急指挥决策机制良性运行的原因 …………………… 197
　　三、应急指挥决策机制的完善 …………………………………… 201
第四节　救援处置机制 …………………………………………… 208
　　一、我国救援处置机制存在的不足 ……………………………… 208
　　二、制约救援执行机制良性运行的原因 ………………………… 213
　　三、救援执行机制的完善 ………………………………………… 218

第五章　恢复重建阶段法律实施机制之优化 …………………… 227
第一节　恢复重建阶段法律实施的内容 ………………………… 227
第二节　救助性机制 ……………………………………………… 229
　　一、我国救助性机制存在的不足 ………………………………… 229
　　二、制约救助性机制良性运行的原因 …………………………… 233
　　三、救助性机制的完善 …………………………………………… 236
第三节　发展性机制 ……………………………………………… 241
　　一、我国发展性机制存在的不足 ………………………………… 241
　　二、制约发展性机制良性运行的原因 …………………………… 243
　　三、发展性机制的完善 …………………………………………… 245

第四节　总结性机制 …………………………………………… 252
      一、我国总结性机制存在的不足 ………………………… 253
      二、制约总结性机制良性运行的原因 …………………… 255
      三、总结性机制的完善 …………………………………… 257

结语 ……………………………………………………………… 263

参考文献 ………………………………………………………… 265

导　　论

本书导论分为四个部分：首先，提出问题，阐释研究行政应急法律实施机制这一论题的背景：当前我国社会主义法律体系已基本形成，因而，突发事件多发频发的根源不应再归咎于立法的空白，可尝试在法律实施机制中去探寻其根源。其次，梳理国内外理论界对这一问题的研究现状，整体上来说存在理论基础弱化、成果数量不多、研究深度不够、思路模糊和方式单一等问题。再次，阐述这一论题的理论意义与实践意义：本书有利于完善法律实施理论、应急法治理论和行政法基础理论；有利于预防和应对突发事件、推动法律的有效实施，从而维护社会的稳定，为经济社会发展保驾护航。最后，介绍本书的研究框架与创新之处。本书除去导论和结语外，总共为五章，第一章旨在论述行政应急法律实施机制的几个基本问题，第二至第五章则以突发事件生命周期为逻辑线索，严格按照《中华人民共和国突发事件应对法》（以下简称《突发事件应对法》）的四阶段划分，将行政应急法律实施机制分解到四个阶段之中。本书的创新之处主要体现在选题、视角、内容和方法四个方面。

一、问题的提出

（一）为何要研究法律实施机制

法律是什么？众所周知，法律是写在纸张上的条文与规范。法律若要真正发挥作用并产生威慑力，就得付诸实施，此谓法律生命力之所在。但是，"徒法不足以自行"①，法律需要一个媒介助其完成从静态向动态、从理论向实践

---

① 参见《孟子·离娄上》第一章。

的转换，这个媒介就是法律实施。那么，法律该如何实施呢？数以万千的条款既然能形成一个体系，自然不会是杂乱无章的，相反，还有很强的规律可循。这些规律赋予了同类型法律相似的气质，实施起来也必然存有一些共性。在反复探索与实践总结后，人们将法律实施的方式总结、固定下来，形成制度化的实施机制，从而使制定法律到实现法律这一完整的过程更加规范化。简而言之，法律实施机制就是法律实施的制度化方法，是保障法律价值之实现，使其具有生命力的基本手段。

由上可知，法律实施机制具有十分重要的作用。从小的方面说，它关系到个案的正义与部门法的有效运行；从大的方面说，它关系到国家的法治体系建设和法治社会发展。因此，法律实施机制的关键性、基础性地位成为本书的研究缘由之一。缘由之二则在于，我国法律实施机制还存在不少问题，亟待完善。2010年是我国法治发展史上具有里程碑意义的一年，这一年，中国特色社会主义法律体系基本形成，这标志着我国已经在总体上解决了"有法可依"的问题。截至"2010年底，我国已制定现行有效法律236件、行政法规690多件、地方性法规8600多件"。[①] 但是，有法可依只填补了立法的空白，如此多的法律法规是否真的能发挥出预期的作用？立法后的实施是否到位？有法是否依了？执法是否严了？违法是否究了？结果恐怕与人们的预期还有不小的距离。一系列群体性事件、信访事件等社会负面事件暴露出我国法律在实施过程中还存在很多问题，因而实有必要深入剖析其原因。法律实施理论主要包括实施主体、实施对象与实施机制三部分，前两部分较为稳定和简单，因而本书将重点对更为灵活和复杂的机制问题展开论述。

（二）为何要研究行政应急法律实施机制

法律实施机制以实现法律规范（即法律实施的对象）为目标，因而，法

[①] 郑策：《吴邦国作2011年全国人大常委会工作报告（实录）全文》，载中国网，http://www.china.com.cn/policy/txt/2011-03/10/content_22100318_4.htm，2016年12月20日访问。

律实施机制的特点是由法律规范的内容所决定的，即同类法律具有相同的实施机制，而与异类法律相比，则又别具一格。本书以行政应急法律实施机制为研究对象，潜在地表明了行政应急类的法律具有相同的实施机制，而与常态类的法律实施机制相比，则存在明显不同。因此，研究对象既不会因过小而失之普遍性，也不会因过大而失之深刻性。

研究行政应急法律实施机制的原因有以下两点：第一，从总体上来看，我国各类法律实施机制都或多或少地存在问题，但行政应急法律实施机制失灵将导致突发事件的失控，会给人民生命财产带来难以估量的损害。因而，与常态法律实施机制相比，行政应急法律实施机制的完善更为紧急和必要。第二，行政应急法属于新生事物，起步较晚，与常态法律实施机制相比，其尚有更多、更大的问题需要研究与解决。在"非典"事件结束后，胡锦涛同志曾有过这样一段表述：目前，我们在一些方面已形成了应急机制，并在实践中发挥了重要作用，但从全社会来看，预警和应急机制还很不健全。① 从 2014—2016 年发生的具有典型意义的突发事件（见表1）的严重后果来看，对行政应急法律实施机制的研究，既有现实紧迫性，又具时代使命感。

二、研究现状

（一）国内研究现状

总体上来说，国内对法律实施机制问题的研究不仅少，也很分散，系统化的研究基本没有，理论关注的欠缺与该问题的重要性显得极不对称。现梳理既有文献，作如下概述。

1. 有关法律实施基础理论的研究

学界对法律实施基础理论的研究主要集中在法律实施的概念、主体、评价标准、机制、影响因素及完善路径五个方面。

---

① 闪淳昌：《加快建立健全突发公共事件应急机制　提高我国应对危机和风险的能力》，载《信息化建设》2004 年第 11 期。

表1　　　　　　　　　2014—2016年发生的重大突发事件

时间	地点	事件概述	事件类型	事件结果
2014年3月1日	云南省昆明市火车站	恐怖袭击	社会安全事件	29人死亡，143人受伤
2014年6—10月	广东省	登革热疫情暴发	公共卫生事件	全省20个地级市累计报告登革热病例45171例，死亡病例6例
2014年8月2日	江苏省昆山市昆山中荣金属制品有限公司	工厂爆炸	事故灾难	97人死亡，163人受伤，直接经济损失3.51亿元
2014年8月3日	云南省鲁甸县	6.5级地震	自然灾害	617人死亡，3143人受伤，112人失踪，108.84万人受灾，8.09万间房屋倒塌
2014年10月14日	云南省晋宁县	征地引发群体性事件	社会安全事件	8人死亡，18人受伤
2014年12月31日23点35分	上海市外滩风景区	新年倒计时活动，发生拥挤踩踏	社会安全事件	36人死亡，49人受伤
2015年6月1日	长江湖北监利段	突遇暴风雨，沉船	事故灾难	442人死亡
2015年6月16—19日	南方江汉、江淮、江南等地	强降雨天气	自然灾害	18人死亡，4人失踪
2015年6月	全国各地	海关总署查处"僵尸肉"	公共卫生事件	截至6月23日，全国海关共查证走私冻品42万吨
2015年8月12日	天津滨海新区	危险品仓库起火爆炸	事故灾难	165人死亡，中有救援者牺牲，直接经济损失110名亿元

续表

时间	地点	事件概述	事件类型	事 件 结 果
2015年12月20日	深圳市光明新区凤凰社区恒泰裕工业园	山体滑坡	事故灾难	73人死亡,直接经济损失8.81亿元
2016年5月18日	福建省泰宁县	暴雨引发泥石流	自然灾难	34人死亡
2016年6月23日	江苏省盐城市	龙卷风	自然灾难	99人死亡,846人受伤

资料来源:根据相关新闻整理而得。①

第一,法律实施的概念。有学者对法律实施与法律实现,法律实效与法律

---

① 具体参见:陈若冰:《昆明发生暴力恐怖袭击》,http://news.qq.com/zt2014/kunmingBlade/;张晖:《2014年广州登革热疫情》,http://www.huaxia.com/zt/tbgz/14-056/4206296.html;国务院江苏省苏州昆山市中荣金属制品有限公司"8·2"特别重大爆炸事故调查组:《昆山"8·2"特别重大爆炸事故调查报告(全文)》http://news.xinhuanet.com/talking/2014-12/31/c_1113836952.htm;陈杰:《云南鲁甸地震遇难人数增至617人》,http://news.xinhuanet.com/photo/2014-08/08/c_126850117_2.htm;人民网舆情监测室、黄云、熊剪梅、柴萌:《晋宁县征地冲突事件舆情分析》,http://yuqing.people.com.cn/n/2014/1031/c210114-25946195.html;"12·31"外滩陈毅广场拥挤踩踏事件联合调查组:《"12·31"外滩陈毅广场拥挤踩踏事件调查报告》,http://money.163.com/15/0121/11/AGFUGAMJ00253B0H.html;冯文雅:《"东方之星"号客轮翻船事件调查报告公布》,http://news.xinhuanet.com/legal/2015-12/31/c_128583523_2.htm;张樵苏:《中国民政部:近期南方部分地区强降雨致18人死亡》,http://news.xinhuanet.com/politics/2015-06/19/c_1115673273.htm;周阳:《内地今年已查证42万吨"僵尸肉"部分系二战储备品》,http://news.cnr.cn/native/gd/20150705/t20150705_519077004.shtml;张慧:《天津港爆炸事故调查报告公布》,http://news.xinhuanet.com/yuqing/2016-02/06/c_128708029.htm;宇文杰:《深圳光明新区特别重大滑坡事故调查报告公布》,http://news.ifeng.com/a/20160715/49362458_0.shtml;朱隽、常钦:《福建泰宁地质灾害初步认定为泥石流》,http://www.gov.cn/xinwen/2016-05/10/content_5071716.htm;杨嵩孛:《盐城风灾死亡人数上升至99人 受伤846人》,http://news.ifeng.com/a/20160626/49244154_0.shtml?_zbs_baidu_bk。

效力，法律实效与法律效果，法律实效与法律效益等相关概念进行了区分；①还有学者从比较法的角度，分析了国外与国内对法律实施定义的异同。② 学界对法律实施的含义虽然表述不一，但实质上基本认为法律实施就是法在社会生活中被实际地运用，是一个将法律从静态转变为动态、从抽象转变为具体，从应然转变为实然的过程。

第二，法律实施的主体。法律实施主体是法律实施理论的一个重要组成部分，直接涉及法律实施活动由谁开展的问题。学界对这个问题鲜有论及，主要是因为基本都赞同法律实施过程涉及执法、司法、监督及守法四个方面，因而一切公民、法人和社会组织都是法律实施的主体，没有专门论述的必要。例如，有学者认为，法律实施就是法律关系主体依法行使权利或权力、履行义务或责任的过程，故法律关系的主体都可视为法律实施的主体。③ 但是，对于各主体之间的主次关系，学者们则有不同的看法。例如，有学者认为，法律实施的首要主体是国家和国家各职能机关；④ 有学者则认为公民、法人和其他组织等社会主体是比行政机关、司法机关更普遍、更重要的法律实施主体。⑤

第三，法律实施的评价标准。对于法律实施的评价标准，学界有不同的说法。例如，沈宗灵教授认为法律实施的评价标准有四项：一是国家和社会的利益，公民和组织的合法利益是否受到保护，违法者（包括犯罪者）在人口中的比重以及他们是否依法受到制裁，民事纠纷是否得到合理解决；二是一般公民和国家工作人员，特别是国家机关的负责人和执法、司法人员的法律意识是否增长；三是对其他时期、其他地域或国家的法律实行情况进行可比性研究；四是法律的社会功能、社会目的是否有效实现及其程度。⑥ 有学者则提出三项

---

① 夏锦文：《法律实施及其相关概念辨析》，载《法学论坛》2003年第6期；张琪：《法律实施的概念、评价标准及影响因素分析》，载《法律科学》1999年第1期。
② 宋迎军：《论法律实施》，载《河北法学》1995年第5期。
③ 李利军：《法律实施观念的革新》，载《法制日报》2007年10月21日，第16版。
④ 王耀海著：《制度演进中的法治生成》，中国法制出版社2013年版，第101页。
⑤ 李利军：《法律实施观念的革新》，载《法制日报》2007年10月21日，第16版。
⑥ 沈宗灵著：《法理学研究》，上海人民出版社1990年版，第263~265页。

标准：法律实效标准（法律条文规定是否得到执行），权利义务标准（权利义务关系是否得到有效落实）和社会功能标准（社会的、政治的、经济的和道德文化上的效应和作用）。① 有学者对法律实施的评价标准进行了分类，并结合法律实效、效果和效益以及宏观、中观和微观等评价标准归纳出八个具体的标准，如刑事案件的发案率、各类合同的履约率和违约率等；② 有学者认为应从法律实施的行为和活动过程、实然实体实现效果及应然实体实现效果三个层面进行评价；③ 还有学者提出了形式标准与法律实施效果评估标准两种量化评价指标。④

第四，影响法律实施的因素及完善路径。对于该问题，学界有一定的共识，多数学者都认为法律实施中存在的主要问题应分解到立法、执法、守法、监督等方面。⑤ 除此之外，学者们也提出了一些不同的观点，例如，有学者将影响法律实施的因素概括为个人、体制、环境和法律本身四个方面；⑥ 有学者提出经济发展不平衡与文化结构也会影响法律实施；⑦ 有学者认为除了上述几点以外，政策也是影响法律实施一个重要因素；⑧ 有学者认为影响法律实施的

---

① 蒋立山：《法律实施的评价标准》，载《法学杂志》1994年第1期。
② 张琪：《法律实施的概念、评价标准及影响因素分析》，载《法律科学》1999年第1期。
③ 宋迎军：《论法律实施》，载《河北法学》1995年第5期。
④ 范愉：《多元化的法律实施与定量化研究方法》，载《江苏大学学报（社会科学版）》2013年第2期。
⑤ 王佑臣、杨利：《当前法律实施中的主要问题、原因及对策》，《山东法学》1992年第1期；谢士文：《法律实施论纲》，载《河北法学》1996年第5期；路有全：《当前法律实施弱化现象的分析与思考》，载《社会科学》1995年第10期；王叔良、史建三：《上海法律实施状况之评析》，载《政治与法律》2012年第3期。
⑥ 张琪：《法律实施的概念、评价标准及影响因素分析》，载《法律科学》1999年第1期。
⑦ 郁忠民：《法律实施评述》，载《政治与法律》1988年第4期；马怀德著：《法律的实施与保障》，北京大学出版社，2008年，第12页。
⑧ 谢蒲定：《从执法检查报告分析影响和制约法律实施的因素》，载《人大研究》2011年第9期。

重要因素还包括法职业集团的适应性、社会环境的优化、法律背后的文化等;① 还有学者从法律实施的环节（立法粗放与执行不力）、实施的条件（经济状况与社会转型的制约）、实施的制度（体制不顺与机制不全）、实施的环境（法治传统与精神的缺失）四个方面来论述影响法律实施的因素。② 针对这些影响因素，学者们提出了有针对性的解决对策，如完善立法、严格执法、加强监督、培养法治观念，等等。此外，还有学者从其他角度论述了法律实施的路径。例如，范愉教授从纠纷解决的角度来研究多元化的法律实施及其效果;③ 王宝明教授以立法方面的障碍与对策为视角来讨论法律实施问题;④ 方世荣教授则从压制性资源和引导性资源角度来分析法律实施的运行保障。⑤

第五，法律实施机制。对于这个问题，学界现有的研究呈现出碎片化状态。对于什么是法律实施机制、具体包括哪些机制等问题尚没有专门、系统的论述。多数学者还是依循传统划分，将法律实施机制分解到执法、司法、守法等不同环节中。例如，刘作翔教授就明确指出，"如果说有一个理论，就叫做'法律实施理论'，或者叫做'法律实施机制'，那么这个机制包括哪几个方面的内容呢？至少应包括三大块，即行政执法、公民守法，最后就是司法"。⑥ 李步云教授指出，"我们可以把法制区分为法律的制定（立法）和法律的实施两个大的方面。执法、司法、守法是法律实施的三种基本形式或形态"。⑦ 还有人认为法律实施机制包括法律观念的培养机制；法律的执行和遵守机制；监

---

① 谢士文：《法律实施论纲》，载《河北法学》1996年第5期。
② 徐汉明：《法治的核心是宪法和法律的实施》，载《中国法学》2013年第1期。
③ 范愉：《多元化的法律实施与定量化研究方法》，载《江苏大学学报（社会科学版）》2013年第2期。
④ 王宝明：《立法与法律实施问题研究》，载《河北法学》1995年第4期。
⑤ 方世荣：《论公法领域中"软法"实施的资源保障》，载《法商研究》2013年第3期。
⑥ 刘作翔：《对法律实施问题的几点认识》，载《人民法院报》2013年4月26日，第5版。
⑦ 李步云著：《论法治》，社会科学文献出版社2008年版，第396页。

督和保障机制；法律修改、完善机制四种①或体现在法的遵守、法的执行、法的适用和法律监督四个方面。②除了宏观地将法律实施机制分解到各法律过程中之外，也有一些学者从具体的、微观的视角进行了精细化研究。通过对现有文献进行归纳可以发现，当前学界对法律实施机制涉及较多的主要有以下几类：（1）监督机制。法律的有效实施需要科学的监督机制予以保障。对于这个问题学界论述较多，多从监督主体、监督方式、监督权力的规范运行等方面展开。在监督主体方面，学者们一直提倡多元化的监督主体，如加强公民、社会组织、舆论媒体的监督等。在监督方式方面，基本是按照内部监督、外部监督；立法监督、执法监督、司法监督、社会监督；上行监督、下行监督、平行监督等传统划分依据而展开的。在监督权力的运行方面，一般都是论述监督权力如何与其他权力相衔接，在程序上如何有效制约，监督不力时如何追责等问题。（2）责任机制。学界对法律责任的理论研究成果颇丰，研究焦点集中围绕于问责主体、问责对象、责任与权力的平衡，责任的限度、追责的方式和程序等方面。（3）信息公开机制。自2008年《政府信息公开条例》施行以来，学界对该问题的关注度与日俱增。主要研究方向有：我国政府信息公开的原因与理论基础、信息公开内容的界限，当前信息公开存在的问题及其完善；③信息公开与公民的知情权、服务型政府、公共危机、电子政务等方面的关系。④（4）公众参与机制。随着民主观念的深入，公众参与机制也成为学界研究的热点。总的来说，学界对此问题既有宏观研究路径，即研究公众参与的历史沿革、定义、政治学基础与制度基础、与公民权的关系、对行政法律关系的变革

---

① 赵秀华：《农村环境保护法律实施机制研究》，河南大学2015年硕士论文，第11页。
② 陈瑶：《美国"337条款"的法律实施机制》，中南大学2007年硕士论文，第10页。
③ 张国庆：《我国政府信息公开研究综述》，载《企业导报》2012年第11期。
④ 曾宇辉：《打造"透明政府"的现实思考——近年来国内关于政府信息公开问题研究的综述》，载《云南行政学院学报》2011年第3期。

与发展、评价方法、在中国的发展现状、现实困境及解决途径等基础理论;①也有具体研究路径,即将该理论与环境保护、食品安全风险评估、城市遗产保护、立法、城市规划、行政决策等具体领域相结合。(5) 激励机制。有学者认为,法律的首要目的在于提供一种激励机制以诱导当事人采取从社会角度看来最优的行动。② 有学者从成本、收益、利益的角度来探索法律实施的激励机制,认为可以这种非强制性的法律实施方式来激发个体的自我实现的欲望,从而内化为一种行为的强烈动机或动力。③ (6) 协调机制。例如,李煜兴、周佑勇两位老师认为,由于区域规划跨越两个以上的行政区划,而政府间的协商与协调贯穿于区域规划制定与实施的全过程,因此,应健全区域规划政府间的协调机制;④ 刘淑华认为,政府协调机制可以有效应对跨区域污染防治问题;⑤ 除了区域、部门之间的协调外,还可往更细微处应用,如构建碳税与相关税种之间的协调机制。⑥ (7) 其他机制。除了以上几种较为常规的机制外,学者们也从不同角度提出了一些新的实施机制。例如,成本机制。法律实施不可能没有成本,违法者可以通过向法官和行政监管官员施加政治影响,实施贿赂,使用延时策略拖延判决和赔偿等方式来影响法律实施。这种成本越低,违法者越愿意对法律实施过程施加影响,从而逃避法律惩罚。⑦ 有学者认为,诚信机制

---

① 方世荣、邓佑文、谭冰霖著:《"参与式行政"的政府与公众关系》,北京大学出版社 2013 年版,第 73 页;常征:《"公共管理与公众参与"研讨会综述》,载《中国行政管理》2001 年第 9 期;吕同舟、黄伟、钟婷:《公众参与问题的研究综述》,载《管理观察》2009 年第 6 期。

② 张维迎著:《信息、信任与法律》,生活·读书·新知三联书店 2003 年版,第 66 页。

③ 方纯:《法律的激励机制及其实现条件》,载《广西民族学院学报(哲学社会科学版)》2006 年第 4 期。

④ 李煜兴、周佑勇:《长三角地区区域规划实施的法律保障机制研究》,载《华东经济管理》2010 年第 2 期。

⑤ 刘淑华:《论河北省跨行政区污染防治的法律实施机制》,载《科技信息》2014 年第 6 期。

⑥ 邓海峰:《碳税实施的法律保障机制研究》,载《环球法律评论》2014 年第 4 期。

⑦ 王朝:《法律实施方式选择策略研究——以 1887—1917 美国进步运动改革为例》,复旦大学 2010 年硕士论文,第 24~25 页。

的建设对法律实施具有基础性意义,特别是法律实施中政务人员的诚信机制,对于法治政府、责任政府的构建更是至关重要。① 有学者认为,法律得不到有效施行,一个重要的原因就在于程序机制的缺失。② 此外,有学者针对《广告法》实施不力提出了举报奖励机制、行业协会自律机制;③ 还有学者针对环境问题提出了生态补偿机制④,强制实施机制和自愿实施机制⑤,等等。

2. 有关行政应急法律实施机制的研究

由于调整对象不同,各部门法通常都有自己特有的实施机制。例如,在环境领域,一般会论及生态补偿机制和清洁发展机制;在食品安全领域,一般会论及风险评估机制、信息披露机制、食品安全追溯机制和召回机制。同样地,行政应急法也有自己独特的实施机制。但是,首先,行政应急法律实施机制首先应在法律实施机制之下,即一切法律实施机制对其都应当适用;其次,它应体现行政应急法律的特点,即在风险应急的视角下,体现出其与一般常态法所不同的实施机制。既有共性,又有个性。此处综合学界的相关研究,作以下概述。

第一,在监督机制、责任机制、信息公开机制、公众参与机制及协调机制五个方面,常态法与应急法都有论及,但应急法主要是结合具体领域来展开的。例如,王辉霞在《食品安全多元治理法律机制研究》(知识产权出版社2012年版)第四章、第五章分别论述了食品安全政府监管机制与公众参与机制;戚建刚教授在《我国群体性事件应急机制的法律问题研究》(法律出版社2014年版)一书的第四章、第六章分别论述了群体性事件的信息保障机制和

---

① 李瑜青:《诚信机制在法律实施中的价值——以构建政务诚信为切入点》,载《探索与争鸣》2013年第10期。
② 李煜兴、周佑勇:《长三角地区区域规划实施的法律保障机制研究》,载《华东经济管理》2010年第2期。
③ 李友根:《法律实施机制的健全:论〈广告法〉的修改》,载《广告大观(综合版)》2006年第6期。
④ 李亚肖:《论森林碳汇国际法律机制及其在中国的实施》,河南经贸大学2013年硕士论文,第7页;张虹:《生态补偿法律制度的完善和实施机制的构想》,兰州大学2006年硕士论文,第25页。
⑤ 张建伟:《论农村环境保护法的实施机制》,载《当代法学》2009年第2期。

官员问责制；杨小敏老师更是从食品安全风险评估角度以专章来论述信息制度与公众参与制度。① 这些机制与此前相比，更加贴近应急法律实践，具有较强的针对性。以协调机制为例，由于突发事件的应急管理涉及多地区、多部门，因此，除了传统的各级政府及其部门之间的协调外，还有新闻发布和舆论引导协调机制；应急管理与国防动员资源融合机制；网络信息监管协调机制；区域信息通报、特种救援队伍和装备器材规划支援、应急管理工作交流、突发事件统一调度等区域应急机制；应急联动机制等②。在社会安全事件中，则有社会公众、社会组织、辅警力量、市场化保安组织等社会力量参与的多元化主体协同治理机制。③

第二，有一些机制是行政应急法律实施所特有的，主要包括：（1）转化机制。有学者认为，《突发事件应对法》为了控制政府应急权，建立了转化机制。它是指随着突发事件事态的发展，其在常态与非常态之间的转换；④ 林鸿潮研究院也提出了类似的说法，应急处置作为一种特殊的法律状态，其结束机制是应急法上的一个核心命题；⑤ 戚建刚教授更进一步提出建立"常态管理与应急管理的转换标准"⑥。（2）预警机制。突发事件并非完全不可预测，只要具有风险防范意识和完善的预警机制，有很大一部分突发事件是可以遏制在萌芽状态的。对此，有学者提出，当前我国突发事件暴发的一个重要原因就在

---

① 杨小敏著：《食品安全风险评估法律制度研究》，北京大学出版社2015年版，第95~127页。
② 张小明：《〈突发事件应对法〉实施中存在的主要问题与完善路径》，载《行政与法》2013年第9期。
③ 高雪静、魏永忠：《论我国农村社会安全突发事件协同治理机制的完善》，载《中国人民公安大学学报（社会科学版）》2014年第1期。
④ 朱最新：《服务型政府视角下的应急管理》，载《法治论坛》2008年辑刊。
⑤ 王祯军：《2007年以来国内应急法制研究综述》，载《大连干部学刊》2012年第7期。
⑥ 戚建刚、郭永良：《〈武汉市突发事件实施办法（草案）〉若干问题研究》，载《武汉科技大学学报（社会科学版）》2014年第1期。

于早发现、早报告、早控制的"三早"预警处理机制没有得到很好的落实。① 突发事件的应急准备工作离不开应急预案,但是我国应急预案与《突发事件应对法》不一致的情况广泛存在,当前最迫切的任务是要解决两者的一致性问题。② 在应急预案管理制度的完善方面,应从预案的制订标准、备案审查、协同演练、修订完善等方面予以完善。③（3）社会动员机制。突发事件时间紧、危害大、涉面广,单靠政府力量是绝对不够的,需要全体公民、法人和其他社会组织共同应对。对此,有学者特别强调了国际组织的合作与交流、村(居)民委员会调处矛盾纠纷、高校开展应急知识教育等方面的作用；④ 还有学者突出强调了民间组织、志愿者、公立慈善基金、供水、供电、供热、公共交通等公用企事业单位在突发事件中的地位。⑤（4）应急演练机制。从整体上来说,当前我国公民的危机意识比较欠缺,应急知识的宣传、普及和演练常常流于形式。学者们认为我国对应急知识教育的忽视、应急演练的不足是制约社会整体应急能力提升的重要障碍。⑥（5）公民权利保障机制。由于突发事件的应对涉及公权力的扩张与公民权利的克减,因此,公民权利的范围、限度及其保障问题显得特别重要。有学者认为,公民权利保障机制包括公民享有补偿、复议或诉讼等权利。⑦ 此外,也有不少学者较为关注行政应急权力的规制问

---

① 兰澎钦、刘丽萍：《贯彻〈突发事件应对法〉提高应对突发事件的能力》,载《北京石油管理干部学院学报》2013年第4期。
② 于安：《〈突发事件应对法〉的实施问题》,载《理论视野》2009年第4期；莫纪宏：《〈突发事件应对法〉及其完善的相关思考》,载《理论视野》2009年第4期。
③ 马怀德：《修改〈突发事件应对法〉的几点建议》,载《理论视野》2009年第4期。
④ 杨海坤、吕成：《迈向宪政背景下的应急法治——〈突发事件应对法〉颁布后的思考》,载《法治论丛》2008年第1期。
⑤ 马怀德：《修改〈突发事件应对法〉的几点建议》,载《理论视野》2009年第4期。
⑥ 兰澎钦、刘丽萍：《贯彻〈突发事件应对法〉提高应对突发事件的能力》,载《北京石油管理干部学院学报》2013年第4期。
⑦ 戚建刚、郭永良：《〈武汉市突发事件实施办法（草案）〉若干问题研究》,载《武汉科技大学学报（社会科学版）》2014年第1期。

题，通过权力规制来保障公民权利，相关成果如戚建刚、杨小敏：《行政紧急权力的制约机制研究》（华中科技大学出版社 2010 年版）；周春华：《行政紧急权力及其法律规制》（载《安徽大学法律评论》，2008 年第 1 期）。（6）风险评估机制。当今社会，风险无处不在。风险无法消除，但可以进行评估，从而为风险监管的决策和执行提供科学依据。学界一般认为，风险分析框架主要包括风险评估、风险管理及风险交流，其中，风险评估又包括危害识别、危害特征描述、暴露评估及风险特征描述。① 风险评估涉及人类认识的有限性、价值偏好等不确定因素，因而，如何在此之间做到平衡，是值得思考的问题。关于风险评估机制，相关成果不胜枚举，如杨小敏：《食品安全风险评估法律制度研究》（北京大学出版社 2015 年版）；唐钧：《社会稳定风险评估与管理》（北京大学出版社 2015 年版）；陈君石、石阶平：《食品安全风险评估》（中国农业大学出版社 2010 年版），章国材等：《暴雨洪涝预报与风险评估》（气象出版社 2012 年版）；张泽虹等：《信息安全管理与风险评估》（电子工业出版社 2010 年版）；范伟澄等：《火灾风险评估方法学》（科学出版社 2015 年版）；肖群鹰、朱正威：《公共危机管理与社会风险评价》（社会科学文献出版社 2013 年版），等等。可以看到，理论界对风险评估的研究比较全面，几乎涵盖各种类型的突发事件，但遗憾的是，这些论著多是从自然科学及管理学的角度来论述的，法学研究相对滞后，2008 年"三聚氰胺毒奶粉"事件之后学界才逐渐开始对食品安全风险评估进行系统的研究。在行政法领域中，风险评估又主要是依托于重大行政决策与食品安全来展开的，研究热点一般围绕着风险评估的定义、原则、机构、运行机制、监管体系、专家制度和责任体系和规制模式等问题，如沈岿：《风险评估的行政法治问题——以食品安全监管领域为例》（载《浙江学刊》2011 年第 3 期）；戚建刚：《食品危害的多重属性与风险评估制度的重构》（载《当代法学》2012 年第 2 期）；杨小敏：《食品安全风险评估模式之改革》（载《浙江学刊》2012 年第 2 期）；戚建刚：《论基于

---

① National Researeh Counell, *Risk Assessment in the Federal Government*: *Managing the Process*, Washington D. C.: National Academy Press, 1983, pp. 18-19.

风险评估的食品安全风险行政调查》（载《法学家》2013 年第 5 期）；黄学贤、郑哲《聚焦二维结构的行政决策风险评估制度》（载《苏州大学学报（哲学社会科学版）》2013 年第 5 期）；戚建刚：《食品安全风险评估组织之重构》（载《清华法学》2014 年第 3 期）；戚建刚：《我国行政决策风险评估评估制度之反思》（载《法学》2014 年第 10 期）等。此外，也有不少学者从比较法的角度出发，对美国、英国、欧盟、日本等国家和地区的食品安全风险评估机制进行了梳理，如杨小敏：《食品安全风险评估法律制度研究》（北京大学出版社 2015 年版）；段晓婷：《中美食品安全法律制度比较研究》（辽宁大学 2013 年硕士论文）；刘畅：《日本食品安全规制研究》（吉林大学 2010 年博士论文）；刘敏镭：《中英食品安全法律制度比较及其启示》（湖南大学 2013 年硕士论文）；蒋维永：《欧盟食品安全法律制度研究》（西南政法大学 2008 年硕士论文），等等。(7) 其他机制。例如，有学者从管理学的角度，依据应急管理的四个阶段，提出了缓解机制、准备机制、反应机制和恢复机制①，这种思路与《突发事件应对法》的立法框架基本吻合。

（二）国外研究现状

1. 有关法律实施基础理论的研究

国外学者对法律实施问题的研究，呈现两种倾向：第一类以苏联等社会主义国家为代表。它们的观点与我国基本无异，例如，认为法律实施就是法权的实行与生效，是法权所制定的那些规则与规定的实现。② 进一步理解，法律实施即为国家机关及其公职人员、劳动者团体及公民个人将法律规范适用于具体生活情境之下的有意识的积极活动。③ 第二类以西方资本主义国家为代表。西方法理学著作中通常并不论及法律实施问题，但会重点论述法的适用问题。例

---

① 陈秀梅、甘玲、于亚博著：《领导者应对突发事件的理论与实务》，人民出版社 2005 年版，第 240~248 页。
② [苏联] 苏联科学院法学所编著：《马克思列宁主义关于国家与法权理论教材》，中国人民大学出版社 1955 年版，第 498 页。
③ [苏联] 玛·巴·卡列娃等：《国家和法的理论》（下册），中国人民大学出版社 1956 年版，第 414 页。

如，德国魏德士教授认为，法律适用是根据法律秩序对具体纠纷得出判决并进行说明，法的适用者必须作出判决。① M. A. 哈奇森在《2010年的法律实施》一文中多次使用"检察官""法庭""律师"等词语，可见，他也是从司法的角度来看待法律实施的。② 在英美法语境下，法律实施的司法性质更为突出。例如，《牛津法律大辞典》将法律实施被定义为"一定法律后果发生的方式"。③ 其内容包括：监督受法律约束主体的行为并收集可供发现违法行为的信息；对违法行为提出告诉；对涉案行为是否违法作出裁判；对违法者进行处罚。④ 这主要是因为"普通法是作为一连串的救济手段而产生的，其实践的目的是为了使争议获得解决"。⑤ 若按照中文的翻译，"Law Enforcement"除了有法律实施的含义外，还有执法的意思。国外相关研究也多是将二者相等同，即认为法律的实施就是法律的执行。⑥ 这一点与我国有很大的差异。因此，西方学者基本不存在系统论述法律实施机制理论的问题，仅是将其与具体的领域相结合，来探讨如何推动法律的有效执行。

2. 有关行政应急法律实施机制的研究

国外行政应急法学起步相对较早，相关成果覆盖面广，因而，此处主要以食品安全、反恐等领域的法律实施机制为代表进行概述。主要原因在于以下几点：一是发达国家在食品安全保护和反恐应对方面的水平较高，相关的法律研

---

① [德] 魏德士著：《法理学》，吴越、丁晓春译，法律出版社2005年版，第287页。
② [美] M. A. 哈奇森：《2010年的法律实施》，载《国外社会科学》1999年第6期。
③ [英] 戴维·M. 沃克著：《牛津法律大辞典》，光明日报出版1988年版，第655页。
④ William Kovacic, "Private Litigation in the Enforcement of Public Competition Law", http://www1ftc1gov/speeches/other/030514biicl1htm, 2005-9-2.
⑤ Ren David, *English Law and French Law: A Comparison Substance*, London: Stevens, 1980, p. 8.
⑥ See Garoupa, Nuno, "The Theory of Optimal Law Enforcement", *Journal of Economic Surveys*, Vol. 11, No. 3, 1997, pp. 267-295; Becker, S. Gary, and J. George, "Law Enforcement, Malfeasance, and Compensation of Enforcers", *The Journal of Legal Studies*, Vol. 3, No. 1, 1974, pp. 1-18; Katsoulacos, Yannis and D. Ulph, Legal Uncertainty, "Competition Law Enforcement Procedures and Optimal Penalties", *European Journal of Law and Economics*, Vol. 41, No. 2, 2016, pp. 255-282.

究成果颇丰，可以提供丰富的素材；二是近年来随着美国"花生酱"事件和"9·11"恐怖袭击、欧盟"马肉风波"、新西兰问题奶粉等事件的不断曝光，这两类问题已成为国际关注的焦点，而发达国家对这些事件的应对与反思，对我国有一定的借鉴意义。现结合相关研究成果，作如下概述。

（1）监督机制。近代西方国家的法律实施监督体系主要由立法监督、司法监督、行政机关内部监督和社会监督等部分构成。首先，在立法监督中，美国政治家威尔逊曾明确指出："严密监督政府的每项工作，并对所见到的一切进行议论，乃是代议机构的天职。"① 此外，监察专员制是西方国家立法监督的一个特色。其次，西方国家司法监督的表现形式主要有两种：一是违宪审查及行政诉讼或司法审查；二是上诉与再审。再次，在行政机关监督的各种模式中，美国的行政法官制度与英国的裁判所较有特色，在实践中取得了良好的效果。最后，在社会监督中，西方国家的政党监督占有重要地位。② 发达国家对行政应急法律实施中监督机制的研究，与食品安全领域相结合的较多，西方学者对其理论研究与经济学主流观点相适应。美国学者 R. M. Linden 提出的无缝隙政府理论被运用到食品安全监管中③，形成了严密的监管体系。欧盟是世界上食品安全保护水平较高的地区之一，其在食品安全监管的主体上具有独立性。欧盟食品安全管理局在行政上的独立性，实质上是食品安全风险评估与食品安全风险管理的分离。④ 总体上来说，西方国家的监管模式呈现出集中化趋势。德国采用的是由德国食品和农业部、消费者保护组织统一集中监管食品安全的中央集权式监管模式；美国经过反复探索，最终建立了联邦、州和地方政府之间相互独立但又相互协作的严密的监管网络，成为世界上食品最安全的国家之一；而丹麦的食品安全监管模式集权程度是最高的。

---

① ［美］威尔逊著：《国会政体》，熊希龄、吕德本译，商务印书馆1986年版，第164页。

② 马怀德主编：《法律的实施与保障》，北京大学出版社2008年版，第250~253页。

③ 许婉如：《论欧盟食品安全监管制度——兼论对我国的启示》，安徽大学2014年硕士论文，第8页。

④ Dreyer, Martion and Ortwin Renn, *Food Safety Governance: Integrating Science, Precaution and Public Involvement*, Berlin: Springer-Verlag, 2009, p. 3.

（2）责任机制。西方国家在这些方面的研究较早，也比较全面。例如，古得诺提出了责任政府理念和构建责任体制的设想，查尔斯·吉尔伯特论述了建立行政责任机制的两个层面和四种途径，罗斯和休斯等人则从代议制角度揭示了问责制的内在逻辑。代表性的著作还有哈特的《惩罚与责任》，切斯特·J. 安提奥、迈洛·R. 梅彻姆的《公务员的豁免权与侵权责任》，特里·L. 库柏的《行政伦理学：实现行政责任的途径》，等等。① 由于行政应急法律以政府为主导，因此，此处可简化理解为行政问责制。在问责的方式上，基本涉及司法问责、选民问责、权力机关（议会）问责、政府内部问责等方面。当然，也有一些不同表述，如有学者将行政问责分为政治问责、公众问责、管理问责、职业问责和个人问责五种表现形式；② 也有学者将行政问责分为等级、职业、法律和政治四种表现形式。③ 还有学者认为将其表述为法律问责、政治问责、等级（管理）问责和职业（技能）问责。④ 此外，在问责的主体、对象、事由、程序等方面都形成了完备的体系。以食品安全为例，英国立法中对相关的食品安全责任主体有着严厉的规定，一旦责任主体的行为违法，面临的将是民事赔偿责任、行政处罚或刑事制裁。⑤ 德国也十分重视食品安全法律责任追究机制的建设，处罚严厉、责任明确成为德国食品安全法律责任的主要特点。日本早在1948年就制定了《食品卫生法》，此后历经11次修订，演变为日本现行的《食品安全法》。这部法律将食品安全的责任主体从国家延伸至地方公共团体、食品相关业者及消费者，体现了责任主体的多元化。美国食品安全法律责任的规制主体几乎涵盖了产品生产和流通环节的所有人员，既包括生产

---

① 陈党：《行政问责法律制度研究》，苏州大学2007年博士论文，第1页。
② Sinclair Amanda, "The Chameleon of Accountability: Forms and Discourses", *Accounting Organizations and Society*, Vol. 20, No. 2, 1995, p. 231.
③ James L Perry, *Handbook of Public Administration (Second Edition)*, San Francisco: Jossey Bass Inc, 1996, p. 122.
④ Henson, Spencer, and J. Caswell, "Food Safety Regulation: An Overview of Contemporary Issues", *Food Policy*, Vol. 24, No. 6, 1999, p. 593.
⑤ 许婉如：《论欧盟食品安全监管制度——兼论对我国的启示》，安徽大学2014年硕士论文，第6页。

商、中间商、经销商和零售商及产品的许可人、出租人和托管人，还包括产品供应商的雇主和服务提供者，等等。①

（3）公众参与机制。公众参与制度源于西方，相关成果也较多，像阿恩斯坦·谢里所著的《公众参与的阶梯》、乔万尼·萨利托所著的《民主新论》等都是比较有代表性和影响力的著作。总的来看，西方学者早期的研究几乎都是从民主政治的角度来展开研究的。例如，亨廷顿认为，政治参与就是平民试图影响政府决策的活动。② 1969 年，阿恩斯坦·谢里提出了"公众参与阶梯"理论，将公众与公共治理的关系分为三个维度、八个层次的递进阶梯。③ 科恩认为，对于民主而言，参与是关键性概念。④ 让公众决策是最高形式的参与，可以补强公众对政府的信任。⑤ 值得一提的是，西方学者对于公众参与的研究有一个转变：在协商民主和参与式民主尚未成为主要民主理论之前，公众参与基本上与公众的政治参与相等同，将其定位于一种抽象的参与；而后，随着理论的发展，当其成为西方民主主流理论后，学者们开始进行精细化研究，将其作为代议制民主的一种具体补充，倾向于具体制度设计。有学者甚至提出，西方的协商式民主理论已发展到第三代。⑥ 尽管决定权仍然留给权力持有者，但公众对决策开始产生了一定程度的影响力。处在阶梯顶端的授权、合作与民众控制，反映了公众决策权正在逐步生长。通过合作，公众和权力持有者可以进

---

① 张旭：《食品安全法律责任制度研究》，河南大学 2010 年硕士论文，第 6~9 页。
② ［美］塞缪尔·亨廷顿、琼·纳尔逊著：《难以抉择：发展中国家的政治参与》，汪晓寿、吴志华、项继权译，华夏出版社 1989 年版，第 84 页。
③ 分别为：非参与（操纵、治疗）；象征行为（通告、征询、抚慰）；公民权力（合伙人、代议制、公民控制）。See Sherry R. Arnstein, "A Ladder of Citizen Participation", *Journal of the American Planning Association*, Vol. 35, No. 4, 1969, pp. 216-224.
④ ［美］科恩著：《论民主》，聂崇信、朱秀贤译，商务印书馆 1980 年版，第 77 页。
⑤ McDaniels T. L., Gregory R. S. and Fields D., "Democratizing Risk Management: Successful Public Involvement in Local Water Management Decisions", *Risk Analysis*, Vol. 19, No. 3, 1999, pp. 497-510.
⑥ ［英］斯蒂芬·艾斯特：《第三代协商民主》（上），蒋林、李新星译，载《国外理论动态》2011 年第 3 期。

行协商，事实上可视为权力在两者之间的重新分配。① 协商有利于减缓参与者之间的敌意和极端的态度，产生新的思路和观点，有助于建立妥协和共识以及获得相对公平和优化的结论等。② 在食品安全领域，20世纪90年代初，美国消费者利益团体大众之声（Pub-lic Voice）负责人艾伦哈斯（Ellen Haas）曾倡导公众自己解决食品安全问题，他倡议公众"用你的餐叉来表决"。由于公众对食品安全持续性的关注，直接导致国会破纪录地出台了30多个与食品安全有关的法案。美国的《FDA食品现代化法案》通过修改就是一场因消费者的努力而获得的最终胜利。③ 当前国外主流的观点均认为食品安全规制应基于科学与民主，从而作出政策选择。④ 除此以外，国外学者近年来十分关注灾后恢复重建阶段的公众参与，这主要是因为灾后的恢复重建往往涉及城市规划，研究方向如灾后修复过程中的公众参与公众评估⑤、社区参与海啸的灾害应对及事后修复⑥等。

（4）信息公开机制。信息公开有利于实现公民的知情权，是民主政府的基本要义。美国学者伯尔曼曾言："没有公开则无所谓正义。"⑦ 政府信息公开制度滥觞于北欧的瑞典，世界上第一部规定公文书必须公开的法律就是瑞典的

---

① Sherry R. Arnstein, "A Ladder of Citizen Participation", *Journal of the American Planning Association*, Vol. 35, No. 4, 1969, pp. 216-224.

② Fiorino, Daniel J., "Citizen Participation and Environmental Risk: A Survey of Institutional Mechanisms", *Science, Technology, and Human Values*, Vol. 15, No. 2, 1990, pp. 226-243.

③ 王辉霞：《公众参与食品安全治理法治探析》，《商业研究》2012年第4期。

④ Millstone, Erik, "Can Food Safety Policy-making be Both Scientifically and Democratically Legitimated? If So, How?", *Journal of Agricultural and Environmental Ethics*, Vol. 20, No. 5, 2007, pp. 483-508.

⑤ M. G. Kweit, R. W. Kweit, "Citizen Participation and Citizen Evaluation in Disaster Recovery", *The American Review of Public Administration*, Vol. 34, No. 4, 2004, pp. 354-373.

⑥ Kruahongs Wannasorn, *Community Participation in Tsunami Disaster and Recovery in Thailand*, University of Manitoba Canada, 2009. 转引自谢起慧、褚建勋：《基于社交媒体的公众参与政府危机传播研究——中美案例比较视角》，载《中国软科学》2016年第3期。

⑦ ［美］哈罗德·J. 伯尔曼著：《法律与宗教》，梁治平译，生活·读书·新知三联书店1991年版，第48页。

《自由出版法》。其在1949年修订时开创了以公开为原则、不公开为例外的模式。① 随后，世界各国也陆续将政府信息公开作为一项法律制度确立下来。西方学者认为，信息一旦保密，就会为政府创造一种利用特定领域知识的排他性来扩大自身权力的契机。罗伯斯庇尔认为，公民有了解自己议员行为的权利，对公众公开是政府的一项责任且必须使公开达至最大程度。② 因此，国外相关研究围绕着政府信息公开的义务、范围，政府信息资源的开发、利用，公民请求权的救济等方面展开了详细的论述。随着信息时代及风险社会的来临，西方学者普遍认识到信息传播和危机信息沟通对于应急管理的重要作用。罗伯特·希斯在《危机管理》中专门列出一章来论述危机管理中的沟通。他认为，在危机管理中，沟通是最重要的一项工具。危机管理依赖于信息交换能力与危机管理者依据收集的信息制定有效行动方针的能力。③ 米托罗夫和皮尔逊在阐述国家应当如何应对公共危机事件的过程中，也分析了危机信息的重要性，指出"搜集、分析和传播信息是危机管理者的直接任务"④。在食品安全领域，将风险评估情况告知公众，就是欧洲食品安全局的一项主要职能。⑤ 因为信息不对称可能导致整个市场瘫痪或是形成对劣质产品的逆向选择，而要解决这种"逆向选择"问题，就必须将有效信号传递给信息不完全的买方，或由买方秀使卖方尽量多地披露其信息。⑥

（5）风险评估机制。由于风险评估不可避免地涉及科学方法与手段，因

---

① 刘恒等著：《政府信息公开制度》，中国社会科学出版社2004年版，第42页。
② [法] 罗伯斯庇尔著：《革命法制和审判》，赵涵舆译，商务印书馆1965年版，第139页。
③ [澳] 罗伯特·希斯著：《危机管理》，王成、宋炳辉、金琪译，中信出版社2004年版，第99页。
④ [澳] 罗伯特·希斯著：《危机管理》，王成、宋炳辉、金琪译，中信出版社2004年版，第13页。
⑤ O, Rourke, R（2005），"*European Food Law*", London：Sweet and Maxwell Lxd, 195. 转引自许婉如：《论欧盟食品安全监管制度——兼论对我国的启示》，安徽大学2014年硕士论文，第13页。
⑥ Akerlof, George A., "The Market for 'Lemons'：Quality Uncertainty and the Market Mechanism", *Uncertainty in Economics*, Vol. 84, No. 3, 1970, pp. 488-500.

而国外对于风险评估的研究更多的是从自然科学的角度展开的,如 C. J. 范莱文、T. G. 韦梅尔所著的《化学品风险评估》(化学工业出版社 2010 年版),凯利、史密斯所著的《贝叶斯概率风险评估》(国防工业出版社 2014 年版)等。在人文社科领域,也多是从经济学、政策学和管理学的角度来研究的,如保罗·布莱肯、艾安·布莱默、大卫·戈登所著的《突发事件战略管理:风险管理与风险评估》(中央编译出版社 2014 年版),马文·拉桑德所著的《风险评估:理论方法与应用》(清华大学出版社 2013 年版),等等,主要解决的是风险评估的识别、模型设计等问题。在法学,特别是在行政法视域下,风险评估机制与食品安全结合得最多,特别是美国、欧盟、日本等国在食品安全风险评估的对象、模式、立法框架、机构设置、运行机制、监管体系等方面的成功经验值得我们借鉴。例如,就食品安全风险评估对象而言,有学者认为食品危害的属性是风险的对象。① 就食品安全风险评估模式而言,有学者认为概率评估模式已在当今世界各国通行。② 此外,还有预防式评估模式,或称为现代模式③和关注度评估模式④。就评估过程而言,有学者认为应特别强调不同主体的利益或观点都应得到充分的尊重,并且参与者有平等的机会发表意见,整个过程都应当是公开的和透明的。⑤

---

① Dreyer, Marion, and Ortwin. Renn, *Food Safety Governance: Integrating Science, Precaution and Public Involvement*, Berlin: Springer-Verlag, 2009, pp. 6-9.

② Rod MacRae, James Alden, "A Review of Canadian Food Safety Policy and Its Effectiveness in Addressing Health Risks for Canadiands", *Pollution Probe*, Vol. 45, No. 6, 2002, p. 29.

③ Jasanoff S., *The Fifth Branch: Science Advisors as policymakers*, Boston: Harvard University Press, 1990, pp. 2-8.

④ Grendstad, Gunnar, "Grid-Group Theory and Political Orientations: Effects of Cultural Biases in Norway in the 1990s", *Scandinavian Political Studies*, Vol. 23, No. 3, 2000, pp. 217-244.

⑤ K. L. Blackstock, G. J. Kelly and B. L. Horsey, "Developing and Applying a Framework to Evaluate Participatory Research for Sustainability", *Ecological Economics*, Vol. 60, No. 4, 2007, pp. 726-742.

（6）预防或预警机制。在应急管理领域，国外学者的研究方向出现了一个明显的转变，即由原来的重视危机现场应对转变为关注危机的全过程，特别是对危机前的预防研究。"发现、培育进而收获潜在的成功机会，就是危机处理的精髓；而错误地估计形势，并令事态进一步恶化，则是不良危机处理的典型特征。"① 鉴于突发事件会带来严重的后果，许多国家在应急立法中都确定了"预防原则"或"预警式原则"，其核心就是授权政府提前进行干预②，哪怕缺乏明确的科学因果关系，也可以采取行动来消除潜在的风险。因为，在一个充满着争议与不确定的世界里，何谓"充分的证据"这一点本身也是十分模糊的。③ 该原则最初起源于瑞士的《环境保护法》（1969 年）④，随后对各国家、地区的各类应急法律都产生了深远的影响——欧盟的食品安全法将预防原则视作核心要义⑤并演化为欧盟自身的一种内在的法律文化⑥；美国在经历"9·11"恐怖袭击事件之后成为了预警式原则的拥趸，美国前总统布什更是直言："如果我们等待威胁完全的成形，我们将等待太久。"⑦ 此外，国外学者比较注重预警指标的研究，如 F. 汉厄提出了"富兰德"指标；美国纽约国际报告集团提出了"国家风险国际指南"；美国外资政策研究所提出了"政治体

---

① ［美］诺曼·R. 奥古斯丁等著：《危机管理》，北京新华信商业风险管理有限责任公司译，中国人民大学出版社 2001 年版，第 5 页。

② Maynard R L. , "Late Lessons from Early Warnings: The Precautionary Principle 1896-2000", *Office of Scientific and Technical Information Technical Reports*, Vol. 155, No. 1, 2002, pp. 236-245.

③ Barbara Adam, Ulrich Beck and Joost Van Loon, *The Risk Society and Beyond: Critical Issues for Social Theory*, New York: SAGE Pubulication, 2000, pp. 224-225.

④ Owen McIntyre, Thomas Mosedale, "The Precautionary Principle as a Norm of Customary International Law", *Journal of Environmental Law*, Vol. 9, No. 2, 1997, pp. 221-241.

⑤ Carreño, Ignacio and G. Berends, "Safeguards in Food Law —Ensuring Food Scares are Scarce", *European Law Review*, Vol. 30, No. 4, 2005, p. 399.

⑥ Fisher, *Risk Regulation and Administrative Consttutionalism*, Portland: Hart Publishing, 2007, p. 209.

⑦ Cass R. Sunstein, *Laws of Fear: Beyond the Precautionary Principle*, Cambridge: Cambridge University Press, 2005, p. 5.

系问题指数";爱茨提出了"社会不稳定指数"等一系列量化指标体系①,用以对突发事件进行监测和预警。

(7) 动员机制。"动员关注于意识形态的发动和利益机制的诱导,因而能够'通过激发资源的首创性和广泛的资源开发',释放权威主义的协调所不能发掘的能量。"② 在动员机制的作用下,公民角色呈现一定程度的扩张,人们不仅更愿意配合,还有可能参与到各类应急救援活动中来。③ 在一些发达国家,民众自救互救意识较强,如日本地震灾后主要依靠的是民众自救,而非政府救援。此外,志愿者与福利机构也是应急救援体系中的绝对主力。④ 在瑞典,私人组织的参与是不可或缺的,私人组织的代表会在危机规划与预防阶段就参与进来,与政府进行合作,这种模式被称为"PPP"(Private-Public Partnership)。在美国,政府与以红十字会为代表的非政府组织以及其他私人组织的合作更是被直接纳入联邦应急计划之中。⑤ 例如,美国"9·11"事件以后,全美红十字会就承担了除死亡待遇以外的全部医疗救助工作。⑥ 其实,动员可视为公众参与的一种形式,因为西方国家早有"参与式动员"模式一说。行政机关为了提高社会公众对政策的可接受程度,常常以社会动员或政治动员的方式来塑造公众的价值偏好,而"参与式动员"就诞生于这个过程之中。⑦

---

① 阎耀军:《超越危机——构建新的社会预警指标体系及其运行平台的设想》,载《甘肃社会科学》2005 年第 3 期。

② [美] 林德布罗姆著:《政治与市场》,上海三联书店出版社 1996 年版,第 414 页。

③ David A. McEntire, *Disaster Response and Recovery: Strategies and Tactics for Resilience*, New York: John Wiley and Sons Inc. , 2007, pp. 23-24.

④ 高虹:《学习考察德国紧急救援应急管理体系》,载《医学与哲学》2005 年第 7 期。

⑤ 莫于川:《国外应急法制的七个特点》,载《中国应急管理》2007 年第 1 期。

⑥ 《巨灾面前的美国社保制度》载搜狐网,http://news.sohu.com/20060905/n245171929.shtml,2018 年 12 月 23 日访问。

⑦ Bernstein, Thomas P. , "Stalinism, Famine, and Chinese Peasants: Grain Procurements During the Great Leap Forward", *Theory and Society*, Vol. 13, No. 3, 1984, pp. 339-377.

(8) 协作机制。沃尔多认为，人类有影响的行为都是基于合作而产生的，如果没有合作，就不产生任何结果。因为协作，才有了"公共行政"。① 这种协作在应急领域显得更为重要。欧美一些联邦制国家因其特有的国家结构形式而极易出现联邦与州之间在应急管理过程中职权与信息的不对称。为此，各国都在不断强化联邦的领导和各州之间的协调。欧盟在 2007 年经历洪水和森林火灾事件后，进一步加速了区域的协调和一体化。美国在应对 1992 年"安德鲁"飓风过程中暴露出的救灾体系与救灾程序的缺陷促使美国政府进行反思，时任佛罗里达州州长的劳顿·奇利斯提议在南方州长联合会 19 个成员州中建立正式的应急互助机制。后来，这种互助协作机制逐步演化为应急管理援助协议（The Emergency Management Assistance Compact，EMAC），其是各州通过谈判、协商达成并经过国会批准的具有法律效力的州际互助协议。② 有学者认为，应急管理既要看到政府间纵向的等级结构关系，又要看到横向的关系，那是一种受协商与竞争所驱动的对等权力的分割体系。③ 横向上的协作可以跨越政治边界，实现应急资源共享。④ 对于利益冲突，没有哪个部门可以单独解决这一问题，必须寻求以合作和商量为基础的思路来解决相关分歧。加拿大环境治理中的跨界合作，本质上就是一种平等主体间的协商对话机制。⑤ 晚近以来，美国行政法学界逐步认识到"利益代表模式"的弊端，认为这种诞生于

---

① ［美］德怀特·沃尔多：《什么是公共行政学》，载彭和平等编译：《国外公共行政理论精选》，中共中央党校出版社 1997 年版，第 178 页。

② 转引自向良云：《地方政府区域应急协作的制度框架：美国的经验与启示》，载《社会主义研究》2009 年第 5 期。

③ Kemp, Roger L., "Comments on 'Assessing and Managing Environmental Risk: Connecting Local Government Managers with Emergency Management'", *Public Administration Review*, Vol. 69, No. 2, 2009, pp. 197-199.

④ Daniel D. Stier, Richard A. Goodman, "Mutual Aid Agreements: Essential Legal Tools for Public Health Preparedness and Response", *American Journal of Public Health*, Vol. 97, No. 1, 2007, pp. 62-68.

⑤ D. Thompson, J. McCuaig, B. Wilkes, "Inter-jurisdictional Cooperation Principles and Characteristics, Seminar an Inter-jurisdictional Cooperation", *Sichuan Provincial Party School*, No. 7-9, 2007. 转引自王彬辉著：《加拿大环境法律实施机制研究》，中国人民大学出版社 2014 年，第 16 页。

竞争性参与理念之下的行政管理模式极易因对抗性而导致行政决策实施过程的僵化，而"合作治理模式"可以通过广泛的协商与合作将利益冲突予以转化或克服，是一种比"利益代表模式"更优的管理模式。①

（9）巨灾保险机制。我国巨灾保险机制还不发达，发达国家的先进经验可为我们提供参考。例如，美国和德国的保险市场虽比较发达，但最初民众对于巨灾保险的认知度并不高。对此，两国政府都通过立法强制出售保险来推动该项制度的发展。再如，日本地震多发，因而其地震保险制度也相对先进。其承保风险的范围较广，既有纯粹的商业性保险，也有商业保险公司与政府捆绑在一起的混合型保险。

（10）转化机制。这从国外学者对相关概念的界定就能推知出来。例如，Walters 等人将危机定义为"严重的转折点""决定性片刻"。② 政府一旦进入应急状态，将开始适用应急法，启动应急程序。应急状态的转化直接关系到政府紧急权力与公民权利的范围与大小，关于这一点，发达国家早有关注，都设有严格的程序规范。

（11）抚恤机制。据美国社保总署发布的一份报告显示，在"9·11"事件中，美国社会保障制度为涉及的遗属和残疾津贴支付大约为 6700 万美元，每月的开支约 300 万美元。③ 起初，美国并未感到财政压力，但后来逐步意识到应对恐怖主义等事件是一项长期任务，这会给社保基金带来双重的财政压力。④ 美国社保制度的弊端引起了人们对社会安全滥用问题的关注⑤，而这也

---

① Chris Ansell, Alison Gash, "Collaborative Governance in Theory and Practice", *Journal of Public Administration Research and Theory*, Vol. 18, No. 4, 2008, pp. 543-571.

② Davies, Hilary, and M. Walters, "Do all Crises Have to Become Disasters? Risk and Risk Mitigation", *Property Management*, Vol. 7, No. 1, 1998, pp. 396-400.

③ Longlery R., "Social Security's Response to 9·11 Attacks", http：//www.usgovinfo.com, 2015-12-31.

④ Ferrara P., "Social Security Post—9·11, Where Reform Fits in", http：//www.nationalreview.com, 2015-12-31.

⑤ Survivors Benefits, *First Line of Protection in the Wake of Recent Tragedies*, Columbia：Columbia University, 2001, p. 23.

成为美国理论界研究的一个新方向。

（12）成本机制。乔治·J. 斯蒂格勒认为，法的实施的程度取决于提供给完成这项任务之人力和财力的数量。例如，只要配备有足够多数量的警察，几乎每一辆超速的车辆都能被查出。① 波斯纳认为，成本收益分析将有利于诊断公共政策的弊端进而提高政策的质量。②

（三）评述

1. 国内研究现状评述

"文化大革命"结束后，国家法律百废待兴。这导致我们长期以来过于关注立法问题，没有充分认识到法律实施的重要性，使得实践中既有的法律得不到遵守，法律实施理论研究也备受冷落。这主要表现在以下几方面。

（1）理论基础弱化。在法理学教材中，法律实施理论应是基本内容。在20世纪90年代前后，我们的法理学教材通常都设有"法律实施"这样一个专章，但可能因其涉及的问题太大，后来的教材写作把它肢解到了具体的执法、守法、司法等章节中去了，以致现在的教材中很难再找到"法律实施"一章，最终使得大家都弄不清法律实施到底是什么了。③ 然而，即便设有专章，对该问题的论述也是非常简单的，一般只涉及法律实施的概念，影响法律实施的因素，法律实施的评价标准等，对于机制问题鲜有论及。由于缺乏系统理论作为支撑，因此，在理论研究中常常存在机制、体制与制度，法律实施与法律实效、法律适用，法律机制与法律实施机制之间的混淆。对于什么是法律实施机制，什么是行政应急法律实施机制，包括哪些机制等问题都缺乏系统的论述，没有形成主流学说，导致学者们对其理解不一，各说各话。

（2）学术成果总量不多。科研成果的表现形式主要有著作和论文，论文又包括期刊论文、学位论文和会议论文。由于著作中的观点大多已由论文所表达且数量难以统计，因而此处仅以论文为例，窥一斑而知全豹。为了确保研究

---

① ［美］乔治·J. 斯蒂格勒：《法律实施的最佳条件》，周仲飞译，载《环球法律评论》1992年第2期。

② Richrd A. Posner, *Catastrophe: Risk and Response*, Oxforf: Oxforf University Press, 2005, p. 10.

③ 刘作翔：《对法律实施问题的几点认识》，载《人民法院报》2013年4月26日。

范围的适中，笔者以中国知网近 10 年的文章为总体范畴，分别对"法律实施"和"法律实施机制"进行了"关键词"和"题名"的检索（见表2）。可以看到，2005—2015年间（截至2015年11月18日），中国知网共收入1743192篇法学文章，其中，关键词中包含有"法律实施"的论文为1057篇；关键词中包含有"法律实施机制"的论文有6篇；题名中包含有"法律实施"的论文为249篇；题名中包含有"法律实施机制"的论文仅有10篇。一般来说，"题名"通常包含在"关键词"之中且直接标为题名的，研究往往更加直接和深入，故后面将以题名为检索对象进行简化分析。由图可知，10年间，以"法律实施"为题名的文章占全部文章的0.014%；以"法律实施机制"为题名的文章仅占0.0006%，即100万篇文章中才有6篇；而以"应急法律实施机制"为题名进行搜索，则一篇都没有。在模糊搜索中，与之相关的文章大致有4篇，分别为赵文菁的《论突发环境事件应急法律机制的实施——以4·11兰州水污染事件为例》（吉林大学2015年硕士论文）；中国人民大学法学院课题组的《重金属污染风险防范与应急法律机制研究》（载《中国环境法治》2012年第2期）；杜万平的《环境行政权的监督机制研究——对环境法律实施状况的一种解释》（载《环境资源法论丛》，2006年第00期）；李伟的《突发公共卫生事件应急机制若干行政法律问题研究》（载《法治论坛》2008年第1期）。严格来说，这四篇有的是讲"应急法律机制"，有的则是讲"法律机制的实施"，这与"法律实施机制"还是有些不同的。

表2　中国知网法律文章数据库"法律实施""法律实施机制"检索结果（2005—2015年）

法律文章数据库(2005—2015)	法律文章总篇数	以"法律实施"进行"关键词"检索		以"法律实施"进行"题名"检索		以"法律实施机制"进行"关键词"检索		以"法律实施机制"进行"题名"检索	
		检索结果(篇)	所占比例(%)	检索结果(篇)	所占比例(%)	检索结果(篇)	所占比例(%)	检索结果(篇)	所占比例(%)
文章总数	1743192	1057	0.060	249	0.014	6	0.0003	10	0.0006

续表

法律文章数据库(2005—2015)	法律文章总篇数	以"法律实施"进行"关键词"检索		以"法律实施"进行"题名"检索		以"法律实施机制"进行"关键词"检索		以"法律实施机制"进行"题名"检索	
期刊论文总数	859881	794	0.092	128	0.015	5	0.0006	5	0.0006
硕士论文总数	122996	61	0.049	10	0.008	1	0.0008	4	0.0003
博士论文总数	4766	10	0.210	2	0.042	0	0	0	0
会议论文总数	26283	22	0.084	3	0.011	0	0	0	0
报纸文章总数	729166	470	0.064	106	0.015	0	0	1	0.0001

（3）研究深度不够。第一，报纸文章的学术性不强，故此处可以忽略。第二，在数量最多的期刊论文中，以"法律实施"为题名的有128篇，以"法律实施机制"为题名的期刊论文仅有5篇，不仅数量少，深度和广度也有所不及。一方面，文章篇幅短、页码少的问题比较明显。像郭裒的《法律实施的监督机制探讨》（载《法制博览》2014年第2期）；吴丽娟的《我国上市公司会计监管法律实施机制问题浅议》（载《法制与社会》2008年第33期）；徐洪刚的《论民族区域自治法律实施的社会监督的形式——民族区域自治的社会监督机制研究之二》（载《传承》2012年第14期）等文章只有1到2个页码，从形式上看，很难对问题有深入的分析。另一方面，重复研究的现象比较突出。例如，夏锦文的《法律实施的概念、评级标准及影响因素分析》与张骐的《法律实施的概念、评价标准及影响因素分析》两篇文章的内容基本一样；何浏的《中华人民共和国突发事件应对法的制定和完善——基于多源流理论的政策分析》的第二部分与邓浩的《〈突发事件应对法〉的实施与政府行政能力建设分析》的第一部分也有重合。第三，最能体现学术创新的硕博论文，篇数基本都为个位数，而以"法律实施机制"为题名的博士论文一篇都没有。4篇硕士论文分别为：郝梓霖的《欧盟食品安全法律实施机制研究》（辽宁大学，2014年）、赵秀华的《农村环境保护法律实施机制研究》（河南大学，2012年）、陈瑶的《美国"337条款"的法律实施机制》（中南大学，2007年）、孙海阳的《企业社会责任在我国的定位和法律实施机制研究》（中国政

法大学，2005年）。4篇论文分别是从国际法、环境保护法、民商法和经济法的角度来进行研究，可以说，从行政法的角度来系统论述行政应急法律实施机制的文章几乎没有。

（4）研究思路模糊。这主要表现在以下几个方面：第一，概念混淆。例如，将法律实施与法律适用相混淆。有学者提出："对于违反经济法的社会组织和个人应追究民事责任适用民法的法律实施机制，追究行政责任适用行政法的法律实施机制……"① 事实上，法律适用（司法）只是法律实施的一个部分，基础概念的混淆使得理论研究的合理性大打折扣。第二，划分标准不周延。学界对影响法律实施的因素划分多有重合，如有的学者将监督机制不健全划入体制因素中，有的学者将经济影响划入外部环境中，等等。其实，归纳起来就能发现，当前学界列举的这些，不外乎传统的立法、执法、司法、监督以及外部环境、法制观念及历史经济文化的影响。划分标准的不一导致现有的表述重复、交叉，显得较为混乱。再如，有学者将信息公开机制作为公众参与机制下面的一个分支，还有一些文章认为法律实施机制中有一种保障机制，认为"法律实施保障机制的核心是加强改善党的领导，从严要求执法是这个保障机制的重要内容，强化监督是保障机制的条件，开展普法教育，提高法制观念是保障机制的基础"。② 这些划分是否正确？是否重复？正如有学者所言："我们讨论保障机制，就要回到它的实施机制上去。我们可以把它分解，即分解为司法的保障机制、行政执法的保障机制、公民守法的保障机制。"③ 事实上，很多学者还是按照执法、监督、守法等思路来进行分类，只是换了一个说法而已。对于这些问题，有必要认真梳理、廓清，从而找出科学周全的划分依据以归纳出影响法律实施的因素，进而予以完善。第三，传统观念的桎梏。应急法是一个新生概念，受传统观念的影响，目前大部分学者尚未形成应急法与常态法区分研究的理念，导致现有研究也未能系统地论述行政应急法律实施机制与

---

① 柏青江：《论经济法的法律责任及实施机制》，载《吉林省经济管理干部学院学报》2009年第4期。
② 杨天发：《论强化法律实施的保障机制》，载《理论与改革》1998年第2期。
③ 刘作翔著：《权利与规范理论——刘作翔法学文章与读书笔记选》，中国政法大学出版社2014年版，第232~233页。

常态法律实施机制的区别，逻辑上较为杂乱。

（5）研究方法陈旧单一。一方面，当前学界对应急法律实施机制的研究基本上是理论研究，从比较方法及实践调研方法来考察应急法律实施机制的文章几乎没有。另一方面，专门研究应急法律实施机制的文章基本上是从具体领域中延伸出来，多是从食品安全、环境污染等角度进行切入，像事故灾难、社会安全事件等其他领域的研究有所偏失。

总体来说，学界对"法律实施"问题并未予以足够的重视，对"法律实施机制"的研究十分欠缺且显混乱，专门、直接针对"行政应急法律实施机制"的研究更是少之又少。即便从相关研究中能提炼一些，也多是从环保法、经济法、国际法等具体领域进行切入，在行政法视域下，从整体上来论述行政应急法律实施机制的成果几乎没有。

2. 国外研究现状评述

库兹涅兹曲线表明，当一国人均 GDP 从 1000 美元向 3000 美元迈进时，往往是利益矛盾加剧、收入分化加速的时期。从社会发展进程来看，发达国家较早步入风险社会，因而它们对于突发事件的关注早、立法早，应急法律实施的理论研究也起步较早。例如，西方发达国家在 20 世纪 70 年代就开始了对危机、灾害等概念的内涵与外延的研究。它们在公众参与、信息公开、风险评估等机制的构建方面有着较为成熟的理论。

总体来说，国外的理论研究比较注重实践性，这主要体现在两个方面：一是在内容上，学术研究多与具体领域相结合，针对性较强，十分重视实践的可操作性；二是在研究方法上，对科技与技术手段的依赖程度较高，如在预警监测指标方面，通过富兰德指数、政治体系稳定指数、国家危机程度指数等量化指标来判定风险。这些都可为我国应急法律实施机制的研究提供思路。

然而，发达国家的法律也并非十全十美，美国"9·11"事件、欧盟"马肉丑闻"等突发事件的暴发也在促使这些国家反思其现有的法律，进而不断对其进行修正与完善。随着改革的纵深推进，我国也进入了风险社会，作为一种新生事物，我国应急法律及其实施机制还不太成熟，对此，国外相关的做法和思路有很多值得我们学习和借鉴的地方。客观上来说，由于历史原因，我国的法律有很大一部分是移植而来的，因而像公民权利保障、权力监督、民主参与等很多理念与西方国家并无二致，不同之处主要体现在具体的制度构建上。例如，就食品安全监管模式来说，不同的国家和地区有不同的选择。有学者将其划分成为集中型分散（如美国）、统一型集中（如德国）、统一型协调（如欧盟）、合并监管型（如日本）、杂乱分散型（如英国）、多部门分散型（如印度）、高度集中型（如泰国）、内外区别型（如巴西）等不同种类。① 我们要做的，就是了解并理解各国相关的理论根基和演变发展，从而结合自己的国情，构建具有针对性和可操作性的应急法律实施机制。

三、研究意义

（一）理论意义

1. 有利于完善法律实施理论

法律实施是整个法治体系建设的一个重要部分，是完善国家治理体系和治理能力现代化的关键。数百年前，我国明朝著名政治家张居正就曾说过："天下之事，不难于立法，而难于法之必行。"然而，这些年我们对立法问题给予了过多的关注，总是企望将社会中出现的违法犯罪问题全部交由立法修法来解决，对立法后的实施问题并未给予足够的重视。2011年3月10日，吴邦国在十一届全国人大四次会议上作的《全国人大常委会工作报告》中指出："中国特色社会主义法律体系的形成，总体上解决了有法可依的问题，在这种情况下，有法必依、执法必严、违法必究的问题就显得更为突出、更加紧迫，这也是广大人民群众普遍关注、各方面反映强烈的问题。"2014年10月23日，党的十八届四中全会审议通过的《中共中央关于全面推进依法治国若干重大问题的决定》多次强调法律实施问题，如"形成完备的法律规范体系、高效的法治实施体系""切实保证宪法法律有效实施""法律的生命力在于实施，法律的权威也在于实施"，等等。2015年3月8日，张德江在十二届全国人大三次会议作全国人大常委会工作报告时说道："全国人大常委会要……加强对法律

---

① 王悦：《我国食品安全法律监管模式与制度体系研究》，华中农业大学2007年硕士论文，第26~36页。

实施情况的监督检查……保证法律得到正确有效实施。"可以看到，早年我们对法律实施问题的忽视使得本选题尚有可挖掘的理论空间，具有必要性和创新性；而近年来对该问题的关注也使得本选题契合理论热点，具有时代性和前沿性。由于法律实施理论过于庞大，本书仅从实施机制予以切入，以小见大，以期对法律实施理论的完善有所裨益。

2. 有利于完善应急法治理论

2003年"非典"的暴发，使得风险、危机、应急等理念引发国人的关注与思考；2007年《突发事件应对法》的颁布施行将突发事件应对工作纳入法制轨道，其在应急法治进程中具有里程碑意义。近年来，学界对应急法治的关注与研究逐渐增多，取得了一定的成果，但与发达国家相比，我国尚处于起步阶段，不过十来年的时间，相关立法不够完善，而立法后的实施问题更是无暇顾及。因此，本书以行政应急法律的实施机制为出发点，深入挖掘当前突发事件多发频发的原因，影响行政应急法律有效实施的因素，行政应急法律实施机制存在的问题及完善对策，进而丰富和完善应急法治理论。

3. 有利于完善行政法基础理论

应急法涉及范围较广，例如，对于环境污染、经济安全、暴力恐怖袭击等事件可分别从环境法、经济法、刑法，甚至国际法等角度予以调整；而对于风险规制，又可从管理学、政治学、社会学、气象学、地质学等具体领域入手。本书侧重于从行政法的角度进行研究主要是因为突发事件的预防和应对工作是以政府为主导而展开的，因而，行政法在此方面应有更大的作为。同时，风险时代的来临对行政法提出了一系列挑战，如法律规制从已知领域转向未知领域，从行政行为转向行政过程，甚至有学者提出，应在行政法的基本原则中植入预防原则和应急原则。[①] 因此，本书的选题对于丰富和发展行政法基础理论也会有一定的帮助作用。

（二）实践意义

1. 有利于预防和应对突发事件

近年来，地震、台风、爆炸、禽流感、地沟油、瘦肉精、问题奶粉、群体

---

① 戚建刚：《风险规制的兴起与行政法的新发展》，载《当代法学》2014年第6期。

性事件、踩踏事件、暴力恐怖袭击事件等各类突发事件屡屡曝光，给国家和人民带来极大的损失。单就 2015 年 8 月 12 日发生的天津港爆炸事件来说，就造成 165 人遇难，8 人失联，798 人受伤，12428 辆商品汽车、7533 个集装箱、304 幢建筑物受损，直接经济损失高达 68.66 亿元。突发事件的多发频发，除了客观不可控因素外，也有主观可控因素，例如，其会不同程度地受到执法人员的法治思维、风险意识、风险预判能力和危机处置能力等因素的影响，而这一部分是我们可以改进的，是可以通过制度、机制构建予以规范和完善的，因而也是研究的重点。当前，我国行政应急法律体系正趋于完善，对各类突发事件基本都有所关照。以自然灾害事件为例，我国先后出台了《环境保护法》《防沙治沙法》《防震减灾法》《防洪法》《水法》《水污染防治法》《防汛条例》《森林防火条例》《大气污染防治法》等一系列法律法规，然而现实情况却是，环境问题非但没有好转，反而在进一步恶化。事实证明，立法中虽有不尽如人意之处，但最大的困境已不是立法的缺失与瑕疵，而是应急法律不能得到有效的实施。北京的天空忽而"中国蓝"，忽而"中国灰"就是最生动的印证。行政应急法律实施涉及主体、体制、机制、评价标准等众多方面，本书仅研究机制问题，以期探索当前行政应急法律实施中存在哪些机制、机制失灵的原因，如何构建科学合理高效的行政应急法律实施机制，从而预防和减少突发事件的发生，这在我国当下具有现实的紧迫性。

2. 有利于推动法律的有效实施，加快法治政府的构建

亚里士多德有一句经典名言，法治应具备两重含义，其中一项就是"已成立的法律必须获得普遍的服从"。可见，法治是一个实践的概念，其所关心的就是法律统治地位的确立与法律的有效实施。[①] 法律需要被实施，唯此，才能从抽象的法律条文变成具体的行为过程，才能从纸上的静态法转变为现实中的动态法。突发事件会给公共利益带来极大损害，而近年来突发事件的处置情况也不断考验着政府的执政能力。根据调整对象的紧迫性，法律可分为应急法和常态法。在"非典"暴发之前，学界几乎没有作过这种区分。然而，随着突

---

① 庞正：《法治概念的多样性与一致性——兼及中国法治研究方法的反思》，载《浙江社会科学》2011 年第 3 期。

发事件的骤增，人们逐渐认识到常态法调整突发事件的局限与乏力，因而在学理上构建了专门的应急法。但是，应急法不是单独存在的，应急法律实施机制问题的研究也不能孤立地进行。由于突发事件从萌芽到消退是一个完整的周期，这期间必然涉及应急状态与一般常态的交织与转换，因此，对本书选题的研究，既要借鉴常态法律的实施机制，也会与常态法律实施机制相衔接进而促进两者的协调与完善，从而推动法治政府的构建。

3. 有利于维护社会的稳定，为经济社会发展保驾护航

历史经验告诉我们，落后就要挨打，发展才是硬道理，而稳定就是经济社会发展的必要前提。突发事件的暴发不但破坏了社会稳定，同时也是对社会利益失衡、社会矛盾积压的信号和警告。用法治思维治理突发事件，有利于预防和消除社会不安定因素，维护社会秩序，促进经济社会繁荣发展。

四、研究框架、研究方法与创新之处

(一) 研究框架

本书以突发事件的生命周期为划分依据，将行政应急法律实施机制分解到四个阶段，进而详细论述不同阶段中的法律实施机制。本书除去导论和结语外，共有五个部分。

第一章旨在解决行政应急法律实施机制的几个基本问题。首先，对传统法律实施理论进行梳理，分析法律实施的内涵与框架，厘清法律实施与法律适用、法律效果、法律实现、法律运行、法律创制、法律监督等相关概念的联系与区别；阐释法律实施的内涵与分类。其次，提出一种新的划分依据，对行政应急法律实施机制进行再构。再次，机制是连接主体与对象的桥梁，通过介绍行政应急法律实施的主体与对象，凸显其与传统法律实施主体、对象的差异。最后，阐释行政行为理论、行政过程理论和行政法律关系理论作为行政应急法律实施机制的三种分析工具，对优化行政应急法律实施机制之意蕴。

第二章论述的是预防与应急准备阶段的法律实施机制。首先，论述本阶段法律实施机制的特点，归纳出本阶段法律实施机制的类型，具体包括：预案管理机制、风险评估机制、宣传教育培训演练机制、资源储备保障机制。其次，

剖析制约各个机制良性运行的原因;最后,提出可行的完善路径,如加强风险意识、注重动态管理等。

第三章论述的是监测与预警阶段的法律实施机制。首先,论述本阶段法律实施机制的特点,归纳出本阶段实施机制的类型,具体包括:监测机制、预警机制。其次,剖析制约各个机制良性运行的原因;最后,提出可行的完善路径,如完善软硬件设施、提升监测能力、实现监测途径的多元化等。

第四章论述的是应急处置与救援阶段的法律实施机制,其是四个阶段中最重要的部分。首先,论述本阶段法律实施机制的特点,从功能角度出发,将本阶段的法律实施机制概括为接警响应机制、应急指挥决策机制、救援执行机制。其次,阐述各个机制的含义与表现形式,剖析各个机制存在的不足及其制约因素;最后,提出可行的完善路径,如加大协调联动、夯实应急准备、优化处置方式、强化危机沟通等。

第五章论述的是恢复与重建阶段的法律实施机制。首先,论述本阶段法律实施机制的特点,归纳出本阶段法律实施机制的类型,具体包括:救助性机制、发展性机制、总结性机制;其次,剖析制约各个机制良性运行的原因;最后,提出可行的完善路径,如明确工作定位、加快推进专门性立法、构建多元化的救助体系,实施可持续的发展战略等。

本书研究的基本思路大致如下:现有的法律实施机制如何——为何不套用传统的法律实施机制——依据什么标准构建新的行政应急法律实施机制模型(生命周期理论)——各阶段中包含哪些具体的实施机制——存在什么问题——如何完善。本书从抽象到具体,从宏观到微观,在结构上属于"总—分"式,详见图1。

(二) 研究方法

方法是研究的手段与支撑,不采用任何方法的研究注定成为无源之水、无本之木。本书紧贴选题,主要采用了以下研究方法。

1. 文本分析法

行政应急法律实施机制研究旨在考察机制指向的对象——法律文本是否运行、落实到位,因而文本分析是不可或缺的。在梳理各层级、各类型的行政应

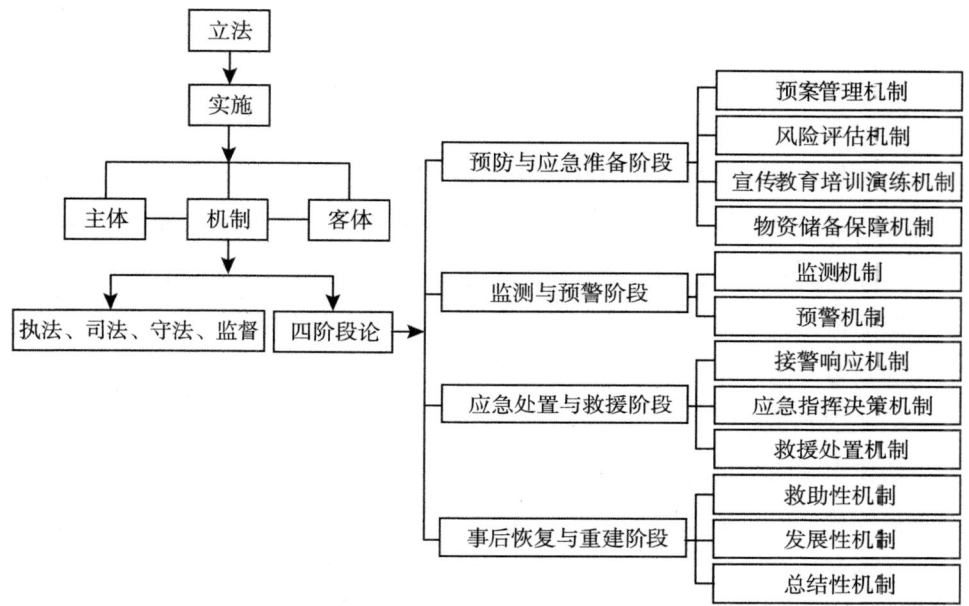

图 1 全书结构框架示意图

急法律规范体系的基础上，以我国应急法治最高准则的《突发事件应对法》为主线，提出了行政应急法律实施机制四阶段的划分逻辑，进而形成了本书第二至五章的核心架构。此外，各阶段之下具体的法律实施机制并非凭空臆想，而是完全依据《突发事件应对法》的文本规定予以提炼和总结而成。

2. 实证分析法

本书属应用型论文，旨在改善当下突发事件多发频发的紧迫现状，因而，研究方法自然不能脱离实际。本书的实证分析法包括两种：①数据统计法。在论证当前我国突发事件造成的危害、行政应急法律实施现状等问题时，通过统计数据进行支撑，以保证研究的科学性和客观性。②案例分析法。本书以瓮安事件、石首事件、汶川地震、青海玉树地震、北京"7·21"暴雨灾害、甬温动车事故、上海外滩踩踏事故、南方低温雨雪冰冻灾害、沈阳雾霾、昆明晋宁群体性事件、青岛"11·22"输油管泄漏爆炸事故、天津港爆炸事故、兰州

37

水污染事件、紫金矿业污染事件、温岭火灾、日本坂神地震、印度洋海啸、美国加州北岭地震等国内外大量案例为素材，从实践的角度来检视当前我国行政应急法律实施机制存在的不足，坚持理论与实践相结合。

3. 比较分析法

斯梅尔塞曾言："没有比较的思维是不可思议的，如果不对比，一切科学思想和科学研究也都是难以想象的。"① 本书从第二到第五章，每一章的第三节都会穿插和嵌入美、英、日、德等应急管理较发达国家或地区的相关法律实施机制的情况，以为我国行政应急法律实施机制的完善路径提供多元化视角，以期起到参考借鉴作用。

4. 交叉研究法

法律实施问题是一个法学问题，但却不是一个纯粹的法学问题；其既是一个理论问题，但也涉及很多技术层面的方法。因此，本书除了法学研究方法外，还涉及社会学、心理学、管理学、经济学等多学科研究方法。

（三）创新之处

1. 选题新

本书的立题源自三个发问：第一，为何我国当下突发事件多发频发——是立法的问题还是立法后的法律实施问题（事实证明为后者），这是本书研究"法律实施"问题的初衷。第二，法律实施理论包含有哪些内容（主体、客体、机制、评价标准等）——为何不研究主体、客体等问题，而要从机制进行切入，这是本书研究"法律实施机制"问题的初衷。第三，既然要解决突发事件多发频发的问题，那么法律实施机制的中的"法律"是否有范围限制——为何要从行政法视野出发去研究法律实施机制问题，这是本书研究"行政应急法律实施机制"的初衷。

法律实施是法律生命力之所在，是实现法律价值的必由之路，而法律要实施就必须以机制为桥梁。行政应急法的调整对象为行政应急法律关系，即因行

---

① ［美］斯梅尔塞著：《社会科学的比较方法》，王宏周、张平平译，社会科学文献出版社1992年版，第2~3页。

政应急活动而形成、产生或引发的权利与义务的关系。在应急情境下，行政机关的权力与责任、公民的权利与义务都不能与常态情境下相等同。因而，无论是将行政应急法作为新生事物也好，还是因突发事件较之常态事件会给国家和社会带来更大的危害也罢，对行政应急法律实施机制进行研究都十分紧迫且必要。本书的选题由行政应急法、法律实施和机制三个词所构成，而选题的新意也体现在这三个方面。从数量上来说，第一，关于"法律实施"的问题，学界研究并不多。在2005—2015年10年间中国知网收录的1743192篇法学文章中，题名中包含有"法律实施"的论文为249篇，占比为0.014%。第二，关于"法律实施机制"的问题，学界研究更少。这10年间，题名中包含有"法律实施机制"的论文仅为10篇，占比为0.0006%。第三，关于"行政应急法律实施机制"的问题，学界研究几近空白。这10年间，题名中包含有"应急法律实施机制"或"行政应急法律实施机制"的论文为0篇。寥寥无几的数据反映了当前理论界对行政应急法律实施机制问题尚缺乏系统化的研究，而本书旨在填补这一空白。笔者尝试通过体系化的论述，详细探析我国行政应急法律实施机制存在的不足及原因，以期完善行政应急法律实施理论，再通过理论与实践的互动，改善当前突发事件暴发率高居不下的现状。

2. 视角新

第一，本书的侧重点为"行政应急法律实施机制"，而非"应急机制""应急法律机制"或"应急机制的实施"。在中国知网10年间收录的1743192篇法学文章中，以"应急法律实施机制"或"行政应急法律实施机制"为题名进行搜索，一篇都没有。在模糊搜索中，与之相关的文章大致有4篇，分别为赵文菁的《论突发环境事件应急法律机制的实施——以4·11兰州水污染事件为例》（吉林大学2015年硕士论文）；中国人民大学法学院课题组的《重金属污染风险防范与应急法律机制研究》（载《中国环境法治》2012年第2期）；杜万平的《环境行政权的监督机制研究——对环境法律实施状况的一种解释》（载《环境资源法论丛》2006年第00期）；李伟的《突发公共卫生事件应急机制若干行政法律问题研究》（载《法治论坛》2008年第1期）。严格来说，这四篇的侧重点在于"应急机制""应急法律机制"或"法律机制的实施"。本书以"行政应急法律实施机制"为研究对象，侧重点在于如何完善机制从而推动行政应急法律更好地实施，而非论述我国的应急管理机制、应急法律机制及应急法律机制应如何实施等问题，这与当前学界的研究视角是有所区别的。

第二，本书是在行政法学领域，就行政应急法律实施机制问题进行的整体性研究，而非仅在某个具体领域针对具体机制展开研究。学界现有的与应急法律实施机制相关的文章多是从环境法学、国际法学、经济法学的角度出发，从行政法特别是从行政应急法的视角进行研究的文章寥若晨星。在行政应急法领域，由于法律实施机制庞杂，因而，相关的研究成果多是与微观的、具体的领域相结合而展开分析的，如林鸿潮的《论非常规突发事件应对中的市场机制——从社会动员的缺陷说起》（载《暨南学报（哲学社会科学版）》2015年第4期）；刘淑华的《论河北省跨行政区污染防治的法律实施机制》（载《科技信息》2014年第6期）；李伟的《突发公共卫生事件应急机制若干行政法律问题研究》（载《法治论坛》2008年第1期）；马怀德的《完善北京城市应急决策指挥机制》（载《法学杂志》2012年第9期）；王宏伟的《完善重大决策社会稳定风险评估机制的五大转变》（载《云南社会科学》2013年第2期）；徐亚文、伍德志：《论社会稳定风险评估机制的局限性及其建构》（载《政治与法律》2012年第1期）；章志远、朱渝的《我国群体性事件法律化解机制之反思》（载《法治与社会发展》2013年第4期），等等。这些研究多是将某种具体的机制与某个地域或某个领域相结合，研究范式如：食品安全领域的风险评估机制，反恐怖主义领域的公众参与机制等。这些研究针对性较强，但适用范围有限。对此，本书将尝试从整体的视角出发构建一套适用于一切行政应急法律的系统的法律实施机制。

3. 内容新

第一，本书研究行政应急法律的实施机制，但并未采用传统法理学中的执法、司法、守法、监督的法律实施机制分类模型。笔者认为，法律实施机制应体现其所实施法律的特性，然而传统理论中的法律实施机制并未区分常态法与应急法在表现形态上的异同。对此，笔者坚持以突发事件及行政应急法的特性为依归，在对学界现有观点进行梳理的基础上，对重复交叉之处予以廓清，尝试提出新的划分模型和实施机制，即依照突发事件的生命周期，将行政应急法律实施机制分解到预防与应急准备、监测与预警、应急处置和救援、事后恢复与重建四个阶段之中，并依照《突发事件应对法》之文本规定，将四个阶段进一步分解为预案管理机制、风险评估机制、宣传教育培训演练机制、物资储备保障机制、监测机制、预警机制、接警响应机制、应急指挥决策机制、救援处置机制、救助性机制、发展性机制、总结性机制十二种具体的实施机制。

第二，本书未采用法律实施机制泛化的划分类型，如常提及的信息公开、公众参与和监督、责任等机制。由于这些机制贯穿于突发事件的始终，因而本书并不认为这是行政应急法律的实施机制，而应属行政应急法律的原则范畴。故而，本书并未按照传统研究方式将其单独列出，而是分解到各具体机制之中，有针对性地予以体现。

第三，论证材料较为新颖。苏力先生曾言，问题意识更多地来源于真实世界的经验，而非来自于概念或理念层面。① 本书始终坚持从现实中发现问题，再以问题为导向展开研究，因此，文章在每一种实施机制里面都配以最有代表性的案例从旁佐证。此外，在案例的选取上也注意到了时间界限。由于我国行政应急法律体系的建立和完善以 2003 年的《国家突发公共事件总体应急预案》和 2007 年的《突发事件应对法》为标志，因而，本书选取的我国的所有案例都在 2007 年以后，以期充分揭示当前我国行政应急法律实施机制存在的弊端及原因，进而有针对性地提出完善建议。

4. 方法新

当前学界列举了很多细小的、具体的实施机制，如生态补偿机制、风险评估机制等。虽然较为精细化，却失之结构性与整体性，无法凸显各实施机制的联系。笔者以突发事件的动态过程为研究思路，将行政应急法律实施机制分解到四个环节中，既体现了价值、规范与现实三者之间的互动，也将实施机制由

---

① 苏力：《问题意识：什么问题以及谁的问题？》，载《武汉大学学报（哲学社会科学版）》2017 年第 1 期。

静态的存在变成了动态的关联。此外，法律实施问题虽是一个法学问题，但却不是一个纯粹的法学问题，还涉及经济学、社会学、管理学、心理学等多学科知识，因而，笔者在行文过程中借鉴采用了其他学科的知识点，体现了多学科的交叉与融合。

第一章　行政应急法律实施机制之新的分析理论

第一节　传统法律实施理论之梳理

本书以行政应急法律实施机制为研究对象，却以传统法律实施理论为引，似乎有故意扩大研究范围之嫌，因而实有必要在这里作一解释与说明：首先，由于当前学界对法律实施理论有所忽视，对法律实施机制更是缺乏系统论述，因而，在基础理论，特别是在相关概念的理解上存在一些认识误区。概念是学术研究的基本单位和逻辑起点，如不厘清，后文论述将难以展开。其次，传统法律实施机制包括哪些内容，目前在学界并没有明确的、权威的表述，本节力图通过理论梳理推导得出结论。最后，对传统的法律实施理论进行梳理既是对前人研究成果的尊重与肯定，同时也将为下一节提出新的观点奠定基础。

一、法律实施的内涵

习近平总书记说过："治理一个国家、一个社会，关键是要立规矩、讲规矩、守规矩。法律是治国理政最大最重要的规矩。"[1] 依法治国，建设社会主义法治国家是我国重要的治国方略和奋斗目标，而立法只是依法治国的第一

---

[1] 参见习近平同志 2014 年 10 月 23 日在《在中共十八届四中全会第二次全体会议上的讲话》。

步，其目标是要解决"有法可依"的问题。但是，法律被创制出来，仅是纸上的条文，如果包含在法律规则部分中的"应然"的内容仍停留在纸上却不对人的行为产生任何影响，那么法律只是一种神话，而非现实。① 徒法不足以自行，纸上的条文若要转换为行动中的规范，需要一个桥梁予以连接，这个桥梁就是法律实施。它是实现立法目的不可或缺的步骤，也是依法治国的第二步。从亚里士多德关于法治的名言②可以看出，完善的立法加上运行有效的法律实施，就是依法治国的应有之义。那么，到底何谓法律实施？法理学给出的定义是：法律实施（Enforcement of Law）指法律在社会生活中被人们实际地施行或法在社会生活中运用和实现的过程。③ 为进一步阐明法律实施的内涵，需要辨析几组概念。

（一）法律实施与法律适用

有不少人望文生义，简单地将法律实施与法律适用（司法）相等同，这里存在重大误解。④ 法律实施是指法律规范在社会生活中得以现实地施行，从而将法律条文从静态转化为动态，从抽象转化为具体，从应然转化为实然的过程。这是一个复杂庞大的体系，包含众多主体和机制；而法律适用是指司法机关及其工作人员在具体案件中运用法律规范的活动，其仅是法律实施中的一个环节，除了司法外，法律实施还包含有其他方面的内容。可见，法律实施的范围大于法律适用。

（二）法律实施与法律效果

法律效果（Effect of Law）是指法律实际施行所产生的现实结果对社会所

---

① ［美］E. 博登海默著：《法理学：法律哲学与法律方法》，邓正来译，中国政法大学出版社 2010 年版，第 255 页。

② 亚里士多德认为，法治应包含两重意义：已制定的法律获得普遍的服从，而大家所服从的法律本身又应当是制定得良好的法律。参见［古希腊］亚里士多德著：《政治学》，吴寿涛译，商务印书馆 1981 年版，第 199 页。

③ 高其才著：《法理学》，中国民主法制出版社 2005 年版，第 149 页；张正德、付子堂主编：《法理学》，重庆大学出版社 2005 年版，第 156 页。

④ 刘作翔著：《权利与规范理论——刘作翔法学文章与读书笔记选》，中国政法大学出版社 2014 年版，第 231 页。

发生的客观影响或效应,是法律实现其社会目的、价值和社会功能的程度。①法律规范是相对稳定的,但产生的法律效果却有天壤之别。不同的法律产生的效果不一样,即便同一部法律在不同地区产生的效果也不尽相同。可见,法律在实施过程中具有多个面向,在评价法律效果优良中差的同时,还应考虑到影响法律实施,阻碍积极法律效果产生的因素,从而有的放矢,力争达至目标与效果相统一的理想状态。概言之,法律实施侧重于过程,而法律效果侧重于状态。

(三) 法律实施与法律实现

法律实现(Eealization of Law)是指法律规范的要求在实际生活中的体现,达到了法律设定的权利义务的结果,即人们现实地享有了权利、履行了义务,是一种理想状态。② 法律实施与法律实现的区别在于:前者强调过程,后者强调结果;前者是手段,后者是目的。但是,过程与结果之间、手段与目的之间并非总能保持一致,对此,我们就应当反思法律实施环节出了什么问题影响到了法律的实现。

梳理上文可以发现,立法者将法律目的寓于条文之中,以期公私主体通过法律实施来实现其立法目的,发挥法律作用,形成法律秩序,其动态路径为:法律创制—法律实施—法律效果—法律实现。然而,目的、行为、结果三者之间并非点对点的单一路径,由于影响因素较多,极易出现偏差,而法律实施作为衔接环节,在此间起着关键性的影响作用。

二、法律实施的框架

笔者选取了六本较具代表性的法理学教材,以期充分展示法理学界对法律实施理论框架的勾勒。

第一,张文显教授将《法理学》(高等教育出版社、北京大学出版社 2011

---

① 赵震江著:《法律社会学》,北京大学出版社 1998 年版,第 308 页;李清伟主编:《法理学》,上海人民出版社 2013 年版,第 154 页。

② 高其才著:《法理学》,中国民主法制出版社 2005 年版,第 150 页;夏锦文:《法律实施及其相关概念辨析》,载《法学论坛》2003 年第 6 期。

年版）一书分为六编，在第四编"法的运行"部分设"法的制定""法的实施""法律职业"及"法律方法"四章。其中，"法的实施"一章分为三节，分别为："守法""执法""司法"。其框架见图1。

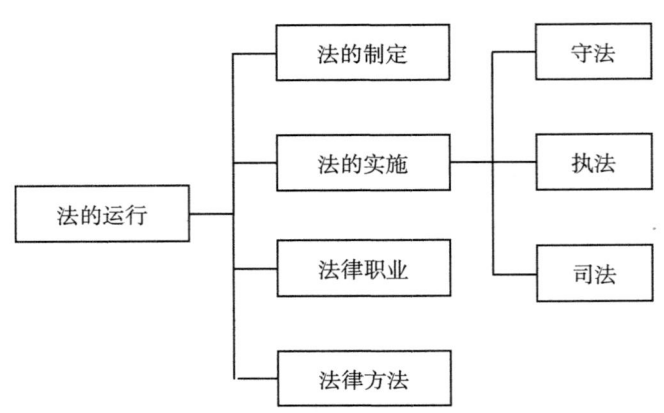

图1　张文显教授的《法理学》部分结构示意图

第二，沈宗灵教授将《法理学》（北京大学出版社1999年版）一书分为四编，在第四编"法的实施和监督"部分设"法的实施""权利、义务、权力——法律关系""法律责任和法律制裁""法律解释与法律推理"及"法律实施的监督"五章。其中，"法的实施"一章分为四节，分别为："法的实施的概念""法律效力""法律实效"及"当代中国法律适用的原则"。在"法的实施的概念"一节又谈了四个问题，分别为："法的实施的含义与意义""法的遵守""法的执行"及"法的适用"。其框架见图2。

第三，张正德教授将《法理学》（重庆大学出版社2005年版）一书分为四编，在第二编"法的制定与实施"部分设"法的制定""法的渊源""法律规范与法律体系""法的实施""法的效力与冲突""法律关系""法律解释与法律推理""法律责任与法律监督"八章。其中，"法的实施"一章分为三节，分别为："法的实施概述""法的适用""主要司法制度"。

第四，卓泽渊教授将《法理学》（法律出版社2004年版）一书分为四

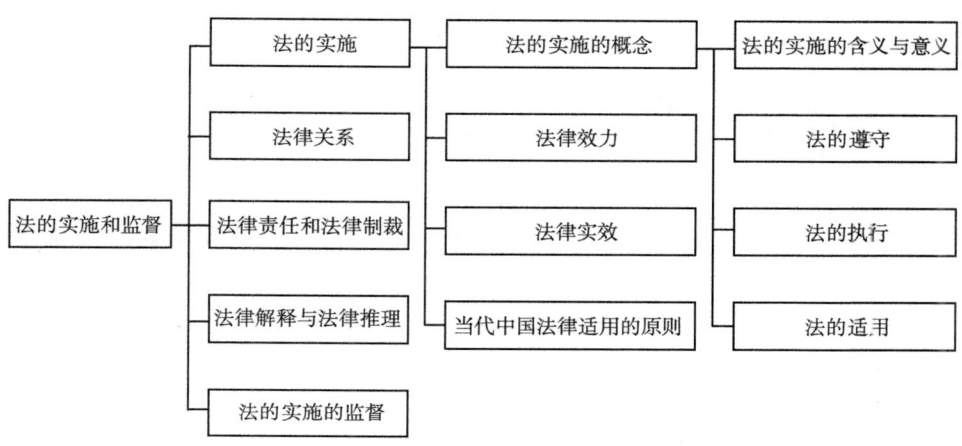

图 2 沈宗灵教授的《法理学》部分结构示意图

编,在第三编"法的运行理论"部分设"法的运行概述""立法""法的适用""守法""法律监督"五章。其中,"法的运行概述"一章分为三节,分别为:"法的运行概念""法的实效"及"法的实现"。他没有采用"法律实施"这样一种表述,而是将立法、守法、司法、监督都视为法律运行的内在要素。

第五,高其才教授将《法理学》(中国民主法制出版社 2005 年版)一书分为五编,在第三编"法律运行论"部分设"法的创制""法律形式与效力""法律遵守""法律执行""法律适用""法律监督""法律关系""法律解释与法律推理""法律责任""法治"及"法律职业"十一章。他将"法律实施与实现"问题摆在了"法的遵守"一章下面。

第六,李清伟教授将《法理学》(上海人民出版社 2013 年版)一书分为七编,在第三编"法的运行论"部分设"法的运行概论""立法""守法""执法""司法"及"法律监督"六章,没有单独设"法的实施"一节。

对以上教材进行梳理(见表1),现作如下总结。

表1　　　　　　　《法理学》教材部分结构对比统计表

作者	出版时间	编	章	节	正文
张文显	2011	法的运行	法的制定、**法的实施**、法律职业、法律方法	守法、执法、司法	
沈宗灵	1999	**法的实施和监督**	**法的实施**、法律关系、法律责任和法律制裁、法律解释与法律推理、法律实施的监督	**法的实施的概念**、法律效力、法律实效、当代中国法律适用的原则	**法的实施的含义与意义**、法的遵守、法的执行、法的适用
张正德	2005	**法的制定与实施**	法的制定、法的渊源、法律规范与法律体系、法的实施、法律关系、法的效力与冲突、法律解释与法律推理、法律责任与法律监督	**法的实施概述**、法的适用、主要司法制度	
卓泽渊	2004	法的运行理论	法的运行概述、立法、法的适用、守法、法律监督	法的运行概念、法的实效、法的实现	
高其才	2005	法律运行论	法的创制、法律关系、法律形式与效力、**法律遵守**、法律执行、法律适用、法律监督、法律关系、法律责任、法律解释与法律推理、法治、法律职业	**法律实施与实现**、守法、违法	
李清伟	2013	法的运行论	法的运行概论、立法、守法、执法、司法、法律监督		

资料来源：根据相关著作目录整理而得。

（一）法律实施的编写体例

张文显、沈宗灵和张正德教授对"法律实施"的编写都采用了专章单列的形式，但沈宗灵教授是将"法律实施"置于"法的实施与监督"一编之下；张文显教授则是将"法律实施"置于"法的运行"一编之下；而张正德教授则是将"法律实施"置于"法的制定与实施"一编之下。卓泽渊、高其才和李清伟教授没有设立专章去论述法律实施，而是将相关内容设在法律运行部分，分而论之。正如刘作翔教授所言，在 20 世纪 90 年代前后，我们的法理学教材通常都设有"法律实施"这样一个专章，但可能因其涉及的问题太大，后来的教材写作把它肢解到了具体的执法、守法、司法等章节中去了，以致现在的教材中很难再找到"法律实施"一章。①

（二）法律实施与法律运行的关系

李清伟教授认为，法的运行是指法律按照一定的意图及特有的方式进行的一种运动状态，因而涵盖了法律制定、法律遵守、法律执行、法律适用和法律监督等环节。② 卓泽渊教授认为，法的运行指法按照一定的意图和特有的方式的运动状态，即从创制到实施，再到实现的运动过程。③ 由此可以推断，法律运行的范围要大于法律实施。从学者们的著作框架（见表 2）可以看出，除卓泽渊教授未将执法单独列出，张文显教授未将监督单独列出以外，大部分学者都认为法的运行理论基本包含有立法、守法、执法、司法和监督五大要素。

表 2　　　　　　　　法律运行理论内容对比统计表

作者	内　　容
卓泽渊	法的运行概述、立法、法的适用、守法、法律监督
高其才	法的创制、法律形式与效力、法律遵守、法律执行、法律适用、法律监督、法律关系、法律解释与法律推理、法律责任、法治、法律职业

---

① 刘作翔：《对法律实施问题的几点认识》，载《人民法院报》2013 年 4 月 26 日。
② 李清伟主编：《法理学》，上海人民出版社 2013 年版，第 151 页。
③ 卓泽渊著：《法理学》，法律出版社 2004 年版，第 213 页。

续表

作者	内　容
李清伟	法的运行概论、立法、守法、执法、司法、法律监督
张文显	法的制定、法的实施、法律职业、法律方法

资料来源：根据相关著作目录整理而得。

（三）法律实施与法律创制的关系

从学者们的编写体例上看，立法与实施当属并列的两种法律活动。例如，张正德教授的《法理学》第二编为"法的制定与实施"；张文显教授的《法理学》第十六章为"法的制定"，第十七章为"法的实施"；沈宗灵教授《法理学》第三编为"法的制定"，第四编为"法的实施和监督"。

（四）法律实施与法律监督的关系

从编写体例上来看，除张文显教授以外，其他五位学者都在教材中单独设立了"法律监督"一章且"法律监督"基本是与"立法"和"法律实施"或"执法""司法""守法"相并列的。由此可以推断，法律监督、法律创制、法律实施或执法、司法、守法等法律运行诸要素之间是并列的关系，其框架见图3。沈宗灵教授认为，无论是广义的监督还是狭义的监督，"两者都以法律实施及人们行为的合法性为监督的基本内容"。① 法律监督是保障或促进法律实施的一种方式。王勇飞教授认为，法律实施侧重于执法、司法和守法，而法律实现除了这三者以外，还强调法律监督。② 当然，从图3尚无法推知"法律实施"与"执法""司法""守法"三者之间的关系，这一部分将在后文继续深入分析。

---

① 沈宗灵主编：《法理学》，北京大学出版社1999年版，第451页。
② 王勇飞、张贵成主编：《中国法理学研究综述与评价》，中国政法大学出版社1999年版，第430页。

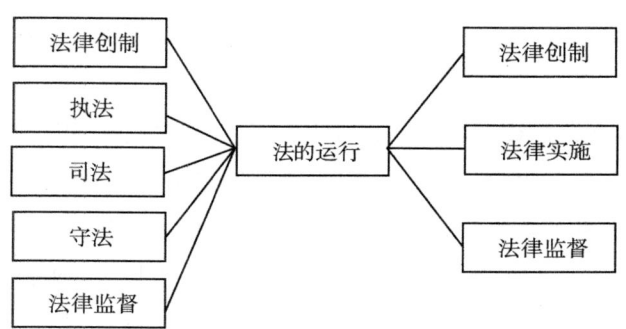

图 3 法律运行诸要素结构图

三、法律实施机制的概念

(一)法律实施机制的内涵

根据《辞海》的解释,机制指一个工作系统的组织或部分之间相互作用的方式和过程,如市场机制、竞争机制。① 《现代汉语词典》则有四种解释:机器的构造及工作原理;机体的构造、功能及相互关系;某些自然现象的化学或物理规律;泛指一个工作系统的组织或部分之间相互作用的过程和方式。② 制度与机制之间的区别在于,制度常指代一些较具根本性的规则,如社会主义制度、政治经济制度;后者则常用来指代那些可以被"设计"出来的、较为微观的规则。若不作严格区分,两者也是可以混用的,即认为机制就是制度加方法或者制度化了的方法。③

法律实施是实现法的价值的必由之路,其作用至关重要。法律实施本身是一个复杂庞大的理论体系,涉及主体、对象、机制、评估等一系列问题。诚如

---

① 辞海编辑委员会编:《辞海》,上海辞书出版社 2009 年版,第 1000 页。
② 中国社会科学院语言研究所词典编辑室编:《现代汉语词典》,商务印书馆 2012 年版,第 597 页。
③ 王彬辉:《加拿大环境法律实施机制研究》,中国人民大学出版社 2014 年版,第 13 页。

沈宗灵教授所言，"法的实施的基本理论，包括法的遵守，法的执行，法的适用的概念、特点与意义；法律效力的概念和种类；法律实效，法律效果和法律效益；法律实施的评价标准；影响法律实施的因素；当代中国法的适用原则等"。① 对于什么是法律实施机制，有学者将其界定为："为实现立法目的、发挥法律功能而采取的保障法律实效性的制度化方法。"② 笔者认为，法律实施机制就是一系列相互联系、相互作用、一以贯之的，以保障和促进法律从"书上的法"转换为"行动中的法"的辅助方法和手段。简单来讲，法律要具有生命力，就离不开实施；而要实施，就离不开各种实施机制。

（二）法律实施机制的分类

在图3中法的运行三要素或五要素结构的基础上，去掉重合部分（法律创制、法律监督）后，似乎出现了一个公式：法律实施＝执法＋司法＋守法。这个公式能否成立呢？学者们的论述予以了证成（见表3）。

表3　　　　　　　　　　法律实施机制的内容

作者	内容
张文显	守法、执法、司法
沈宗灵	法的遵守、法的执行、法的适用；法律效力、法律实效、法律效果和法律效益；法律实施的评价标准；影响法律实施的因素；当代中国法的适用原则
张正德	法的遵守、法的执行、法的适用

资料来源：根据相关著作目录整理而得。

由表3可知，法律实施理论至少应包含三个要素：法的遵守（守法）、法的执行（执法）和法的适用（司法）。但是，这三个要素到底是法律实施的什么呢？从学者们的表述中可以推知：执法、司法、守法三要素是法律实施的三

---

① 沈宗灵主编：《法理学》，北京大学出版社1999年版，第356页。
② 张建伟：《论农村环境保护法的实施机制》，载《当代法学》2009年第2期。

种基本形式或基本形态。① 刘作翔教授更是直接指出，"如果说有一个理论就叫做'法律实施机制'，那么它至少应包括三大块，即执法、司法和守法"。② 结合上文对机制的定义，可以得出结论：执法、司法、守法是法律实施的形式或机制。这一点，在学界基本不存有争议。

然而，法律实施机制是否还包括其他内容呢？毕竟对法律实施机制的内容表述最为明确的刘作翔教授也用了"至少"一词。对于这个问题，学界确实存在一些不同的观点，③ 例如，有学者认为，法律实施机制包括法律观念的培养机制，法律的执行和遵守机制，监督和保障机制，法律修改、完善机制；④ 或体现在法的遵守、法的执行、法的适用和法律监督四个方面。⑤ 上述观点存在以下两个争议。

第一，"法律修改、完善机制"能否成为法律实施机制中的一种类型？法律有效实施的前提是要求所立之法具有合理性、科学性与可操作性，立法中存在的问题会在法律实施过程中暴露出来，阻碍法律的实施，影响法律的实现；而法律实施会将这些问题反馈给立法机关，促进反思，从而修改、完善法律规定。法律的完善与法制的健全就是在这种交互运动过程中完成的。可见，法律的修改与完

---

① 张文显教授认为："守法、执法与司法是法的实施的基本形式。"张正德教授指出，法的实施具有如下三种基本形式：法的遵守、法的执行、法的适用。李清伟教授指出："法制包括立法、执法、司法、守法、法律监督五个方面，其中执法、司法、守法是法的实施的三个基本形式。"李步云教授认为，法制可以分为法律的制定（立法）和法律的实施两大方面。"执法、司法、守法是法律实施的三种基本形式或形态。"参见张文显主编：《法理学》，高等教育出版社、北京大学出版社 2011 年版，第 203 页；张正德、仵子堂主编：《法理学》，重庆大学出版社 2005 年版，第 157~160 页；李清伟主编：《法理学》，上海人民出版社 2013 年版，第 165 页；李步云：《论法治》社会科学文献出版社 2008 年版，第 396 页。

② 刘作翔：《对法律实施问题的几点认识》，载《人民法院报》2013 年 4 月 26 日。

③ 由于当前学界对法律实施机制的关注不够，相关论述分散且杂乱，因而此处仅选取较为系统、较具代表性的表述。

④ 赵秀华：《农村环境保护法律实施机制研究》，河南大学 2015 年硕士论文，第 11 页。

⑤ 陈瑶：《美国"337 条款"的法律实施机制》，中南大学 2007 年硕士论文，第 10 页。

善属于法律创制范畴，其虽然同法律的实施相辅相成，关系紧密，但从职能和本质上来说两者还是泾渭分明的，是两种性质完全不同的活动。因此，笔者认为，将"法律修改、完善机制"也囊括在法律实施机制中的观点有失严谨。

第二，"法律监督"能否成为法律实施机制中的一种类型？笔者认为，从划分主体上来判断，或许是可以的。执法的主体是行政机关；守法的主体是全体公民；司法的主体是司法机关，包括各级人民检察院及各级人民法院；然而，法律监督的主体是唯一的，即只能是检察机关。[1] 此处需要作一说明：首先，理论界认为法律监督有狭义与广义之分。狭义的监督主体仅为国家检察机关，而广义的监督主体则包含了一切国家机关、公民及社会组织。张智辉教授在《法律监督三辨析》[2] 一文中对法律监督的概念、特性和权能进行了系统分析，厘清了认识误区，其分析思路十分值得借鉴。他认为，鉴于法律监督的重要作用，其必须具有权威性，因而，法律监督是一种权力，而非权利。这意味着法律监督的主体不能被泛化，只能是享有法律监督权的特定的国家机关——检察机关。其次，检察机关的监督不能等同于司法监督，因为除了提起公诉、抗诉等涉及案件处理的活动外，检察机关还享有侦查等权力，其范围并不局限于监督司法活动。可见，以主体和职权（权利）为依据来划分法律实施机制，司法尚不足以涵盖检察机关的全部职能。最后，检察机关享有的公诉、抗诉和侦查等权力都具有法律监督的性质。因为它们都是服务于监督的手段，为什么目的服务，就具有什么性质。换一个角度而言，公民、法人及社会组织的守法分两种形态：一是消极守法，指社会各方主体不违反法律的规定，是一种被动式守法；二是积极守法，指公民积极主动行使自己的权利、参与国家管理，而这其中似乎包含了广义的监督的意蕴。事实上，刘作翔教授在2011年的一篇文章中直接指出：法理学中的法律实施理论包含四大块，分别为守法、行政执法、司法和法律监督。[3] 由此可见，无论是从主体的唯一性上看，还是职权的

---

[1] 当前学界对法律监督的理解有广义与狭义之分。
[2] 张智辉：《法律监督三辨析》，载《中国法学》2003年第5期。
[3] 刘作翔：《中国法治国家建设的战略转移：法律实施及其问题》，载《中国社会科学院研究生院学报》2011年第2期。

专属性上看，检察机关的法律监督职能都不能被其他法律实施机制所涵盖，法的监督应当与法的遵守、法的执行和法的适用相并列，共同构成完整的法律实施机制。

第二节 行政应急法律实施机制之再构

何谓行政应急法律实施机制，是否存在新的划分类型，其与传统的、一般意义上的法律实施机制有何不同，包括哪些内容？这些将是本节需要解决的问题。

一、行政应急法律实施机制的概念

（一）行政应急法律实施机制的定义

行政法是关于行政的法。在对象上，它调整的是行政关系；在内容上，它是关于行政组织及其职权、行政行为的条件与程序、行政活动监督的规范。[①] 行政关系是行政机关在运用行政权力，管理行政事务过程中形成的各种关系。由此推导，其逻辑顺序应当为：行政事务—行政权力—行政关系—行政法。依照社会状态与事件紧急程度的不同，行政事务可以分为常态下的行政事务与非常态下的行政事务。对于后者，可简称为"突发事件"。按照这种划分，行政权力、行政关系与法律规范也有所区分，见表4。

表4　　　　常态行政法与行政应急法的逻辑顺序对比表

社会状态与紧急程度	行政事务	行政权力	行政关系	行政法
一般常态	常态事务	一般行政权	常态行政关系	常态行政法
应急状态	突发事件	行政应急权	应急行政关系	行政应急法

[①] 方世荣、石佑启主编：《行政法与行政诉讼法》，北京大学出版社2006年版，第6页。

概括而言，行政应急法就是为了预防和消除突发事件，调整行政应急法律关系，规范行政应急权力，保障社会秩序和公民合法权益的法律规范的总称。从整个行政法视域来看，行政应急法只是其中的一个类型，是与传统的、常态的行政法律规范相对而言的。应当看到，随着改革的纵深推进与自媒体时代的到来，人们对突发事件的观感与对风险的认知，必然将经历一个从震惊到反思，从感性到理性的升华与飞跃。可以说，突发事件的频发已成为"非常态"中的"常态"。① 在其逐步趋于"常态化"的过程中，国家应对历次突发事件总结出来的、经实践证明切实有效的成果，经过高度抽象与提炼，形成系统化、理论化的行政应急法律实施机制。由上可知，行政应急法律实施机制就是指为有效预防和减少突发事件的发生，维护社会秩序和国家安全，保护人民生命财产安全而采取的促进行政应急法律有效实现的一系列相互作用的方法和手段。

2003年7月28日，胡锦涛同志在全国防治非典工作会议上的讲话中提道，"切实加强我国应急机制和能力建设，努力形成一套集中领导、统一指挥、结构完整、功能全面、反应灵敏、运转高效的应急机制……"② 2006年，党的十六届六中全会通过的《关于构建社会主义和谐社会若干重大问题的决定及》规定："……形成统一指挥、反应灵敏、协调有序、运转高效的应急管理机制"；国务院颁布施行的《国家突发公共事件总体应急预案》则规定："……形成统一指挥、反应灵敏、功能齐全、协调有序、运转高效的应急管理机制。"可以发现，行政应急法律实施机制与应急管理机制既有联系也有区别，应急管理属于管理学研究范畴，法律实施属于法学研究范畴，但应急管理又不能脱离法治的框架，而法律实施也离不开管理学的方法。这种学科上的依赖性决定了两种机制之间的交互性。当然，两者在性质与目的上还是十分不同的，应急管理机制的目的在于以科学的方法促进应急管理工作得以高效地开展，而行政应

---

① 冯惠玲著：《公共危机启示录——对SARS的多维审视》，中国人民大学出版社2003年版，第2~3页。

② 胡锦涛：《在全国防治非典工作会议上的讲话》，载人民网 http://cpc.people.com.cn/GB/64184/64186/66691/4494648.html，2018年2月10日访问。

急法律实施机制的目的则是促进并保障行政应急法得以有效地运行。

(二) 行政应急法律实施机制的特征

行政应急法的"急",即为突发事件。突发事件、行政应急法律、行政应急法律实施机制三者具有十分紧密的关系。行政应急法律实施机制是实现行政应急法律的手段,而行政应急法又以预防和应对突发事件为根本目的。突发事件发生突然,极易产生涟漪效应,这就要求行政应急法在组织体系、职权配置和运行机制等方面必须与其特征相适应,而行政应急法律实施机制的设立是为了有效地实现行政应急法之立法目的,预防和控制突发事件。因而可以说,行政应急法律实施机制的特性是由突发事件的特性决定的。概括而言,行政应急法律实施机制具有下述特征。

1. 动态过程性

突发事件从萌芽到消退,是一个完整的生命周期。根据《突发事件应对法》的规定,应急管理工作覆盖事前、事中与事后全过程。在这个过程中,矛盾从无到有、从有到无,从聚积到暴发再到消解,循环往复,呈现出一种波浪曲线图。根据量变质变原理,笔者设想了一种理想图景,即将矛盾数量化。假设当矛盾值为100时,突发事件全面暴发。对此,可以群体性事件中具有代表意义的"瓮安事件"为例予以说明。在发生"打砸抢烧"瓮安县政府、县公安局恶性行为之前,民众对政府平日的拆迁、征地等行为早有不满,积怨已深;李树芬的意外死亡只是一个导火索,相关部门处理此次事件的态度和能力进一步加速了矛盾上升,最终使矛盾值到达100,导致"6·28"瓮安事件的集中暴发;事件发生后,县政府重新查明事实真相,化解民怨,矛盾值从100开始下降。由上述过程可知,当矛盾值到达一个临界点时(如0与100),常态与非常态之间就会发生转换。然而,这种设想毕竟只是一种理论上的理想模型,现实中往往难以准确判定何时为0,何时为100。因为突发事件的发展与后果难以确定,在"瓮安事件"暴发的当下,是无法准确界定其矛盾值到底是100还是70、80或90的。也就是说,我们现在将2008年6月28日当天的矛盾值设为100,是对整个事件结束后进行回顾所作出的判断,而这在当天是无法做到的。因为如果处置不当,该事件还具有继续恶化的可能性,那么,

"瓮安事件"当天的矛盾值就不再为100，而这些数值在当时是无从得知的。同样地，在事件暴发之后，矛盾值是从100下降到50，还是下降到0，是下降到50再反弹到100（重新暴发），还是反弹到80，都是难以预测的。

由上可知，突发事件的发展是动态的，并非简单的从无到有、从小到大、点对点式的单一路径，相反，其具有多个发展面向。与常态法律实施机制相比，行政应急法律实施机制涉及不同状态的交织与转换，行政权力的大小与强弱、公民权利义务的范围等方面都应随着矛盾值的增减而作出相应的调整。行政应急法律实施机制在执法、司法、守法等方面都与常态法律实施机制有着明显的区别，行政应急法律实施机制应当体现出这种动态过程性。

2. 阶段协调性

《突发事件应对法》将应急管理工作分为预防与应急准备、监测与预警、应急处置和救援、事后恢复与重建四个阶段。与之相对，行政应急法律实施机制也可以对应到这四个阶段之中，此为行政应急法律实施机制的阶段性。然而，《突发事件应对法》的这种划分是为了凸显各阶段的特性，进而有针对性地采取相应的措施，并不能简单地就认为四个阶段被截然割裂。相反，应从系统论的角度出发，将四个阶段置于整体视域下予以观之。它们之间是环环相扣、有机联系的，每一个阶段就如一道关卡，目的就是将矛盾值拦截在临界点（100）以下，避免突发事件的全面暴发。前两个阶段控制不利时，事态就会发展到后两个阶段，这就如同病菌经由呼吸道进入消化道。之后，新一轮的生命周期又将开始，循环往复。由此可见，各阶段之间的发展路径不是线状，而是环形，互为前后、互为因果。例如，公民在预防与应急准备阶段购买灾害保险就是在恢复与重建阶段进行理赔的前提条件，恢复重建过程中城市管网规划铺设不合理又会为新一轮突发事件的救援处置造成阻碍。在明确了整体与部分的关系后，行政应急法律实施机制的协调性已然十分明显。这就犹如齿轮，环环相扣才能运作顺畅，否则，任何一个齿轮的脱节都将影响到整体机制的运作效果，久而久之，整个链条也将土崩瓦解。事实上，行政应急法律实施机制的阶段协调性并非空想，而是具有现实基础的，即各阶段应急法律实施机制的终极目标是一致的，都是为了遏制和减少突发事件的发生。在目标一致性的前提下，整体内部的衔接与协调是其成为整体的应有之义，如同人的四肢，相互配合才能稳健行走。虽然当前有些机制运行不畅，但只需修补，不用"手术切除"。

3. 沟通互动性

沟通互动是指通过交流意见、传递讯息，使行政应急法律各方主体之间相互作用，产生影响。这里包括两个步骤：第一步，信息的公开。这是沟通互动性的重要前提。早在1946年，联合国大会第59号决议就曾宣告："信息自由是一项基本人权，也是联合国追求的所有自由的基石。""没有公开就没有正义，没有公开就没有民主。"① 2007年我国《信息公开条例》的颁布施行第一次在法律层面对行政机关科以信息公开的法定义务，同时也为公民的知情权提供了法律保障，这足以表明国家对信息公开重要性的认识与重视。在一般常态下，信息公开已日趋程式化与制度化，但在行政应急管理工作中，信息公开制度还存在较多问题。这在很大程度上是由行政机关与公民对应急情境下信息公开的价值的认识不同所造成的。例如，在"知情、安全、秩序"的价值序位排列上，行政机关与公民往往有着不同的选择，甚至处于对立面。② 因此，政府自以为在应急情境下，公民认识能力有限，知道得越多越容易引发恐慌，进而为自己不报、谎报、漏报信息找到一条冠冕堂皇的理由。事实上，在自媒体时代，这种做法不但不可能封锁信息，反而会滋生各种猜测和谣言。应急管理工作依赖于科学的决策，而科学决策的依据就是详尽、真实、客观、透明的信息。可以说，信息公开是快速、有效预防和控制突发事件的重要保障。事实上，信息公开也贯穿于应急管理各阶段，例如，风险评估、监测预警、物资储备、奖励抚恤等方面工作的开展都建立在资讯透明的基础之上。

要实现应急管理的沟通互动，信息公开仅是第一步。民众在知晓相关讯息后，才能扫清疑虑，认清形势，进而积极配合相关部门，参与到行政应急管理

---

① As Quoted by Lord Shaw of Dunfernline in Scott V Scott 1913, AC 417、427. 转引自陈洁著：《宪政精义：法治下的开放政府》，中国政法大学出版社2002年版，第88页。

② 王旭坤著：《紧急不避法治：政府如何应对突发事件》，法律出版社2009年版，第305页。

工作中来，此为第二步——公众参与。"公众参与执行会使更多'公共利益'和民主法治更好地实现。"① 在希腊市民社会，民主就是所有市民与政府直接地参与制定和实施法律。② 服务型政府的要义不是要求政府为追求行政效率而由高到低、由上至下地对公民进行管理和压制，相反其强调的是平等协商、共同协作的过程，即使是在应急情境下，政府部门也不能打着应急处突、维持秩序的旗号独断专行。事实证明，面对突如其来的事件，仅靠国家公权机关单方面的力量是远远不够的。地震中公民的自救与互救，事故灾难前的应急培训与演练，新疆上万群众参与搜捕恐怖分子等事例，无不表明应急管理中公众参与的重要意义。

信息公开是公众参与的前提，公众参与是信息公开的反馈，两者贯穿于行政应急管理工作的各阶段。行政应急法律是行政应急管理工作得以开展的法律依据，因而，行政应急法律实施机制理应体现出这种沟通的互动性。

（三）行政应急法律实施机制现有种类及其不足

对于行政应急法律实施机制的类型，概括学界现有理论成果，大致有两种划分模式：一是依循传统的法律实施理论，从宏观上将行政应急法律实施机制分为法的执行、法的适用、法的遵守和法的监督；二是从微观上将其作细小划分，种类繁多。

1. 宏观分类

法律实施机制中的"法律"泛指法的整体，包括狭义的法律、法规、规章和其他规范性文件等，范围宽泛，自然也包含有行政应急法律。因此，法律实施机制的四种类型，同样适用于行政应急法。具体来说，在行政应急法视域下，法的遵守、法的执行、法的适用和法的监督应体现以下几个特点：第一，所指之法的范围缩小至行政应急法，即公民遵守的、行政机关执行的、司法机关适用的和检察机关监督的规范及规范指引的行为都以行政应急法为内容和依

---

① Meinhard Doelle, Chris Tollefson, *Enviromental Law Cases and Materials* (Second Edition), North Carolina: Carswell, 2009, p. 251.

② R. Jackson, D. Jackson and Baxter Moore, *Politics in Canada: Culture, Institutions, Behaviour and Public Policy*, Scarborough: Prentice-Hall, 1986, pp. 24-25.

归。第二，行政应急法对行政机关职权的授予与限制、公民权利的压缩与救济等方面的规定有别于常态法，其在组织体系、运行程序等方面另成体系，映射到四个阶段的实施机制上，也体现出了鲜明的特点。总的来说，突发事件区别于常态事件的显著特点，使得以预防和控制突发事件为目标的行政应急法律具有了独特的属性，这种特性又被以有效实现行政应急法律为目标的行政应急法律实施机制所承载，故而形成了行政应急法律实施机制的特性。即便都叫守法、执法、司法、监督，但行政应急法律实施机制的内涵却发生了变化。例如，在应急状态下，行政机关的组织结构力求扁平化，同样的违法行为在应急状态下将受到更严厉的处罚，更强调行政权力的集中与公民的配合与服从……这些都与传统的法律实施机制的内涵十分不同。

2. 微观分类

行政应急法律实施机制的微观分类是将宏观的实施机制进行具体的、细小的拆分和概括的过程。所谓拆分，是指打乱守法、执法、司法、监督的分类模式，以功能和作用为依据，将宏观的、以主体和职权为划分依据的行政应急法律实施机制进行细致分解。例如，国家行政机关的执法机制可以分解为信息公开机制、风险评估机制等一系列具有不同功能和作用的具体机制。所谓概括，是指将相似的或同质的行政应急法律实施机制予以类型化，避免分类的琐碎和重复。

当前，学界对行政应急法律实施机制有所论及，概括而言，主要体现在两个维度：第一，对于监督机制、责任机制、信息公开机制、公众参与机制及协调机制五个方面，常态法与行政应急法都有研究，但行政应急法主要是结合食品安全、环境污染等具体领域来展开的。第二，有一些机制是行政应急法律实施所特有的。例如，转化机制、预警机制、社会动员机制、应急演练机制、公民权利保障机制、风险评估机制、缓解机制、准备机制、反应机制和恢复机制，等等。

3. 不足之分析

基于以上分析，笔者认为，当前学界两种分类模型都或多或少地存在一定的局限性。首先，宏观分类过于原则化和庞大，操作性不强，也不足以凸显行政应急法律实施机制的固有特点。其次，从学界现有的研究来看，微观分类因依托于具体领域，难免显得过于细化。例如，学界提及较多的生态补偿机制和清洁发展机制一般只适用于环境污染类事件中，而追溯机制和召回机制则一般只适用于食品安全类事件中，适用范围都比较狭窄，不能以整体的行政应急法律实施机制而待之。对于这种两难境地，解决之道就在于找寻一条中观的划分依据，既不会使行政应急法律实施机制过于宏观而失去操作性，也可避免微观精细划分而使行政应急法律实施机制失之结构性与系统性。如何找寻中观划分依据，笔者认为，当前有一条现实可行的路径。

二、行政应急法律实施机制的创新

结合突发事件与行政应急法的特性，本书试图以突发事件的生命周期为逻辑对行政应急法律实施机制的内容进行再构，理由主要有下述几点。

（一）传统法理学法律实施机制的瓶颈

按照法理学的传统思路，法律实施机制至少包括执法、司法、守法三种机制。这种划分类型是建立在行政应急法理念尚未萌芽的时代背景之下的。然而，随着改革的不断深入，我国正向"风险社会"迈进，各类突发事件的暴发推动了行政应急法治理念的诞生并趋于成熟。在"常态"与"非常态"、"常态法"与"应急法"概念日趋明显的当下，传统法理学执法、司法、守法的划分类型虽也能涵摄行政应急法律实施机制，但针对性将大幅减弱。第一，从运行环境上来说，行政应急法针对的是突发状态下的社会秩序，因而，司法活动需要中止，法的适用依旧要待突发事件全部终结、社会环境恢复到常态之后才能开展，适用的依旧是常态法中的诉讼法。第二，从主体上来说，行政应急法与常态法在执法、司法、守法的主体上并无任何变化，无非是主体的权利或权力大小不同而已。设若文章以传统的法律实施三机制为框架展开论述，则在内容论述上将局限于：行政紧急权力为何会扩大、应如何制约；公民权利为何会缩减、应如何保障。然而，行政权力与公民权利实际上是行政紧急权力运行的一体两面，进而文章的核心内容会演变为"行政紧急权力的理论探讨"。对于这个问题，学界已有不少论述，再行创作，一来有重复研究之嫌，有违学术创新之精神;二来也与本书立论之初,以解决现实具体问题的应用型文体相悖。第三,从内容上来说,常态法与应急法实施机制的差别就在于这个"法"上,即法的内容从常态法变成了行政应急法。但是,常态法变成应急法同常态法中的公法变成私法、婚姻法变成合同法的差别并无二致,因为每一部法律之所以单独成法,就是因为其都有自身的调整对象及独特属性,假若将此视为差异,则似乎每一部法律都可以在法律实施机制中的"法"的内容上做文章。因而,笔者认为这种差异度不足以凸显行政应急法律实施机制的特性。德国学者加达玛曾言:"对学术而言,方法上的纯净固然是不可或缺的要求,但是所有研究的本质恐怕是发现新方法,而不是单纯适用通常的方法。"① 基于此,本书将试图构建一条新的逻辑主线,以期更加契合突发事件的特征,从而更有针对性地解决现实中行政应急法律实施不力的问题。

(二) 一种新的划分方式

研究的方法应是历史的、动态的。这是指,每一个时代的理论思维,都是一种历史的产物,它在不同时代具有完全不同的形式与内容。② 对于新事物,提出新的研究方法,这并非是要推翻前人的成果,而是在前人的肩膀上看到不同的风景。对此,文章以突发事件的生命周期为逻辑线索,将行政应急法律实施机制分解到四阶段之中,理由如下所述。

1. 基于危机周期理论的考量

关于危机管理的生命周期理论,大致有三阶段、四阶段、五阶段、六阶段等不同学说。(1) 三阶段论。代表学者为古斯和伯奇,他们将突发事件分为事前、事中与事后三个阶段。(2) 四阶段论。代表学者为史蒂文·芬克和罗伯特·希斯等人。史蒂文·芬克是最早提出危机周期理论的学者,他认为危机如同疾病一样具有生命周期,具体可分为征兆期(Rrodromal)—暴发期

---

① [德] 卡尔·拉伦茨著:《法学方法论》,陈爱娥译,台湾五南图书出版公司1996年版,第135页。

② 中共中央马克思恩格斯列宁斯大林著作编译局编:《马克思恩格斯选集》(第4卷),人民出版社2012年版,第284页。

（Acute）—延续期（Chronic）—解决期（Resolution）。① 罗伯特·希斯提出的危机管理 4R 模型为：缩减（Reduction）—准备（Readiness）—反应（Response）—恢复（Recovery）。② 美国联邦应急管理委员会采用的就是 4R 理论。还有学者采用了不同的表述，即认为危机管理过程可分为两个层面和两个阶段：第一个层面为危机前对策，包括预防减灾（Mitigation）和事前准备（Preparedness）；第二个层面为危机后对策，包括快速应对（Responsiveness）和恢复平常（Recovery）。③（3）五阶段论。代表学者为米特洛夫。他认为危机管理过程包含五个阶段：信号侦测—探测和预防—控制损害—恢复阶段—学习阶段。④（4）六阶段论。代表学者为奥古斯丁和丹尼斯。奥古斯丁将危机管理分为六个阶段：危机的避免阶段—危机的准备阶段—危机的确认阶段—危机的控制阶段—危机的解决阶段—从危机中获利。丹尼斯则认为危机管理应包括：预防和准备—预先评估—应对预案—应对和限制损害扩大—短期或长期恢复—学习。⑤ 不论学者们对危机管理阶段的划分存有多大争议，至少在一点上达成了共识，即危机是一个完整的、动态的生命周期。这种观点突破了传统的以狭隘的时空观来看待危机或突发事件的视角，而实际上，无论是哪个阶段，均发生在一个广泛联系、动态发展、相互链接的复杂世界之中。⑥《突发事件应对法》的编制也是建立在这种思路之上的。因此，以危机的生命周期理论为

---

① Steven Fink, *Planning for the inevitable*, New York: American Management Association, 1986, p. 6.
② [澳] 罗伯特·希斯著：《危机管理》，王成、宋炳辉、金瑛译，中信出版社 2004 年版，第 5 页。
③ David Mcloughlin, "A Framework for Integrated Emergency Management", *Public Administration Review*, Vol. 45, No. 4, 1985, p. 165.
④ Robert Heath, "Dealing with the Complete Crisis—The Crisis Management Shell Structure", *Safety Science*, Vol. 30, No. 2, 1998, pp. 139-150.
⑤ 刘阳怀、黄石《基于危机周期理论的应急警务策略选择》，载《湖北警官学院学报》2011 年第 2 期。
⑥ E. L. Quarantelli, "Epilogue: Where We Have Been and Where We Might Go", In E. L. Quarantelli（eds.）, *What Is a Disaster? Perspective on the Question*, London: Routledge, 1998, p. 244.

切入点，更加符合危机或突发事件的背景与特点。

2. 基于还原论和整体论的考量①

应急管理涉及多项资源的整合与分配，是一个复杂系统。对于复杂系统的研究，通常需要通过两种认识论进行解析，一个为还原论的认识方法，另一个为整体论的认识方法。②还原论是将研究对象分解为部分甚至更低层次的单元加以研究的一种策略。在笛卡儿提出的四条指导人类思维活动的原则中就包含有还原论的要义："把我所审查的每一个难题按照可能和必要的程度分成若干部分，以便一一妥善解决。"③按此方法，笔者将应急管理拆分为四个阶段，并在四个阶段之下继续拆解，形成十二个具体的行政应急法律实施机制，对每一个机制进行剖析，以期通过各个击破，最终解决总体问题。再者，法律实施是将静态的法转化为动态的法、将书本上的法转化为行动中的法、将应然的法转化为实然的法、将抽象的法转化为具体的法的过程，这种过程性本身就为还原论的运用提供了可操作空间。当然，还原论的运用是有局限的，首先，它基于这样一个本体论前提，即研究对象具有叠加性，这是其可拆解的基本条件。行政应急法律实施机制能否拆解为四个阶段、十二种类型，想必危机周期理论和《突发事件应对法》已经给出了答案。其次，还原论最大的弊端在于其遵循的是一种线性思维，即对象可以简单地拆分和组合，功能不受影响，但现实世界并非永远这般理想。因而，还需要寻求一种新的认识论去弥补还原论的缺陷。

整体论认为，整体的力量大于部分之和。这种认识方法看到了局部之间的联系乃至局部联系之中产生的新的质变，视野更高。但是，整体论的缺陷在于研究往往无从下手。因为，整体论反对部分的拆解与还原，强调整体就是整体，但囿于人类认知的局限，整体分析往往成为一种没有具体内容的空壳，而

---

① 戚建刚、杨小敏著：《行政紧急权力的制约机制研究》，华中科技大学出版社 2010 年版，第 14~20 页。
② 黄欣荣著：《复杂性科学的方法论研究》，重庆大学出版社 2007 年版，第 99 页。
③ [法] 勒内·笛卡儿著：《谈谈方法》，王大庆译，商务印书馆 2000 年版，第 16 页。

这样的整体论，不但研究起来虚无缥缈，还极易沦为伪科学的避难所。

还原论与整体论各有优劣势，最好的办法就是将两者结合起来，用整体统摄局部，用局部支撑整体。这种方法在20世纪70年代由我国著名科学家钱学森所提出，他将其称为综合集成方法。这种方法具有四个特点：一是定性与定量相结合；二是科学理论与知识经验相结合；三是学科与学科相结合；四是宏观与微观相结合。① 本书对行政应急法律实施机制的研究同时具备了上述四个特点。

3. 基于行政过程论的考量

行政过程有广义与狭义两种解释：广义的行政过程指"行政主体（或公权力主体）在行政权力的配置、实施与受监督中与其他主体之间所产生的相互作用、相互影响在时间和空间上的各种表现形式和形态"。② 狭义的行政过程仅指"行政主体在行政权力的配置、实施（运作）与受监督的过程中，与行政相对人所发生的相互关系在时空上的各种表现形式和形态"。③ 行政过程论涉及行政主体与立法机关、司法机关及行政机关内部等各方主体之间的关系，但核心还是行政主体与相对人之间的关系。

不论是广义的还是狭义的行政过程，权力配置、实施（运作）与受监督都是其内在的三个阶段。① "权力配置"体现的是立法阶段对行政权力的实体规制与程序规制，属事前制约；② "受监督"体现的是行政权力受到行政相对人的参与控制、行政系统内部的专门控制以及权利救济阶段的司法控制，属事后制约；③ "实施（运作）"体现的是行政行为阶段对行政权力的过程控制，属事中制约。④ 依照传统的法律实施理论，只有事中的实施或运行阶段

---

① 钱学森：《一个科学新领域——开放的复杂巨系统及其方法论》，《自然杂志》1990年第1期。

② 湛中乐：《现代行政过程论——法治理念、原则与制度》，北京大学出版社2005年版，第39页。

③ 湛中乐：《现代行政过程论——法治理念、原则与制度》，北京大学出版社2005年，第39页。

④ 戚建刚、杨小敏：《行政紧急权力的制约机制研究》，华中科技大学出版社，2010年，第21页。

以及事后的司法控制才属其研究领域，此处的实施或运行阶段排除了守法与司法，因而只剩下了执法。毋庸置疑，执法无疑是行政法实施的核心与关键，是实现行政应急管理职能最重要的手段。行政应急法作为行政法的一个分支，集中研究执法阶段的法律实施情况，举要删芜，更有利于凸显行政应急法律实施机制的运行现状。

综上所述，以突发事件的生命周期为逻辑线索来划分行政应急法律实施机制，既有法律依据，又有事实支撑，无论是从理论层面来看，还是从实践层面来看，都具有合理性、必要性和可行性。据此，行政应急法律实施机制的中观分类包括四大类型，即预防与应急准备阶段的法律实施机制、监测与预警阶段的法律实施机制、应急处置与救援阶段的法律实施机制、恢复与重建阶段的法律实施机制。

第三节 行政应急法律实施机制的主体和指向对象

法律要被实施，必须先明确谁来实施、实施什么、怎么实施。法律实施主体，解决的是谁来实施的问题；法律实施的对象，解决的是实施什么的问题；法律实施的机制，解决的则是如何实施的问题。因此，主体、对象和机制是法律实施必须具备的三大要素，每一部法律得以实施，都必须同时具备这三者，缺一不可。在这三者之间，机制承担着桥梁连接作用，其一端连接的是法律实施主体，另一端连接的则是法律实施对象。

一、行政应急法律实施机制的主体

从方法论角度来说，研究某一问题，不能将该问题孤立地隔绝，而是应置于系统的大视野下，分析其与相关事物的联系，如此，才能确保研究的周延与缜密。据此，要全面认识行政应急法律实施机制，自然应先分析其一端指向的主体。每一类法律都有自己的特点，故而在实施主体、实施对象以及实施机制上也各有不同。以法律实施主体为例，像公司法、合同法等私法更侧重于公民、法人和其他社会组织；而像诉讼法的实施，则更突出司法机关的主体地位。同理，行政应急法律的实施主体自然也有自身的特点。总体而言，行政应急法律实施主体主要有下述四种类型。

（一）行政应急主体

1. 行政应急主体的法律地位

行政应急主体是运用行政紧急权力的组织，包括国家行政机关和法律法规授权组织。行政机关是预防、应对和处置突发事件的主要主体。从世界范围来看，行政机关曾经是应对突发事件的唯一主体。但随着经济社会发展，人们逐渐意识到，面对纷繁复杂的突发事件，行政机关的力量着实有限，单一主体的应对模式显得势单力薄、捉襟见肘，故而逐渐演变为行政机关和法律法规授权组织共同应对突发事件的多元主体模式。但是，行政机关作为行政应急法律实施机制的核心地位依然不可动摇。各种理由体现为以下两个方面。

（1）这是由行政机关性质所决定的。行政机关是执行法律，管理国家事务的国家机关，其在组织体系上实行统一领导、分工负责的层级管理体制。依据"政府职能理论"，政府职能兼具政治统治职能和社会管理职能，前者旨在维护统治阶级的利益，后者则旨在保护社会整体利益。① 美国著名法理学家博登海默认为，"在一个复杂的社会中，有许多相互冲突的利益需要调整……由政府直接采取行动进行管理也就成了势在必行之事了"。② 因而，相比权力机关与司法机关，行政机关无论是在法律地位上，还是权力属性上，都具有应对突发事件的天然优势。需要指出的是，行政应急状态下的突发事件的危害程度虽然高于一般常态下的治安、刑事案件，但危害程度远未达到需要进入紧急状态或者战争状态的条件。因此，国家行政机关通常能够应对突发事件，从而不需要改变国家宪政结构，而是需要军事机关来应对。

（2）这是由突发事件性质所决定的。突发事件诱因复杂、涉及面广、表

---

① 李经中编著：《政府危机管理》，中国城市出版社2003年版，第24~25页。
② ［美］E.博登海默著：《法理学：法律哲学与法律方法》，邓正来译，中国政法大学出版社1999年版，第369页。

现形式多样。如果行政机关不具有主导地位,那么,其他国家机关、社会团体难以在混乱的社会秩序下开展领导、指挥和协调工作。它们也缺乏足够的权威以确保紧急命令顺利下达,维护社会秩序。对此,我国《突发事件应对法》第9条规定:"国务院和县级以上地方各级人民政府是突发事件应对工作的行政领导机关……"从法条数量上来看,也能凸显行政机关的主体地位。例如,《突发事件应对法》全文共70个条款,涉及行政机关的条款约有59条,占总条文的84.3%。[1]对于司法机关的地位,《突发事件应对法》则规定了时效中止制度,即该法第13条的规定。

2. 行政机关的应急权

行政应急法对行政机关的行政权力采用的是"授权+限权"模式。所谓授权,是指行政应急法律为行政机关管理、处理突发事件提供了法律依据,赋予其法定行政应急权。所谓限权,是指行政应急法律规定了行政应急权力的行使边界、运行程序和法律责任,以避免权力的滥用,从而保护公民的人身财产权利。

(1) 行政应急权具有扩张性。与常态下行政权力相比,行政应急权具有明显的扩张性,行政应急权超越常态行政权的界限,使得行政应急权的范围和边界扩大了,主要体现在五个方面:第一,行政应急权具有更大的灵活性和自由裁量空间,如《突发事件应对法》第50条第2款就规定,若发生严重危害社会治安秩序的事件时,公安机关可依现场情况采取相应的强制性措施。现场情形如何,全交由公安机关自行判断。第二,行政应急权具有更大的强制性。虽然行政执法的手段得到不断的创新与发展,但传统的"命令—规制"手段依旧是政府最喜爱及最常用的方式。[2] 在应急状态下,行政权力的强制性表现得更加明显。例如,《传染病防治法》第42条就规定了一系列强制措施,对

---

[1] 《突发事件应对法》第1、第2、第12、第14、第23、第24、第28、第54、第55、第67、第70条没有涉及行政机关。

[2] B. Eberlein, D. Kerwer, "New Governance in the European Union: A Theoretical Perspective", *Journal of Common Market Studies*, Vol. 42, No. 1, 2004, pp. 121-142.

公民的自由、财产等权利进行了限制。① 第三，行政应急权具有更强的制裁性。例如，《突发事件应对法》第49条第8、第9项规定的"从严惩处"就表明，在应急情境下，同样的行为受到的处罚更为严格。② 第四，行政应急权具有更简化的程序。面对突发事件，快速反应、快速处置，尽快恢复社会秩序无疑是行政应急权的首要目标。既然行政应急行为要体现效率价值，则相应的行政应急程序自然应去繁求简。例如，1992年的《德国行政程序法》第28条规定，于急迫之情形，或为公共利益显有必要应立即决定的，可免除听证。我国目前暂无行政程序法典，《湖南省行政程序规定》第29条明确的"……重要紧急情况必须由政府立即决策的，可以由政府行政首长或者分管副职按职权临机决定，并及时在政府常务会议上通报或者向行政首长报告"也体现了简化行政应急程序，保障效率价值的精神。程序规范本身就是制约行政权力的一种方式，从某种程度上来说，行政应急程序的简化也意味着程序对行政应急权力的约束力降低，权力扩张空间的提升。第五，公民权利受到一定程度的克减。虽然从权力来源上来看，在民主国家，包括行政紧急权力在内的行政权力来源于全体公民的委托，但面对突发事件，为了更好地保障公共利益，维护每一个公民的权利，公民权利将受到一定程度的克减，行政权力延伸至通常属于公民自治的领域，公民权利和自由的范围将缩减。的确，"在政府与自由的永久争议上，突发事件意味着更多的政府而较少的自由"。③ 美国联邦最高法院大法官霍姆斯也指出："当国家元首决定有关国家存亡之事情时，个人的普通权利必

---

① 《传染病防治法》第42条规定："传染病暴发、流行时，县级以上地方人民政府应当立即组织力量，按照预防、控制预案进行防治，切断传染病的传播途径，必要时，报经上一级人民政府决定，可以采取下列紧急措施并予以公告：（一）限制或者停止集市、影剧院演出或者其他人群聚集的活动；（二）停工、停业、停课；（三）封闭或者封存被传染病病原体污染的公共饮用水源、食品以及相关物品；（四）控制或者扑杀染疫野生动物、家畜家禽；（五）封闭可能造成传染病扩散的场所。"

② 《突发事件应对法》第49条规定："……（八）依法从严惩处囤积居奇、哄抬物价、制假售假等扰乱市场秩序的行为，稳定市场价格，维护市场秩序；（九）依法从严惩处哄抢财物、干扰破坏应急处置工作等扰乱社会秩序的行为，维护社会治安。"

③ Cecil T. Carr, Crisis Legislation in Great Britain, Columbia Law Review, XI, 1940, p. 1324.

须向其所认为的必要让步。"① 可见，行政应急权与公民权利两者之间属于此消彼长的关系。由于通常情况下公共利益高于个人利益，为了在突发事件过程中维护公共利益，公民权利必然受到限制。比如，《突发事件应对法》第50条规定，社会安全事件发生之后，行政机关有权查验现场人员的身份证件，强制隔离使用器械相互对抗的人员。据此，行政机关有权采取强制措施来限制公民权利。

法律的产生与变化仅是对社会客观事实的回应。事实上，行政应急权力扩张的根源应当从社会客观事实中寻找，这一事实就是突发事件。突发事件复杂多变，因而法条无法详尽罗列，不得不赋予行政机关一定的裁量权；突发事件易造成社会动荡，行政机关不得不采取更严格的措施来控制形势；突发事件发生快，瞬息万变，若继续遵循常态下的正常程序，则耗时长，不但会错过应急处置时间，也极易导致次生灾害。因此，行政应急法授予行政机关一定的"特权"，虽面临着行政应急权力扩大导致公民权利受损的风险，但也是无奈之举。与突发事件带来的现实损害相比，可谓两害相权取其轻。

（2）行政应急权具有受限性。从内容上来看，行政应急法律对各方主体职权与职责、权利与义务的配置是不平衡的，凸显了行政应急权的优先性和"特权"性。但是，这并不意味着行政应急权力没有边界，行政应急权力扩张导致公民权利受损的风险也并非完全不可控制。因为，行政应急法除了授权外，还进行了限权。限制行政应急权既合理也必要，原因在于：第一，但凡权力都具有天然扩张性，如不控制，必然导致滥用。孟德斯鸠关于权力的经典名言②经过数百年的检验，足以证明其具有真理价值。因此，只要是权力，都应进行限制，尤其是具有更广阔裁量空间的行政应急权，更是应当严格限定其裁量的依据、条件、程序和法律责任。第二，行政法的立法目的之一就是规范和控制行政权力的运行，以保障相对人的合法权益。由此，限制行政应急权力也

---

① Merer v. Peabody (212 U.S. 78, 85).
② "一切有权力的人都容易滥用权力，这是万古不变的一条经验。有权力的人们使用权力一直到遇到有界限的时候为止。"参见［法］孟德斯鸠著：《论法的精神》（上册），商务印书馆1982年版，第154页。

是行政法及作为其子类型的行政应急法的题中之义。行政应急法的根本目的即在于通过形成非常时期的"法治"来维护社会秩序，保障社会整体利益，因此，绝不能出现"突发事件导致公共危机时政府行为对法律秩序的破坏"，让"法律秩序成为应对突发事件的'牺牲品'"，否则将会产生顾此失彼的恶果。① 具体来说，行政应急法通过规定一系列限制条件和程序，来规范行政机关的应急行为。例如，《突发事件应对法》对突发事件作了分类、分级和分期的规定，旨在要求行政机关根据突发事件的不同危害程度以采取与之相适应的应急处置措施，使手段与目的之间符合比例。此外，行政应急法还通过设立信息公开、公众参与等制度来监督、约束行政权力的运行，并通过设定法律责任以警示行政机关不可违法违规，从负面来实现行政应急法的惩罚、救济和预防功能。

(二) 公民

面对突发事件，虽然国家行政机关是主要的应对主体，但这并不意味着公民可有可无，相反，公民还具有极其重要的法律地位。

1. 公民在应急法中的地位辨析

公民，是指根据一国法律规定而享有权利并承担义务的自然人。据此定义，可以说，整个突发事件都离不开公民的参与，因为不论在哪个阶段，一切行政应急活动最终都需要独立的生命个体来承受和参与。通常来说，学界一般将行政应急情境下的公民分为两大类型。②

（1）直接利益相关者。直接利益相关者意指其在时间上和空间上与突发事件紧密相关，突发事件的后果将对其生命健康财产造成直接损害，因而也可称为当事人。直接利益相关者有两种表现形式：一是被救助者。通常来说，在

---

① 韩大元、莫于川主编：《应急法制论——突发事件应对机制的法律问题研究》，法律出版社 2005 年版，第 31 页。

② 按照学界通说，突发事件中的公民通常包括直接利益相关者与非直接利益相关者。笔者认为，根据公民的定义，其范围十分广泛，除了一般普通公民外，行政应急主体的工作人员也属于公民的范畴。但是，为避免与上文行政机关的论述相混淆，以及与学界惯常理解相悖，故本书所述的公民不包括行政应急主体的工作人员，下文的分类也将遵循此逻辑。

自然灾害、事故灾难和公共卫生事件中，公民多处于被救助者地位。此时，国家行政机关与公民是救助与被救助的关系，双方立场一致，都是意在保护公民的人身财产安全，恢复社会秩序。因而，从心理上来看，公民对国家行政机关表现为期盼、信任与依赖；而在行动上，则表现为听从指挥、配合和顺从。

二是，对抗者。通常来说，在社会安全事件中，部分公民会扮演对抗者角色。此时，国家行政机关与这些公民的立场相反。因而，从心理上来看，此类公民对国家行政机关表现出不满、抵触甚至愤恨；而在行动上，则一般采用静坐、游行、示威、暴力对抗等方式来表达、宣泄不满情绪，维权型群体性事件就是公民与政府对抗的典型代表。以上两种类型的直接利益相关者有一个共性，即他们现实地经历了且参与到突发事件过程中来，突发事件的发生、发展和后果与其切身利益息息相关，无论立场如何，都与行政机关直接发生关联，或成为行政机关救助的对象，或成为行政机关处置的对象。

（2）非直接利益相关者。顾名思义，非直接利益相关者意指其在时空上与突发事件不具有紧密关系，突发事件的后果也不会对其生命健康财产造成直接损害。那么，此处就会产生一个疑问：既然突发事件的发生和发展与这类型公民没有直接利益关联，他们为何会卷入突发事件中？笔者认为，这是由人的情感的复杂性决定的。以突发事件参与程度为划分依据，非直接利益相关者也有两种表现形式。

一是加入者。此处用"加入"而不用"参与"是为了避免与上文的直接利益相关者相混淆。因为直接利益相关者也是现实地参与到突发事件过程中的主体，而此处用"加入"意在表明，加入者与突发事件没有直接利益关联，仅是以情感共鸣为动因，主动加入进来。加入者的表现形态不一，既可以表现为事前加入应急演练、主动学习应急救援知识；也可以表现为事中加入帮助或阻碍突发事件的控制，成为影响事态发展的后续力量；还可以成为事后资助恢复重建的补充力量。需要注意的是，加入者的情感共鸣有着不同的方向。在自然灾害、事故灾难和公共卫生三类事件中，直接利益相关者与国家行政机关立场一致，因而，在这种情况下，无论加入者倾向于哪一方，在情感上与行动上呈现的都是目标一致、共渡难关、同舟共济，在突发事件的处置上，一般起到的是正面积极作用，即与行政机关一同排查隐患、控制事态、消除危害。但是，在社会安全事件中，加入者的情感就呈现出一定的复杂性，这也是由社会安全事件的特性所决定的。因为，与其他三类事件相比，社会安全事件中人的主观因素较大，如学校安全事件、金融安全事件、恐怖袭击和群体性事件等，很大程度上都是人为造成的。人的情感具有多样性和复杂性，既可以悲喜交加，又可以爱恨交织，社会安全事件中加入者的情感驱动也各有不同。以"瓮安群体性事件"为例，此次事件中，非直接利益相关者的人数远远超过直接利益相关者（死者李树芬家属），加入者多达上千人，成为事件的主要推动力量。然而，仔细分析即可发现，这些加入者在聚众冲击政府办公大楼的意愿和目的上并非完全一致。比如，2008年7月1日，贵州省公安厅政治部主任、省公安厅新闻发言人王兴正在瓮安"6·28"严重打砸抢烧突发性事件新闻发布会上提到，在以直接参与打砸抢烧为首的人员中，已发现多名当地恶势力团伙成员。① 由此可见，不法分子的煽动与教唆成为此次事件的"助燃剂"，其直接目的就是破坏社会政治稳定。在不法分子的煽动下，大量的无知群众纷纷加入群体性事件中来，但他们的行为目标仅仅是为了一泄平日因政府征地拆迁导致利益受损或不满、行政机关冷漠粗暴执法或同情死者家属等的怨气，对自己行为的性质与后果认知不足，主观恶性与不法分子截然不同。此外，还有无任何明确目标的不明群众。他们起初多是抱以"看热闹"的心态，后来才"激情式"地参加打砸抢烧。② 个中原因，可从心理学角度进行剖析。一方面，"群众一旦形成，它就想要由更多的人组成，向往增多的冲动是群众首要的和最大的特点。"③ 因而，前面已加入游行队伍的两类群体会呼吁其他更多的人

---

① 黄成勋：《贵州警方谈"6·28"事件：抓获50余恶势力成员》，载搜狐网，http://news.sohu.com/20080701/n257866609.shtml，2017年8月20日访问。

② 据瓮安事件当时在场的人所说，刚开始游行时，有些人只是跟在队伍后面看热闹，一路上队伍边走边有人加入。参见徐焱：《瓮安事件是近年来我国群体性事件的"标本性事件"》，载人民网，http://politics.people.com.cn/GB/1026/7862213.html，2017年8月23日访问。

③ [德] 埃利亚斯·卡内提著：《群众与权力》，冯文光等译，中央编译出版社2003年版，第2页。

加入进来，壮大游行队伍；另一方面，这些没有任何利益关联、没有任何行为动机的群众会因受到现场氛围的感染和人类自身集群倾向的影响，主动加入队伍。以上人群虽各自怀有不同动机，但当聚集在一起后，"他们的感情和思想全都转到同一个方向，他们自觉的个性消失了，形成了一种集体心理"①，使突发事件由自发向有组织的方向发展。毫无疑问，集群的力量大于个人的力量。一旦组成群体后，成员之间会形成情感认同，相互鼓励，成为利益共同体，这种心理暗示会使得他们凝聚在一起，使得分散的力量集中指向一个方向，无形中产生一种向心力，这种力量会比分散的个体行动带来更大的破坏性，瓮安事件中政府机关160多间办公室和42辆警车等交通工具被烧毁，150余人不同程度地受伤，1600多万元的直接经济损失等就是鲜活的印证。

上述分析，可以得出如下结论：（1）死者家属不满行政机关的调查结果进而组织小范围的游行，此为瓮安事件的导火索，而死者家属为直接利益相关者。（2）不法分子借机煽动、恶意挑唆的行为，成为瓮安事件的"助燃剂"，使得事件在性质、规模与后果上都背离了初衷，而不法分子为加入者中的第一个构成部分。（3）一部分不明真相的民众因对行政机关早生不满，一经煽动便纷纷加入进来，此为加入者中的第二个构成部分。（4）另一部分不具任何动机的民众因受现场氛围感染而依激情加入进来，成为加入者的第三个构成部分。可以发现，在瓮安事件中，直接利益相关者只是极少数人（1），而非直接利益相关者中的加入者为此次事件的主体（2、3、4）；在加入者当中，不法分子（2）又是少数人，不明真相的民众（3、4）反而成为事态恶化发展的主要力量。前三种类型（1、2、3）都有明确的目标，尽管各不相同，但第四种（4）纯粹是处于盲目的状态。群体性事件只是社会安全事件中的一个代表，在每一种不同类型的突发事件中，公民基于什么心理，扮演什么角色，对处置突发事件的作用是积极帮助还是消极阻碍都千差万别，不能一概而论。但是，至少有一点是十分明确的：公民的力量不可忽视，公民的诉求不可小觑。

---

① ［法］古斯塔夫·勒庞著：《乌合之众》，冯克利译，中央编译出版社2004年版，第11~12页。

二是旁观者。旁观者，意指从旁观察，不参与、不介入的人。各类突发事件中都有旁观的公民，这些公民的情感因素也有不同区分。以与行政机关的立场是否一致及主观情感上来判定，旁观者可以分为热心关注与冷眼旁观两种类型。对于前者，他们关注事件发展动态，同情受难公民，但囿于时间、地理、能力等方面的因素制约，无法现场参与救援、提供帮助。虽然无实际行动，但其主观上表现为紧张、焦虑、担忧、同情等心理活动。对于后者，一般就是抱着"看热闹""唯恐天下不乱"的心态，认为不论哪方受益或受损，都不会对其自身利益产生任何影响，反而能满足其猎奇心理。这类旁观者缺乏大局意识，在主观上表现为放任、冷漠等心理活动。在瓮安事件中，直接参与打砸烧的人员有300多人，而现场围观的群众则在2万人以上。在长达7个多小时的时间内，这些公民就一直津津有味地"看戏"。社会心理学认为，这种"冷漠"源自"旁观者效应"。① 因为旁观者的存在会使人类本性中见死不救的羞耻感和罪恶感被分担，旁观者人数越多，个体的社会责任感和社会正义感就越少。在社会安全事件中，这类旁观者虽未参与到突发事件中去，但对与政府对抗的参加者而言，似乎具有"默默支持"的心理暗示。

突发事件除了具有突然性、紧迫性、不确定性和严重危害性之外，还具有公共性。公共性是指突发事件涉及公共利益，会对公共财产、公共安全和公共秩序产生影响。公共即指大众、大家，泛指不特定的多数人。社会是人类生活的共同体，而人是社会的基本构成要素之一。② 因此，任何突发事件都无法超然于社会和公民之外。由上可知，公民在预防、应对和处置突发事件中的地位举足轻重，其扮演的角色与发挥的作用也绝非常识理解那般简单。例如，按照一般理解，人们往往会认为直接利益相关者才是突发事件的重要主体，但经上

---

① 旁观者效应（Bystander Effect）是社会心理学的一个名词。1970年，社会心理学家拉塔尼和达利发现，当有其他的旁观者在场时，会显著地降低人们介入紧急情况的可能性。在紧急事件现场，由于旁观者的存在，个体的利他行为受到抑制，受害者得不到帮助。现场的人越多，人们就越倾向于袖手旁观，受害者获得帮助的可能性就越小。

② 社会学理论通常认为，社会的基本构成要素包括环境、人口、资源和文化。其中，自然环境和人口因素是社会存在最基本的要素。

文分析可以发现,有时非直接利益相关者的作用甚至会大大超过直接利益相关者。

从公民与突发事件的关联程度上来说,他们既可以是具有直接利益关联的人,又可以是具有间接利益关联的人,还可以是根本不具有任何利益关联的人。从主观心理上来说,公民对突发事件的态度也不尽相同。对于突发事件,他们既可能是主动参与,又可能是被动参与,还可能是盲目地冲动参与;既可能是热心关注,又可能是冷眼看热闹。从公民扮演的角色上来说,在行政应急状况下,公民既可能是救助者,又可能是被救助者;既可能成为引发事件的导火索(如瓮安事件中的死者家属),又可能成为事件的助燃剂(如瓮安事件中的不法分子),还可能成为事件恶化升级的助推器(如瓮安事件中不明真相的群众和冷漠的旁观者)。从公民发挥的作用上来说,他们既可以起到积极的正面作用(如地震中捐款捐物、帮助救灾),又可以起到消极的负面作用(如参与打砸抢烧、阻碍救援等)。正是由于公民的身份如此多样复杂,故此处才用大量笔墨逐一梳理分析,目的就是为后文根据不同类型的公民,有针对性地配以不同的行政应急法律实施机制作理论铺垫,例如,动员谁、强制谁、奖励谁、处罚谁。

2. 我国行政应急法对公民法律地位的规定

公民是行政应急法律关系中的一个重要主体,行政应急法中公民权利义务关系主要涉及以下几个方面。①

(1)动员、鼓励类。例如,《突发事件应对法》第6条规定:"国家建立有效的社会动员机制,增强全民的公共安全和防范风险的意识,提高全社会的避险救助能力。"第34条规定鼓励公民提供物资、资金、技术支持和捐赠。第35条规定鼓励公民参加巨灾风险保险。

---

① 由于法律、法规较多,无法一一列举,此处仅以《突发事件应对法》的规定为样本进行分析。选择该法的原因主要在于其是对一切突发事件起着总体指导和规范作用的法律,具有整体性、原则性和指导性。

（2）权利保障类。一是生命、健康、财产权。《突发事件应对法》第 11 条①规定了比例原则，以最大限度地保护公民的权益；第 12 条规定了行政机关应及时返还或补偿公民被征用的财产。② 二是知情权。例如，《突发事件应对法》第 20 条③、第 44 条④都对公民的知情权有所规定。三是奖励、抚恤权。例如，《突发事件应对法》第 61 条规定，公民在应急救援中表现突出的，可获得表彰或奖励；若有伤亡，县级以上政府应给予抚恤。

（3）权利限制类。例如《突发事件应对法》第 49 条第 8 项、第 9 项规定对于公民囤积居奇、哄抬物价、制假售假、哄抢财物、干扰破坏应急处置工作等行为予以严惩。第 50 条赋予了公安机关根据现场情况采取相应强制措施的自由裁量权。

（4）法定义务类。例如，《突发事件应对法》第 11 条第 2 款、第 49 条第 6 项规定了公民有参与应对突发事件和参加应急救援和处置的义务。第 12 条规定公民有义务配合行政机关征用个人财产。第 57 条规定公民有义务听从指挥、服从安排，配合政府采取应急处置措施。此外，第 65~68 条还对公民违反规定需承担的法律责任进行了明确规定。

此处，需要澄清一个疑问，即认为存在一种理想状态：突发事件的发生不会对公民造成直接或间接损害。例如，荒无人烟的森林发生火灾或沙漠发生地震。笔者认为，这种情况是存在的，但不符合突发事件的定义。突发事件也称突发公共事件，"公共"二字即表明事件本身必然涉及公共利益，既然会对公

---

① 《突发事件应对法》第 11 条规定："……有多种措施可供选择的，应当选择有利于最大程度地保护公民、法人和其他组织权益的措施。"

② 《突发事件应对法》第 12 条规定："有关人民政府及其部门为应对突发事件，可以征用单位和个人的财产。被征用的财产在使用完毕或者突发事件应急处置工作结束后，应当及时返还。财产被征用或者征用后毁损、灭失的，应当给予补偿。"

③ 《突发事件应对法》第 20 条第 3 款规定："县级以上地方各级人民政府按照本法规定登记的危险源、危险区域，应当按照国家规定及时向社会公布。"

④ 《突发事件应对法》第 44 条第 4 项规定："定时向社会发布与公众有关的突发事件预测信息和分析评估结果……"第 5 项规定："及时按照有关规定向社会发布可能受到突发事件危害的警告，宣传避免、减轻危害的常识，公布咨询电话。"

共利益（公共财产、公共安全和公共秩序）造成影响，那么公民自然无法置身事外，这也是突发事件社会属性的内在表征。

由上可知，只要是突发事件，就不存在无涉公共利益和公民利益的理想状态，公民是行政应急法律实施中不可或缺的主体。

（三）社会组织

虽然行政应急活动的主导主体是国家行政机关，但具体法律的实施离不开单个公民个体的配合。一方是高度制度化、体系化的行政机关，另一方是松散、独立的自然人，若要保证两方主体的协调有序，就需要借助社会组织这一过渡单元。因为个体是组织的最小单位，而组织是具有共同目标的个体集合。只有建立衔接紧密、协调统一的多层级行政应急法律实施主体，才能保证行政应急指令的实现。

1. 社会组织在应急法中的地位

在社会学领域，社会组织的定义有广义与狭义之分。广义的社会组织范围非常大，泛指一切从事共同活动的群体形式。① 狭义的社会组织是指，以实现特定目标为导向而有意识地组合起来的社会群体。它们有明确的组织目标、一定数量的组织成员、制度化的组织体系和运行规范。依据不同标准，可对社会组织进行不同类型的划分。例如，以活动范围为依据，社会组织可以分为国内组织与国际组织；以成立宗旨与职能为依据，其可分为国家行政机关、企事业单位和民间机构等不同类型。社会学一般以狭义的社会组织为研究对象，笔者也采用狭义说。但是，考虑到权力与权利的来源和行使方式不同且为与上文相衔接，故笔者所指的社会组织不包括国家行政机关。

行政应急法调整社会组织行为的规定非常广泛，以作为行政应急基本法的《突发事件应对法》为范本来考察，主要包括以下几类：一般企事业单位；涉及重大危险的单位，如化学品生产经营存储运输使用单位；涉及公共利益的单位，如人员密集等公共场所的经营管理单位；重点企业，如与应急救援物资、

---

① 《社会学概论》编写组编：《社会学概论》，天津人民出版社1986年版，第101页。

生活必需品和应急处置装备相关的生产、供给企业；基层群众性自治组织；国际组织；其他公共事业单位，如新闻媒体、医疗、交通、通信等公共服务组织，等等。

社会组织是一定数量的公民个体的集合。社会组织在预防、应对和处置突发事件过程所中发挥的作用，绝非数个公民发挥作用之简单相加。社会组织的集体性、目标性和协调有序性使其在应急过程中具有不可替代的作用。社会组织在应急法中的地位，可从以下两个层面进行分析。

（1）从外部来看。各类社会组织多是起到协助、配合行政机关开展应急处置救援的作用，与行政机关的主导地位相比，社会组织处于次要辅助地位。与行政机关和公民相比，在权利义务配置上，行政应急法对社会组织科以了更多的义务，权利保障规定极少。

（2）从内部来看。不同类型的社会组织因其性质不同，表现出的作用也不尽相同。例如，涉及重大危险和公共利益的单位，若存在安全隐患则极易引发严重危害后果，故这类单位在应急过程中的主要任务就是定期检查、排除隐患、制订应急预案；对于与应急救援物资、生活必需品和应急处置装备相关的生产、供给重点企业，企业性质就决定了其主要任务在于为应急物资提供保障；对于国际组织，其主要任务在于开展应急交流与合作；对于新闻媒体，其主要作用即为宣传应急知识，充当政府公开应急信息的一种媒介；医疗部门的职责在于为突发事件中受伤的民众提供医疗救援；通信部门的职责在于为应急通信系统提供保障，确保应急信息的收集传送与反馈。社会组织的性质决定了其在应急过程中发挥的作用，而作用又决定了其在应急环节中的地位。因此，突发事件的四个环节对不同类型的社会组织提出了不同的要求，其地位也各种侧重。

2. 行政应急法对社会组织法律地位的规定

（1）动员、鼓励类。例如，《突发事件应对法》第34条规定，国家鼓励各类组织为政府应急提供物资、资金、技术支持和捐赠。第35条规定，国家鼓励单位参加巨灾风险保险。对于相关教学科研机构和企业，第36条规定国家鼓励、扶持其培养专业应急管理人才，开发研究与应急工作相关的新工具、新装备和新技术。

（2）权利保障类。例如，《突发事件应对法》第 12 条规定了行政机关应及时返还或补偿单位被征用的财产。

（3）法定义务类。一方面，对于所有社会组织和单位，行政应急法对其义务有总体概括。例如，《突发事件应对法》第 12、第 52 条规定，单位有配合政府及其部门为应对突发事件而征用财产的义务。第 20、第 22 条规定单位有定期检查、采取安全防范措施、消除事故隐患并将相关工作情况及时上报的义务。第 26 条第 2 款规定，各单位有组织本单位职工成立专兼职应急救援队伍的义务。第 61 条规定，本单位应保障其职工参加应急救援期间的工资和福利不变。另一方面，行政应急法对一些特殊行业和部门有着更高的要求。例如，根据《突发事件应对法》的规定，矿山，建筑施工单位，危险物品的生产、经营、储运、使用单位，公共交通工具、公共场所和其他人员密集场所的经营或管理单位等特殊行业部门，有制订应急预案、排查隐患、定期维修、检测相关装备和设施的义务。村（居）委会、企事业单位有义务根据当地政府的要求，开展应急知识宣传普及和必要的应急演练；需建立专兼职信息报告员制度且报送信息不得迟报、漏报、瞒报、谎报。新闻媒体有义务宣传应急知识。学校应对学生进行应急知识教育，提高学生的安全意识和自救互救能力。相关应急救援物资、生活必需品和应急处置装备的生产、供给企业需与政府签订协合同，以保障应急物质的储备。医疗、交通、通信等公共服务组织和运输经营单位在需要时提供相应的服务。受灾单位应根据具体情况，积极组织人员参加救援，在能力范围内采取措施防止危害的蔓延并及时向当地政府报告情况，服从、配合政府的决定和行动。此外，《突发事件应对法》也对单位相关违法违规行为设定了责令改正、责令停产停业、暂扣或吊销许可证或营业执照、罚款等民事、行政、刑事责任。

总览行政应急法之规范，行政应急法对社会组织权利义务配置的倾向性比较明显，即属于义务为主型配置模式，多是对社会组织科以配合、服从、协助行政机关应急活动的义务。但是，当社会组织成为法律法规授权组织时，其性质就属于行政主体，权利义务就发生了质的变化，最典型的即为基层群众性自治组织。根据《突发事件应对法》的规定，村民委员会和居民委员会除了有协助、配合行政机关开展工作的义务外，还有调处矛盾纠纷（第21条）、进行宣传动员、组织群众开展自救与互救（第55条）、指挥和安排公民积极参加应急救援（第27条）的权力。此外，其他企事业单位和社会团体若获得法律法规授权，即可视为享有了从事行政应急管理活动的职权。行政应急法对这类社会组织的规定，既非像行政机关那般以权力为主，也非像一般组织那样科以较多的义务，而属权利与义务、职权与职责并重的综合性授权。由上可见，社会组织性质的复杂性也决定了其在行政应急过程中作用和地位的特殊性。

（四）司法机关

法的适用是法律实施的一个重要组成部分，而司法机关是法律适用的重要主体。行政应急法律涉及司法机关的条款并不多，如《突发事件应对法》仅在第13、第67、第68条有些原则性的规定。[①] 行政应急法对法律适用规定较少的原因主要在于：第一，行政应急法属于行政法的范畴，与司法活动有着明确的属性界限。第二，行政应急法是以发生紧急情况为背景而制定的，而诉讼活动需待社会秩序恢复到正常状态后再行开展，故在行政应急活动中发生的需要追究法律责任的司法活动，只需在结束非常状态后，由常态诉讼法进行调整即可，无需在行政应急法中作过多的规定。

虽然行政应急法与司法机关的法律适用活动并无直接紧密的关联，但是，行政应急法律的实施却有赖于法律适用的保障。纵观我国的立法习惯，通常在法律文本最后以专章的形式规定法律责任，足以表明其重要性。司法机关在社会秩序恢复到常态后，通过追究相关单位或个人的民事责任、行政责任或刑事责任，一是对在行政应急过程中违反法律规定的行为进行惩罚；二是对在行政应急过程中生命财产受到不法侵害的主体进行救济；三是通过追究司法责任，

[①] 《突发事件应对法》第13条规定："因采取突发事件应对措施，诉讼、行政复议、仲裁活动不能正常进行的，适用有关时效中止和程序中止的规定，但法律另有规定的除外。"第67条规定："单位或者个人违反本法规定，导致突发事件发生或者危害扩大，给他人人身、财产造成损害的，应当依法承担民事责任。"第68条规定："违反本法规定，构成犯罪的，依法追究刑事责任。"

彰显法律的威慑性,对行政应急活动中相关主体的行为进行指引和评价,以显示行政应急法的教育、警示和预防的功能。

二、行政应急法律实施机制指向的对象

行政应急法律实施机制指向的对象,指各类行政应急法律规范。行政应急法律实施机制存在之最终目的,即在于实现行政应急法律规范的价值。行政应急法律规范泛指一切与行政应急管理活动相关的法律规范性文件,在表现形式上,既有专门立法,如《突发事件应对法》《防震减灾法》《食品安全法》等,又有夹杂在其他法律中的相关条款,如《治安管理处罚法》第50条第1项①等规定。需指明的是,对于行政应急法律规范,笔者采用最广义的"内容说",即只要条文内容与行政应急管理活动相关,都属本书行政应急法的范畴。②

(一)国家层面的行政应急法律规范

国家层面的行政应急法律规范,从立法主体上来看,主要包括全国人民代表大会及其常务委员会、国务院及其相关部门;从内容上来看,调整的是基础的、根本的、具有普遍性的行政应急管理问题;从条文表现形式上来看,多为宏观的、抽象的原则性规定;从效力范围上来看,其在全国范围内产生法律效力,是指导全国开展行政应急管理的基本法律依据。需要注意的是,国家层面的行政应急法律规范,泛指一切涉及基本的行政应急管理活动且在全国范围内行之有效的法律规范总称,无论立法主体是国家立法机关还是行政机关或授权机关,只要在内容、效力等方面满足以上条件,即可认为其性质属于国家层面

---

① 例如,《治安管理处罚法》第50条第1项的规定:" 有下列行为之一的,处警告或者200元以下罚款;情节严重的,处5日以上10日以下拘留,可以并处500元以下罚款:……(一)拒不执行人民政府在紧急状态情况下依法发布的决定、命令的。"

② 关于行政立法,学界大致有内容说、全部主体说、部分主体说和单一主体说四种观点。参见廖显龙主编:《新编中国行政法原理》,大连海运学院出版社1990年版,第154~155页。本书的行政应急法律借鉴了行政立法中的内容说,因而立法主体不限于行政机关。

的行政应急法律规范。因而,这种划分不同于以往中央立法[①]与地方立法、国家立法机关立法与行政机关立法等划分方式。

依据立法主体地位的不同,国家层面的行政应急法律规范主要有法律、法规和部门规章三个层次。

1. 行政应急法律

此处的行政应急法律采用狭义说,立法主体限于全国人民代表大会及其常务委员会。除了行政应急基本法——《突发事件应对法》之外,比较典型的行政应急法律有:(1)自然灾害类,如《防震减灾法》《防洪法》《防沙治沙法》《大气污染防治法》。(2)事故灾难类,如《煤炭法》《消防法》《安全生产法》《道路交通安全法》《海上交通安全法》。(3)公共卫生事件类,如《传染病防治法》《食品安全法》。(4)社会安全事件类,如《国家安全法》《反恐怖主义法》,等等。虽然这些法律的全部条文不属于应急法律,但它们部分条款,或者大部分条款属于行政应急法律。

2. 行政应急法规

其立法主体为国务院。比较典型的行政应急法规有:(1)自然灾害类,如《破坏性地震应急条例》《森林防火条例》《地质灾害防治条例》《气象灾害防御条例》《自然灾害救助条例》。(2)事故灾难类,如《危险化学品安全管理条例》《国务院关于特大安全事故行政责任追究的规定》《民用爆炸物品管理条例》《民用航空安全保卫条例》《特种设备安全监察条例》《电力安全事故应急处置和调查处理条例》《放射性废物安全管理条例》。(3)公共卫生事件类,如《重大动物疫情应急条例》《突发公共卫生事件应急条例》《农业转基因生物安全管理条例》。(4)社会安全事件类,如《大型群众性活动安全管理条例》《计算机信息系统安全保护条例》,等等。同样,虽然这些法规的全部条文不属于应急法律,但它们部分条款,或者大部分条款属于行政应

---

① 通常来说,中央立法的立法主体仅指全国人民代表大会及其常务委员会,而本书所指的国家层面的立法主体除了全国人大及其常委会外,还包括国务院和国务院相关部委,因而,两者的外延有所不同。

急法律。

3. 行政应急部门规章

其立法主体分为三类：一是国务院各部委、审计署、中国人民银行；二是具有行政应急管理职能的国务院直属机构，如海关总署、国家工商行政管理局等；三是国务院直属事业单位，如中国气象局、中国证券监督委员会等。行政应急部门规章有：（1）自然灾害类，如《地震行政执法过错责任追究办法》《地震法制工作管理办法》（中国地震局）。（2）事故灾难类，如《企业安全生产应急管理九条规定》（国家安全生产监督管理总局）《消防产品监督管理规定》（公安部）。（3）公共卫生事件类，如《国境卫生检疫法实施细则》（卫生部）《非药用类麻醉药品和精神药品列管办法》（公安部、国家食品药品监督管理总局、国家卫生计生委和国家禁毒委员会办公室）。（4）社会安全事件类，如《涉及恐怖活动资产冻结管理办法》（国家安全部）《金融机构报告涉嫌恐怖融资的可疑交易管理办法》（中国人民银行）《公安机关处置群体性事件规定》（公安部），等等。虽然这些规章的全部条文不属于应急法律，但它们部分条款，或者大部分条款属于行政应急法律。

（二）地方层面的行政应急法律规范

地方层面的行政应急法律规范，从制定主体上来看，范围非常广泛，包含了各级各类国家机关；从内容上来看，地方层面的行政应急法律规范结合本地区实际情况、具有较强的针对性；从条文表现形式上来看，多为具体的、具有可操作性的规定；从效力范围上来看，其在本区域内有效，是指导本地区开展行政应急管理工作的直接法律依据。

依据立法主体地位的不同，地方层面的行政应急法律规范主要有地方性法规、地方政府规章和其他规范性文件三个层次。

1. 地方性法规

此处的地方性法规特指地方权力机关制定的与行政应急活动相关的规范性法律文件。具体来说，地方性法规的制定主体仅限于两类：一是省、自治区、直辖市的人大及其常委会；二是省、自治区人民政府所在地的市以及国务院批准的较大的市的人大及其常委会。地方性法规有：（1）自然灾害类，如《北京市大气污染防治条例》《北京市水污染防治条例》。（2）事故灾难类，如《北京市安全生产条例》。（3）公共卫生事件类，如《北京市星级饭店安全生产规定》。（4）社会安全事件类，如《北京市大型群众性活动安全管理条例》《北京市大型社会活动安全管理条例》。

2. 地方政府规章

此处的地方政府规章特指地方行政机关制定的与行政应急活动相关的规范性法律文件。具体来说，地方政府规章的制定主体有两类：一是省、自治区和直辖市的人民政府；二是省、自治区人民政府所在地的市的人民政府和国务院批准的较大的市的人民政府。地方政府规章有：（1）自然灾害类，如《天津市地震群测群防管理办法》《石家庄市暴雪大风寒潮大雾高温灾害防御办法》。(2) 事故灾难类，如《湖北省危险化学品安全管理办法》《天津市危险化学品安全管理办法》。（3）公共卫生事件类，如《湖北省药品使用质量管理规定》《浙江省食用农产品安全管理办法》；（4）社会安全事件类，如《上海市公共场所人群聚集安全管理办法》《北京市公共服务网络与信息系统安全管理规定》。

3. 其他规范性文件

此处的其他规范性文件特指一切国家机关制定的，除法律、法规、规章以外的，与行政应急活动相关的，具有普遍约束力的决定、命令等法律文件。其他规范性文件具有三个鲜明特点：第一，在制定主体上，其不同于以上几种法律规范，没有主体的层级限制，各级各类国家机关都可制定，包括县和乡镇。第二，在效力层级上，这类规范性文件效力层级最低，不得与行政应急法律、法规和规章相抵触。第三，在制定程序上，与行政应急法律、法规和规章相比，更为简易和灵活。

以上仅是列举几种较有代表性的法律规范，无法穷尽，也不胜枚举。从形式上来看，以上规定既有以特定法律规范形式进行的专门立法，也有在《治安管理处罚法》《道路交通安全法》《刑法》《森林法》《消防法》《建筑法》《人民警察法》《环境保护法》等常态法律法规中规定若干行政应急条款的混合立法；从内容上来看，以上规定对突发事件的所有类型（自然灾害、事故灾难、公共卫生事件、社会安全事件）基本上都实现了全覆盖。可以认为，当前我国法律对不同类型的突发事件基本上都有所关照，形成了多层级、多维度、全方位的行政应急法律体系，向建设行政应急法治迈出了第一步。这是我国自2003年"非典"疫情暴发以来，经过数十年不懈努力取得的进步与成就，值得肯定。

（三）应急预案

应急预案，是指依据国家法律规定并结合本地实际情况和突发事件的类型，为有效应对突发事件而预先制订的行动方案。基于突发事件的突然性和不确定性，为避免事件发生时出现手忙脚乱的情形继而导致事态的恶化，实有必要提前拟定应急行动计划。因此，应急预案的功能就在于事先将应急方案固定下来，形成规范化、制度化的行为准则，以保障应急管理各环节有条不紊，从而及时控制事态发展，恢复社会秩序，最大限度地降低损害并保护公民、法人和其他社会组织的合法权益。

作为一种行动方案，应急预案解决的是"事前、事中、事后，谁来做、何时做、做什么、怎么做"的问题。① 因而，与法律、法规、规章等相比，应急预案最大的特点就在于明确、具体，具有现实操作性。理论界对应急预案有不同的划分标准，如以行政区域为划分标准、以突发事件的类型为划分标准、以适用范围和功能为划分标准，等等。② 相关法律规范则是以应急预案的制定主

---

① 闪淳昌：《构建社会主义和谐社会中的中国应急管理》，载《2007中国科协年会专题论坛暨第四届湖北科技论坛"湖北省防灾减灾与应急管理体系建设"分论坛论文集》，2007年，第1~6页。

② 以行政区域为划分标准，可分为国家级、省级、市级、区（县）和企业预案；以突发公共事件的类型为划分标准，可分为自然灾害、事故灾难、公共卫生事件和社会安全事件等预案；以适用范围和功能为划分标准，如将城市的应急预案划分为综合预案、专项预案和现场预案以及单项预案。参见刘铁民主编：《应急体系建设和应急预案编制》，企业管理出版社2006年版，第19~28页。

体和适用范围为依据进行划分的，详见表5。

表5 预案类型划分表

预案类型	制定主体
国家突发事件总体应急预案	国务院
国家突发事件专项应急预案	国务院
国家突发事件部门应急预案	国务院有关部门
地方应急预案	地方各级人民政府、县级以上地方各级人民政府有关部门
企事业单位应急预案	各企业、事业单位

资料来源：根据《突发事件应对法》第17条第2、第3款①整理而得。

从表7可知，依据制定主体的性质不同，应急预案大体可分为五个层次和两大类型——政府应急预案和企事业单位应急预案。其中，前者无疑是最主要、最核心的。对于政府应急预案而言，从适用范围和效力范围上来讲，它又可以分为国家层面和地方层面两大类，其中，ABC三项属于国家层面的应急预案，在全国范围内有效；D项属于地方层面的应急预案，仅在本地区、本部门适用。②

1. 国家层面的应急预案

（1）国家突发事件总体应急预案。此类预案适用于涉及跨省级行政区划或者超出事发地省级人民政府处置能力的特别重大突发公共事件的应对工作，是全国应急预案体系的指导文件和总纲。例如，《国家突发公共事件总体应急预案》。

---

① 《突发事件应对法》第17条第2、第3款规定："国务院制定国家突发事件总体应急预案，组织制定国家突发事件专项应急预案；国务院有关部门根据各自的职责和国务院相关应急预案，制定国家突发事件部门应急预案。地方各级人民政府和县级以上地方各级人民政府有关部门根据有关法律、法规、规章、上级人民政府及其有关部门的应急预案以及本地区的实际情况，制定相应的突发事件应急预案。"

② 戚建刚著：《中国行政应急法学》，清华大学出版社2013年版，第52~53页。

（2）国家突发事件专项应急预案。此类预案是国务院及其有关部门为应对某一类或者某几类突发公共事件而制定的应急预案。例如，《国家自然灾害救助应急预案》《国家突发环境事件应急预案》《国家突发地质灾害应急预案》《国家安全生产事故灾难应急预案》《国家处置铁路行车事故应急预案》《国家处置民用航空器飞行事故应急预案》《国家突发公共卫生事件应急预案》《国家突发重大动物疫情应急预案》《国家突发公共事件医疗卫生救援应急预案》《国家食品安全事故应急预案》《国家核应急预案、国家通信保障应急预案》《国家处置大规模恐怖袭击事件应急预案》《突发群体性事件应急预案》等等。

（3）国家突发事件部门应急预案。此类预案是国务院有关部门根据总体应急预案、专项应急预案和部门职责为应对突发公共事件而制定的预案。例如，《铁路防洪应急预案》《重大气象灾害预警应急预案》《海洋石油天然气作业事故灾难应急预案》《城市供气系统重大事故应急预案》《人感染高致病性禽流感应急预案》《药品和医疗器械突发性群体不良事件应急预案》《旅游突发公共事件应急预案》《大型体育赛事及群众体育活动突发公共事件应急预案》。

2. 地方层面的应急预案

这类预案的制定主体包含有省、市、区、县、乡镇行政机关等多个层级，涉及的内容也囊括了各类突发事件，因而数量十分庞大。地方层面的应急预案虽然层级较低，只在本区域内适用，但却是行政机关开展应急管理工作最直接、最基本的行动指南，其基础性作用不容忽视。根据《国家突发公共事件总体应急预案》的规定，地方应急预案也有总体、专项和部门之分。以北京市为例，总体应急预案，如《北京市突发公共事件总体应急预案》；部门应急预案，如《北京市轨道交通运营突发事件应急工作预案》；专项应急预案，如《北京市雪天道路交通保障应急预案》《北京市食物中毒事件应急预案》《北京市影响校园安全稳定事件应急预案》。

第四节　行政应急法律实施机制的法教义学分析工具

对行政应急法律实施机制进行优化研究需要借助于科学的分析工具，正如有学者所言："今日之政府不但要履行传统的基本职能，更被人们期待去承担积极回应各种各样需求，解决各类复杂的经济、政治、社会等问题的职能。由此，行政的功能已经发生了重大变化，即'由单纯的执行变成能动的目标导向的管理'。"① 加之风险社会的到来，我们面临的境遇正如贝克所言，每当威胁变得更加明显和紧迫时，我们往往却发现无法借助法律的、政治的和科学的手段来确定证据、找到原因并进行补救。② 有鉴于此，笔者选取行政法理论中的"行政行为论""行政过程论"以及"行政法律关系理论"作为优化行政应急法律实施机制的分析工具。

一、行政行为理论

（一）"行政行为论"之内涵

1. 行政行为论的基础

作为国家的管理主体，在维护公共利益这个根本目的前提下又基于不同的具体行政目的，行政机关会针对行政相对人作出各种行为，例如，施以行政处罚，授予行政许可，进行行政强制执行，行政征收、征用等，上述行为在内容上各有其独特之处。这些行为又由于没有统一的概念与理论将其归纳为一个体系而显得分散，在对其进行关联性研究时也有很大难度。为实现前述不同类型且具有不同内容的行为的法律规范层面的分析以及法学学科维度的研究，传统的大陆法系国家以民法学上的法律行为概念为模板，将行政机关的行为置于"行政行为"这个统一的上位概念之中，以行政行为作为各种具体行为的逻辑

---

① 王锡锌：《当代行政的"民主赤字"及其克服》，载《法商研究》2009 年第 1 期。
② Barbara Adam, Ulrich Beck, Joost Van Loon, *The Risk Society and Beyond: Critical Issues for Social Theory*, New York: SAGE Pubulication, 2000, p. 225.

起点,因此,行政机关的行为有了体系化的框架,其各种具体的行为在行政行为下得以展开。我国行政法学在发展初期吸收了传统大陆法系的行政法理论体系的精髓,移植了行政行为的概念及其理论体系,并围绕行政行为这一核心概念在我国的本土法律环境下对我国行政法学进行了系统的建构:从行政行为的主体出发,制定了行政组织法;从行政行为的行使出发,制定了行政行为法;从对行政行为的监督及对被行政行为侵害者的救济出发,制定了行政监督法及行政救济法。由此可见,行政行为概念贯穿于整个行政法学体系与框架中,任何相关的行政法学理论研究追根溯源都不可避免地回归到对行政行为的分析上,"法律得以科学、无误地适用是以'行政行为'的建构为基础,它是通过概括抽象出各种行政行为的一般特征进而对实践中遭遇的特定行政行为进行分析和定位而实现"。① 所以,行政行为论也就理所应当地成了行政法学固有的研究范式。

2. 行政行为论的含义

行政行为论是指通过法律概念分析的方法将行政活动中的某一行政行为作为评价行政活动合法性的参考,从复杂的行政现实中抽象出不同种类的行政行为,通过对行政行为的类型化,运用法律为各种行政行为分别设定法律要件以及主要是事后的监督程序,通过依法行政的要求实现对行政活动的监督与控制,并达到保障公民合法权益之目的。

可以说,行政行为理论的产生极大地推动了行政法学的发展,成为了传统行政法学研究的"阿基米德支点"。但是,需要指出的是,伴随着现代行政法实践的不断发展,行政法理论得以推陈出新,作为传统行政法理论的行政行为论也日益受到了学界的诟病。概括而言,行政行为论可能带来的弊端主要有如下几点。

第一,传统行政法学对行政行为理论的研究,一般仅是从静态上定点考察行政过程终端的行政行为的法律效果,而没有对行政行为法律效果的形成过程予以足够的关注。这种静态的行政行为分析模式,对单个行政行为进行个别的

---

① 叶必丰:《法学思潮与行政行为》,载《浙江社会科学》2000 年第 3 期。

分析而没有将微观的行政行为放到宏观的行政目的实现过程中去考量,即行政行为论将行政主体的行政活动等同于作为最终结果的行政行为,而缺乏对最终行政行为得以作出的中间过程的考察,这是一种跳跃式的研究模式,同时,将结果与过程人为地进行分离,也表现出极大的片面性。对行政机关各种行政活动的分析理应是个由点及面的过程,即以行政行为为起点逐步形成行政过程的一个渐进的扩展式的研究范式。在这种传统的行政行为研究范式下,行政活动各个行为的动态发展以及各行为之间的关联却被忽略了。

第二,行政过程是由行政机关为达到一个特定的行政目的而作出的各种行为构成的一个整体的行为体系,不仅仅包括作为最终结果的行政行为,还有许多为实现最终结果所作出的其他行为,如事实行为、准行政行为等。而传统的行政行为理论将行政行为类型化,由此对行政行为的外延进行了限制,使得行政过程中除行政行为以外的其他行为形式无法被纳入行政法的视野中,即非行政行为被排除在行政法研究范围之外,这就导致不能对行政活动进行充分而全面的研究,研究的范围也就只能停留在对作为最终结果的行政行为的研究这一层面上。

第三,依法行政是行政法的基本原则,其强调行政主体作出的行政行为必须有明确的法律依据,但囿于行政行为理论的局限,传统行政法学将除去行政过程最终结果的类型化的行政行为以外的其他行为形式均排除在研究范围之外,相应地也就只关注行政行为的合法性,而忽视了整个行政过程的合法性。"试图通过对单个行政行为的合法性的控制来实现整个行政的合法性的目标,但事实上,单个行政行为合法并不能必然推导出整个行政过程合法的结果,而且由于行政过程中的各种行为之间具有关联性,因此,在考察某一行为的合法性时,必须考虑其他行为的合法性对其的影响。"① 所以,行政过程的合法性不仅要求行政行为必须合法,对其他行为形式也有合法性的要求。行政行为论将行政合法片面理解为只要求行政行为合法的观念其实是一种结果法治理念与

---

① 江利红:《论行政法学中"行政过程"概念的导入——从"行政行为"到"行政过程"》,载《政治与法律》2012年第3期。

形式法治理念的表现。

第四，行政行为论以行政主体作出的最终发生法律效力的行政行为为基本研究对象，而忽略了对中间过程的考察，这就不可避免地出现这样一个弊端，即使最终行政行为是合法且合理的，但这种正当性由于缺乏行政活动连贯性过程的支持，其本身的来源是无法被证成的，而且，对一个结论正当性的考察，只能遵循因果关系的这种正面推导，而不可能由得出的结论再去反向寻找相关原因，这种预先设定结论再围绕结论、为结论服务、为证明而证明的方式，本身在逻辑上就是不科学的。所以，如果一个行政主体的行政活动在过程中就是不透明的、不清晰的、不受规范约束的，其最终作出的行政行为的正当性程度是值得怀疑的，这也是程序正义保障实质正义的法理在具体学科上的体现。因此，随着行政程序观念日益受关注，行政行为的研究范式被其他研究范式所取代也成为一种必然。

诚然，行政行为论的弊端日渐显现，但是，笔者认为"行政行为论"固有的缺陷并不能完全抹杀其在行政法中的理论价值，特别是在对行政应急法律实施机制的优化研究中，"行政行为论"作为一项重要的分析工具发挥着不可或缺的作用。以下对"行政行为论"在优化行政应急法律实施机制中的作用作进一步分析。

（二）"行政行为论"对优化行政应急法律实施机制之寓意

行政应急法律实施机制以行政行为为外在表现，如应急状态下的行政强制、行政处罚、行政征收、行政征用、行政决策等，它们既是行政主体作出的具体或抽象的行政行为，也是行政应急法律从静态转化为动态的一种践行方式。依照不同的标准，行政行为可划分为抽象的和具体的、羁束的和裁量的、依职权的和依申请的、作为的和不作为的等不同类型。若以社会状态和事件紧急程度为标准，也可将行政行为分为应急状态下的和常态下的，前者即为行政应急行为。行政应急行为与行政应急法律实施机制具有十分密切的关系，行政应急法律实施机制是实现行政应急法律的价值的内在连接纽带，而行政应急行为是行政应急法律实施机制合法化运行的外在表现形式。因而，无论是从行政法学的基本分析范式上看，还是从行政应急行为之于行政应急法律实施机制的紧密关系上看，行政行为论对优化行政应急法律实施机制都具有十分重要的作用。

（1）行政行为论关注行政行为的合法性，对于规范行政应急权力之行使，保障行政相对人合法权益，提高行政应急法律实施机制的权威性和有效性等方面具有重要作用。行政应急法律实施机制中的有权行政机关通过作出一系列行政应急行为实现对应急事件的处置，在这一过程中，行政应急行为的合法性不容忽视。原因在于：相较于常态下的行政权力而言，非常时期的行政应急权力一般具有"临时性"和"紧迫性"等特征，行政机关作出的行政应急行为通常缺乏常态下既有的、强有力的程序机制予以控制，因而行政应急权力就存在着可能被"滥用"的危险。正如日本学者小林植树教授指出的那样："设立应急权的基本前提主要是为了维护国家安全、公共秩序或宪法体制，但在实际上往往成为统治者为了个人的安全或为加强其统治地位而镇压人民的借口。"[①]那么，如何才能防止行政机关滥用行政应急权力？行政行为论为此提供了较为可行的解决方案，即将行政应急行为的合法性纳入考量范围，对其作出合法与否的评价。一旦对行政应急行为作出否定性的评价，意味着被宣告不合法的行政应急行为应当予以撤销或变更，同时还需要追究相关责任主体的法律责任。因而，以"行政行为论"为分析工具研究行政应急法律实施机制有利于规范行政应急权力之行使，保障行政相对人合法权益，提高行政应急法律实施机制的权威性和有效性。

（2）行政行为论限定了行政应急行为乃至行政应急法律实施机制的边界，以此为分析工具，有助于确保行政应急法律实施机制的合法化运行。首先，行政行为论限定了行政应急行为的边界，这是因为：在行政应急法律实施机制中，行政行为论注重对行政机关作出的特定行政应急行为进行类型化分析，区分不同种类的行政应急行为，通过对行政应急行为进行合法性判断来实现对行政应急权力的约束，事实上为行政应急主体应该为哪些行为和不为哪些行为提供了参照标准；其次，行政行为论为行政应急法律实施机制限定了范围，如前

---

① 莫纪宏、徐高：《戒严法律制度概要》，法律出版社1996年版，第43~44页。

所述,行政应急法律实施机制就是指为有效预防和减少突发事件的发生,维护社会秩序和国家安全,保护人民生命财产安全而采取的促进行政应急法律有效实现的一系列相互作用的方法和手段。行政应急行为与行政应急法律实施机制具有十分密切的关系,行政应急法律实施机制是实现行政应急法律的价值的内在连接纽带,而行政应急行为是行政应急法律实施机制合法化运行的外在表现形式。因而,对行政应急行为加以限定,也就意味着行政应急法律实施机制的边界被框定了。行政行为论要求行政行为的有效性建立在主体、内容、程序以及形式的合法性基础之上,因此,不同阶段的行政应急法律实施机制都应当满足上述要求,否则,行政应急法律实施机制的有效性与合法性将难以实现。

二、行政过程理论

(一)"行政过程论"之内涵

"行政过程论"作为一种新的行政法研究范式,担负着打破传统行政法框架的任务。正如美国学者斯图尔特所言:"与传统行政法旨在对公民权利进行保护的目的有所不同,现代行政法的一项重要功能更多地体现在为实现受行政活动影响的利益得到公平的代表提供一个政治过程。"① "传统行政法学将行政行为单纯以控制面加以观察,毕竟太过狭隘,毋宁应取向其所拟达成的任务,以及充实该任务达成的有关行政政策。于此必终关注到影响相关行政主体的诸因素。"②

1. 行政过程论的含义

所谓"行政过程",从字面来理解,就是指有关行政的过程。"行政过程"这一词汇最早出现在行政学研究中,我国最早出版的行政学词典中对"行政过程"作出如下解释:"国家行政机关实施行政管理的一般途径。通常包括计划

---

① [美]理查德·B. 斯图尔特著:《美国行政法的重构》,沈岿译,商务印书馆2011年版,第2页。
② 朱维究:《再谈现代行政过程论——从形式行政法治到实质行政法治》,载《行政管理体制改革的法律问题——中国法学会行政法学研究会2006年年会论文集》,2006年,第66~73页。

决策、组织执行、控制监督、信息反馈等具体环节……行政过程不是单纯的技术性过程，而是制定和实现政策的政治过程。实现行政过程的科学化、现代化和法律化，是提高行政效率的重要要求。"① 张力荣教授认为行政学上的行政过程是指行政主体及其他相关参与者（如政党、立法机关、利益集团、公民、大众传媒等）行使各自的权力或权利，通过相互作用和影响，设定政府公共政策目标并最终得以实现的活动过程。② 由此可见，行政学上的行政过程概念侧重于描写现实行政的运行过程，而传统行政法学则一般以"行政程序"概念来替换表述。③ 根据日本学者的研究，行政过程指一系列连续的作用，是一系列法律性或非法律性作用构成的复合的、连锁的行政作用的组合所形成的过程。任何一个完整的行政活动都是复杂的连续过程，由若干环节或步骤组成并分段进行。④

近十年来，国内学者开始关注对"行政过程"的研究，如湛中乐教授将行政过程划分为狭义与广义两种类型；朱维究教授指出，"行政过程是由一系列行政行为所组成的旨在实现行政目标的行政活动的全部。"⑤ 江利红教授在《论行政法学中"行政过程"概念的导入——从"行政行为"到"行政过程"》一文中指出："基于行政活动的整体性、动态性等特征，'行政过程'是指为了实现一定的行政目的，行政主体依据法律实施一系列的行政行为或其他行为而构成的过程。"⑥ 可见，上述学者在对"行政过程"这一概念进行表述时，只是表述方式不同，其实在本质上是一致的，即都将行政活动视为具有

---

① 参见《行政学词典》，吉林人民出版社1988年版，第330~331页。转引自湛中乐著：《现代行政过程论——法治理念、原则与制度》，北京大学出版社2005年版，第16页。
② 张立荣著：《中外行政制度比较》，商务印书馆2002年版，第287页。
③ 高小平主编：《现代行政管理学》，长春出版社2003年版，第174页。
④ 朱维究、阎尔宝：《程序行政行为初论》，载《政法论坛》1997年第3期。
⑤ 朱维究：《再谈现代行政过程论——从形式行政法治到实质行政法治》，载《行政管理体制改革的法律问题——中国法学会行政法学研究会2006年年会论文集》，2006年，第66~73页。
⑥ 江利红：《论行政法学中"行政过程"概念的导入——从"行政行为"到"行政过程"》，载《政治与法律》2012年第3期。

整体性和动态性的行政过程。

在笔者看来,行政过程最突出的特点是强调行政权力的整体性和动态性,与传统的行政法侧重于行政行为的研究而言,具有整体性和动态性的行政过程研究无疑具有更为重要的意义。作为行政法学的一种新的研究范式,"行政过程论使得行政行为跳出了传统意义上对其进行的孤立、单一、静止的类型划分的认识误区,转而将行政行为视为具有联系性、发展变化着的一系列过程;行政机关作出的每一个行政行为都不再只是瞬时性的行为,相反,还具备了时间延续性,每一个行政行为作出的背后都经历了一系列具有法律意义的程序环节和发展阶段,都需要与特定的法律义务相契合。"① 在行政过程概念得以清晰界定的基础上,"行政过程论"是指"以行政过程为基础,全面地、动态地考察行政活动整个过程的一种行政法学理论"。②

2. 行政过程的构成

从行政过程的定义来看,行政过程的构成要素主要包括:目的、主体、行为形式、行政程序以及各行为形式之间的联系等。一是,行政过程的目的。维护公共利益是行政过程的根本性目的,也是总体性目的。公共利益为行政过程提供正当性的基础与依据。但是,行政机关在作出各种行为时又出于特定的行政目的,这些目的仅涉及某一方面的目的。行政过程就是行政机关以特定目的为支配而作出的一系列行为的集合。二是,行政过程的主体。其既包括作出各种行为的行政主体,也包括参与到行为中的行政相对人及其他主体。这与传统的行政行为论认为的行政主体是行政行为唯一主体的观点截然不同。三是,行政过程的行为形式。由于行政过程是一个整体,是由一系列行为构成的行为链,因而行政过程的行为形式既表现为各种类型化的行政行为,也表现为其他行为形式的非行政行为。四是,行政行为之间的联系。行政过程是由各种行政

---

① 周佑勇:《作为过程的行政调查——在一种新的研究范式下的考察》,载《法商研究》2006年第1期。

② 朱维究:《再谈现代行政过程论——从形式行政法治到实质行政法治》,载《行政管理体制改革的法律问题——中国法学会行政法学研究会2006年年会论文集》,2006年,第66~73页。

行为或其他行为形式构成的整体。这些复数行为之间存在内在的关联，它们具有目的上的一致性、程序上的衔接性、内容上的相关性，各行为之间的关联使得行政过程作为一个整体一直处在动态的发展中。

3. 行政过程论的特点

行政过程论具有动态性和整体性特点。首先，行政过程论对行政活动考察，不再拘泥于作为行政最终结果的行政行为而将其他行为形式作为非行政行为排除在行政法研究范围之外。行政过程论将行政活动视为一个不断发展的过程，以时间的推移为立足点，行政主体持续地作出各种行为，直至作出最终的行政行为，达到预先的行政目的。其次，行政过程是在特定行政目的下由一系列行为构成的一个整体，对行政活动的考察若只选取其中的单个行为进行定点式的研究，就会导致片面化与分散化，单个行为只有放入行政过程这个整体的背景下才更具有研究的意义，因为每个单个行为都不是作为个体独立存在的，而都是为整体服务的，是统一于整体的。

4. "行政过程"与"行政行为"的区别与联系

行政过程是在行政行为概念与理论基础上形成并发展起来的，两者既有联系也有区别。首先，行政行为以行政过程为载体，行政行为是行政过程中的一种表现形式，是行政过程的内在组成部分。任何行政行为的作出必然需经历一定的行政过程。其次，两者又表现出明显的区别。第一，行政行为只是行政过程的构成要素之一，行政过程是一系列行为的整体，既包括行政行为，也包括其他行为形式。第二，行政行为的主体只能是行政主体，而行政过程的主体既包括行政主体，又包括行政相对人和其他第三人等。在以行政过程为研究视角时，行政主体并非为单一、孤立的行为主体，而是要将其置于一个动态的体系之中，通过行政相对人的参与完成行政行为。第三，行政行为是作为单个行为出现的，而行政过程是由多个行为所构成的统一整体。行政过程是对传统的行政行为论的发展与延伸，是关注角度由单一到整体、由静态到动态的由点及面扩展的结果。

（二）"行政过程论"对优化行政应急法律实施机制之寓意

笔者将行政应急法律实施机制依照突发事件的发生发展生命周期规律分解为四个阶段，这本身就体现出一种过程论的意蕴。首先，四个阶段体现了风险值从无到有再到无的动态循环过程，其本身是有机联系、互为前后的关系；其次，四个阶段在目标上都具有一致性，即都是为了遏制和减少突发事件的发生。四个阶段之间内在的关联为行政过程论的运用提供了适宜的土壤。

（1）以行政过程论为分析工具，有利于凸显行政应急法律实施机制的阶段性特征，将同一阶段之下的相关实施机制予以归纳，避免了研究的零散性。与行政行为论强调作为最终结果的行政行为合法性不同，行政过程论侧重于对行政活动全过程的关注。以行政过程论为分析工具优化行政应急法律实施机制，一方面，注重行政应急权力行使的阶段性特征，并根据不同的特征将行政应急法律实施分解为不同的环节和阶段，契合了生命周期理论的内在要求；另一方面，将行政应急权力的行使视为一个动态的整体性过程，其不但强调行政应急法律实施的各个阶段，更注重在每一阶段内部作出系统性的分析，因而有利于增强不同阶段内行政应急法律实施机制设置的科学性。

（2）以行政过程论为分析工具，有利于将各个具体的行政应急法律实施机制置于一个整体系统的过程中予以考察，有利于凸显各实施机制之间的动态联系，弥补了行政行为论只关注行政过程终端的行政行为及将行政活动局限化的弊端，避免了研究的孤立与片面。原因在于：首先，以行政过程论为分析工具，行政主体并非为单一、孤立的行为主体，而是要将其置于一个动态的体系之中，通过行政相对人的参与完成行政行为，因而，在行政应急法律实施机制中的各方主体均被纳入考量范围，能够克服研究视角的单一性；其次，行政过程论对行政活动作出的合法性评价是基于行政活动全过程的考量，过程合法的深层次含义就是克服了行政行为论中只关注类型化的行政行为而忽视其他行为形式的局限性，行政行为合法保障了结果合法，过程的合法也就保障了程序合法，因而在行政应急法律实施机制的设计中更加注重程序的作用。最后，与行政行为论相比,行政过程论将整个行政活动的全过程视为一个整体,注重行政法律实施机制的各个阶段、不同机制之间的动态联系,因而,在对行政法律实施机制进行设置时就需要综合考虑多种因素,以确保不同机制之间的协调与平衡。

三、行政法律关系理论

(一)"行政法律关系论"之内涵

1. 行政法律关系的含义

行政法律关系理论最早由德国学者提出,认为行政法律关系是在现代行政之下各种利益的复杂化和多元化以及大量且复杂的未形式化的行政行为出现的基础之上产生的。① 耶林内克就曾将法律关系界定为,"至少发生于两个以上的法律关系主体之间的关系,借由这种关系,一个法律主体可以或者能够要求另一主体承担作为或不作为的义务"。② 在20世纪90年代以前,学界主要是从调整的法律规范、形成阶段、内容、法律规范和行政权的行使、双方当事人的身份和行政法律意义上的权利义务五个角度来界定行政法律关系的。③ 目

---

① 赖恒盈:《行政法律关系论之研究——行政法学方法论评析》,台湾政治大学2002年博士论文,第83页。

② 赵宏:《法律关系取代行政行为的可能与困局》,载《法学家》2015年第3期。

③ 第一,以所调整的法律规范来界定,认为行政法律关系实质上就是一个国家法律体系中各种行政法律规范所规定的各种权利义务关系;第二,以形成阶段来界定,认为行政法律关系是指国家行政机关在行政管理过程中所形成的,由行政法调整的各种关系,即行政机关依法在履行职务的过程中与其他各有关的机关、团体和公民之间所发生的关系;第三,以内容来界定,认为行政法律关系就是行政法律规范所确认的具有权利义务内容的具体社会关系;第四,以法律规范和行政权的行使来界定,认为行政法律关系是经行政法规范调整的因实施国家行政权而发生的行政主体之间、行政主体与行政人员之间、行政主体与其他国家机关、社会组织和外国人之间的权利义务关系;第五,以双方当事人的身份和行政法律意义上的权利义务来界定,认为行政法律关系是指我国行政法律规范所确认和调整的、依职权进行行政管理的国家行政机关以及经授权或委托而进行行政管理的其他行政管理主体在国家行政管理过程中同其他国家机关、企业和其他经济组织、事业单位、社会团体和组织、公民、我国有权管辖的在华外国人和无国籍人之间以及行政机关内部所形成的行政法律意义上的权利义务关系。参见许崇德、皮纯协主编:《新中国行政法学综述》,法律出版社1991年版,第54~56页。

前，理论界对行政法律关系的理解还存在不少争议，对行政法律关系的范围界定也是宽窄不一。①

笔者认为，行政法律关系指行政法律规范在对行政权力行使过程中产生的各类社会关系加以调整之后所形成的一种行政法上的权利义务关系。行政法律关系的形成有两大步骤：第一，在现实存在的大量社会关系中，只有经行政主体行使行政权力、实现行政职能，才能将最初的社会关系演变为行政法律关系，但此时的关系尚不是真正意义上的行政法律关系，只算得上一种客观存在的事实关系。第二，只有当这种事实关系经由行政法规范调整后方能上升为具有思想意志属性的行政法律关系。行政法律关系的本质就是一种权利义务关系。②

2. 行政法律关系的构成要素

行政法律关系由三部分组成，分别为主体、客体与内容。行政法律关系的主体是行政活动的当事人，是行政权利（权力）的享有者及行政义务（职责）的承担者。一般认为，行政法律关系的主体包括行政主体、行政相对人、行政公务人员及监督行政主体。行政法律关系的客体指行政法律关系主体权利义务指向的对象，是行政法律关系不可或缺的组成部分。行政法律关系的内容即为

---

① 例如，熊文钊教授在对行政关系加以区分的基础上定义行政法律关系，认为行政关系包括行政权力的创设、行政权力的行使以及对行政权力监督过程中发生的各种社会关系，并将其称为"行政关系"，其性质属于事实关系。行政法对此类事实关系予以调整形成行政法律关系。这种认识是对行政关系、行政法律关系范围最广义的理解。杨海坤、章志远教授作两大类概括：行政管理关系和行政法制监督关系，并将其统称为"行政关系"，其性质属于事实关系。行政法对这种事实关系加以调整形成行政法律关系。这种对行政关系和行政法律关系的理解窄于第一种，因为它没有涉及由于行政权创设而形成的社会关系。罗豪才教授则另作两大类概括：行政关系和监督行政关系，二者均属事实关系，但对行政关系作了很窄范围的限定，只相当于上述第二种理解中的"行政管理关系"，而且强调行政法律关系仅指行政法规范调整的受国家强制力保障的行政关系。而对监督行政关系调整后形成的是"监督行政法律关系"。参见熊文钊著：《现代行政法原理》，法律出版社2000年版，第19~21页；杨海坤、章志远著：《中国行政法基本理论研究》，北京大学出版社2004年版，第150~156页；罗豪才、湛中乐主编：《行政法学》（第二版），北京大学出版社2006年版，第11~22页。

② 周佑勇著：《行政法原论》，中国方正出版社2002年版，第15~17页。

主体享有的权利和承担的义务。在行政法律关系的构成要素中，行政法律关系的内容较为复杂，它包括行政主体与行政相对人之间、行政公务人员之间、监督主体之间，以及行政主体内部相互之间的权利与义务等。

3. 行政法律关系论的特点

行政法律关系具有内容法定、不可分割、设定灵活及时等特点。首先，行政法律关系的内容是法定的，各方主体不能自由选择或约定权利义务。这是行政法作为公法的典型特征。其次，行政法律关系的内容是不可分割的，即行政法律关系主体的权利（权力）与义务（责任）往往难以截然分开，而是互为彼此、互相渗透的。再次，行政法律关系的设定具有灵活性和及时性，其中，灵活性体现在设定行政法律关系的方式上，行政法律关系既可以法律形式得以确立，也可以通过行政法规、地方性法规以及行政规章加以设定；及时性体现在行政法律关系的设定周期以及存续时间上，一般而言，行政法律关系的设定周期和存续时间较短，是根据行政法所调整的行政关系的变化而变化的。

（二）"行政法律关系论"对优化行政应急法律实施机制之寓意

行政法律关系理论不仅关注行政关系中的某种单一的权利与义务，正如有学者所言，"行政法律关系理论较少受到个体具体权利的影响，而更多地依赖于主体之间的整体关联，即依赖于整体关系中权利与义务的互动往来"[①]。因此，以行政法律关系理论为分析工具，能够为优化行政应急法律实施机制提供全局性、动态性的视角。

（1）以行政法律关系理论为分析工具，注重对行政应急法律实施机制中存在的不同种类的行政法律关系进行梳理和归纳，为优化行政应急法律实施机制提供了全局性的研究视角。在行政应急法律实施机制中，行政应急主体在行使应急权力的过程中必然产生多种行政法律关系，如行政应急主体内部的行政法律关系、行政应急主体与行政相对人和第三人之间的行政法律关系等。对于上述这些行政应急法律实施机制中形成的行政法律关系，目前研究关注较少，事实上，只有通过对行政应急实施机制中的行政法律关系加以分析，才能够对

[①] 赵宏：《法律关系取代行政行为的可能与困局》，载《法学家》2015 年第 3 期。

其中存在的问题进行全方位的把控。这是因为,行政应急法律实施机制本身是一个复杂的过程,在这一过程中,包含了行政主体与行政相对人之间的互动,行政相对人和第三人对行政活动的参与,行政主体协调多元利益、作出行政决定以及对行政活动的监督等要素,与行政行为论和行政过程论共同倚重的时间要素相比,行政法律关系理论关注"法律关系的准备、产生、展开、终结以及后续效果的动态变化过程"①,使得上述要素之间形成一种持续性的动态关系。

(2) 以行政法律关系理论为分析工具,能够在一定程度上弥补行政行为论和行政过程论中对法律关系关注之不足,为优化行政应急法律实施机制提供了动态性的研究视角。首先,行政法律关系理论能够弥补行政行为论和行政过程论中对法律关系关注之不足,在行政应急法律实施机制中,存在着大量的未类型化的行政行为,例如,在预防准备阶段,行政应急主体在行使应急权力之前与公众进行的沟通接触等行为,运用行政行为论或行政过程论并不能对此类行为给予充分而有效的回应,而行政法律关系理论通过对前述行为中的权利和义务加以分析,以确定相应的法律后果。其次,行政法律关系理论为优化行政应急法律实施机制提供动态性的研究视角。传统的行政行为论倾向于对作为最终结果的行政行为进行合法性评价,行政过程论则关注对行政行为形成的过程加以考量,相较于前,行政法律关系理论提出了一种开放性的行政构造,这种构造允许行政的嗣后变动,并尝试通过对变动的预测性把握来提升行政的现实应对能力,以通过与行政的互动来实现公民的实体权利。这种对法律关系变动的持续观察,使行政与私人之间在"合作行政"模式下的持续性"合作关系"不再为法律所忽视。②

---

① 赵宏:《法律关系取代行政行为的可能与困局》,载《法学家》2015 年第 3 期。
② 赖恒盈:《行政法律关系论之研究——行政法学方法讼评析》,台湾政治大学 2002 年博士论文,第 59 页。

第二章　预防与应急准备阶段法律实施机制之优化

第一节　预防与应急准备机制阶段法律实施机制的内容

由于突发事件具有巨大的破坏力，一旦暴发将带来重大损失。因此，从利益衡量的角度来考虑，事前预防优于事后补救。《礼记·中庸》中"凡事预则立，不预则废"的劝诫，《老子》中"为之于未有，治之于未乱"的思想，《周易》中"安而不忘危，存而不忘亡，治而不忘乱"的告诫，无不表明居安思危、未雨绸缪的重要性。在预防与应急准备阶段，法律实施机制运行的环境为突发事件发生之前的常态社会秩序。法律实施机制欲达成的目标有两个：一是预防突发事件的发生，二是为可能发生的突发事件做好充足的应对准备。法律实施机制运用的方式多为预防性、准备性的非强制措施。依照《突发事件应对法》的规定，此阶段行政应急法律实施机制的内容包括四个方面：①预案管理机制（第17、第18、第23条、第24条第1款）；②风险评估机制（第20条）；③宣传教育培训演练机制（第25、第26、第28、第29、第30条）；④物资储备保障机制（第19、第31、第32、第33、第34、第36条、第24条第2款、第26条第1、第2款）。

第二节 预案管理机制

2003年"非典"疫情过后,我国开始着手建立并逐步完善以"一案三制"① 为核心的应急管理体系。从字面上来看,应急预案在应急管理体系中似乎处于基础地位;从发展阶段上来看,应急预案建设也走在最前列,属于以"一案"促"三制"的模式②,应急预案的基础性地位无可置疑。2005年1月,国务院制定了《国家突发公共事件总体应急预案》,标志着我国将在全国范围内开始大规模地建设应急预案体系。同年3月,温家宝总理在全国人民代表大会十届三次会议上宣布:"我们组织制定了国家突发公共事件总体应急预案,以及应对自然灾害、事故灾难、公共卫生和社会安全等方面105个专项和部门应急预案,各省(区、市)也完成了省级总体应急预案的编制工作。建设法制政府,全面履行政府职能,取得突破性进展。"③ 短短几年时间内,全国各级各类应急预案从2006年的135万件左右骤升到2012年的550万件。④ 从范围上来看,我国应急预案已基本涵盖了各种类型的突发事件,实现了"横向到边"的要求;从层级上来看,也基本形成了国家、地方(省、市、县、乡)的多层级构建,实现了"纵向到底"的要求;从类型上来看,形成了总

---

① "一案"指应急预案,"三制"指应急体制、机制和法制。
② 庞宇:《我国应急预案管理的问题及对策》,载《科技管理研究》2013年第11期。
③ 转引自闪淳昌:《切实加强应急预案体系的建设》,载《城市与减灾》2006年第5期。
④ 此数据截至2012年11月,不包含党委和军队系统编制的应急预案。其中,"国家总体应急预案1件,专项应急预案28件,部门应急预案156件;省级应急预案4.7万件,市级应急预案21.2万件,县级应急预案45.1万件,乡级应急预案54.6万件;社区(村)应急预案93.7万件,企业应急预案184.3万件,学校应急预案133.1万件,驻外机构应急预案150件。各级政府及其有关部门均结合实际编制了应急预案,中央企业应急预案编制率达到100%,矿山、危险化学品、建筑施工等重点行业领域应急预案实现了全覆盖"。参见国务院应急管理办公室:《2006年我国突发公共事件应对情况》,载《中国应急管理》2007年第1期;国务院办公厅、国务院应急管理办公室:《全国应急预案体系建设情况调研报告》,载《中国应急管理》2003年第1期。

体、专项、部门、企事业单位和重点领域的宏观与微观相结合的预案类型;从效果上来看,应急预案在突发事件应急管理过程中发挥积极作用。但是,由于我国应急预案建设毕竟起步晚,更多的是依靠国家强力快速推进才建立起来的,匆忙应对倾向比较严重,因而在建设过程中暴露出不少问题。

一、我国预案管理机制存在的不足

预案管理机制,是指法律规定为保证预案的有效性而围绕其进行编制、评估、宣教、培训、演练、公布、启动、修订等一系列的管理方法。由于应急预案在本质上是为有效应对突发事件而制定的操作指南和行动方案,因此,"管不管用"是其生命力之所在。当前,我国应急预案存在的最大问题就是实用性不强,既体现在对单个预案管理的脱节,也体现在对多个预案之间的体系管理的失衡。对此,可以应急预案的实用性为参照标准,依循以下逻辑进行对照与查找:(1)单个应急预案包含哪些机制。(2)单个应急预案机制存在什么问题,不实用之处体现在哪些方面。(3)多个应急预案包含哪些机制。(4)多个应急预案机制之间存在什么问题,有何不实用之处。

(一)单个应急预案机制的主要内容

一个完整的应急预案,应该包括编制、评估、宣教、培训、演练、公布、启动和修订等程序。第一,编制。预案编制是预案建设乃至应急管理的起点,编制人员的素质、编制方法的科学性都直接关系到预案内容是否有效。第二,评估。对应急预案而言,评估是贯穿始终的环节。在预案编制阶段,需要就一切可能的风险情景和事件进行评估;在预案草案初拟完成后,还要进行模拟推演或桌面推演①,以检验初拟文本是否切实可行;在应急预案出台后,需依据现实变化,不断评估其实用性,以保证应急预案的更新与有效。第三,宣教。其目的在于通过宣传教育手段,提高人们的风险意识,了解预案的内容和相关的救助知识。第四,培训。不同的人员如何理解预案的文本规定存在着主观上的差异,对此,需要通过培训,答疑解惑,统一标准,进一步保证预案实施的

---

① 是指通过口头演练的方式将应急预案在模拟情景中表述出来。

规范性和有效性。第五，演练。应急预案是否切实可行，光靠桌面推演还远远不够，必须经过演习、实践，才能真正发现问题，避免"纸上谈兵"。同时，演练也是评估的一个重要依据。第六，公布。应急预案是否需要公布，通过什么方式、什么流程予以公布，也是预案管理规范化的一个重要步骤。第七，启动。预案制定得再好，若关键时刻不予启动或延迟启动，则将错过良好时机。因此，应急预案的启动也是一个十分重要的环节，时机的把握与预案编制时突发事件分级分类划分标准的确定密切相关。第八，修订。预案文本是相对稳定的，但风险却是变化发展的。以确定的预案应对不确定的风险，滞后性和被动性表露无遗。因而，应急预案应对桌面推演、局部演练、全程演练和功能演练的结果进行评估①，根据评估结果和情景变化，对预案进行动态修正，以保证预案内容具有较强的现实针对性。以上八个程序看似有先后之分，但实则也是相互交叉、相互影响的关系。

（二）单个应急预案机制存在的问题

以上关于应急预案的编制、评估、宣教、培训、演练、公布、启动和修订八个环节，是我国单个应急预案机制中存在问题较为普遍的领域。此处需要说明两个问题：第一，由于评估贯穿预案始终，既有预案文本评估，也有风险评估，还有物资储备、应急人员和应急能力等综合评估，涉及面较广且存在较多技术性问题，因而本节只论述与预案文本编制与修订的评审问题，其他类型的评估将放在其他章节单独论述。第二，虽然宣教、培训、演练是以预案为依托而展开的，但在具体操作上则存在相对独立性，因而将放在本章第四节进行论述，此处不予赘述。故此，考虑到行文方便，在此部分论及的预案管理机制主要讨论与预案文本紧密相关的编制、公布、启动、评审和修订五个方面的问题。

1. 预案编制之不足

当前，我国预案在编制上暴露出的不足主要体现为：第一，编制目的不明确。一些负责编制预案的行政机关工作人员没有深刻认识到应急预案的重要作

---

① C. D. Haddow, J. A. Bllock and D. P. Coppola, *Introduction to Emergency Management*, Oxford: Elsevier, 2008, p. 201.

用，或者对预案的作用认识片面，重救而轻防。第二，编制程序不完善。预案的编制不是随机的，需像立法一样有一套完备的程序。哪些主体可以参与预案编制，有什么资质要求，编制预案应包括哪些程序，不严格遵守会引起什么法律后果等，对于这些问题，目前尚缺乏明确的程序规定，导致现实中预案编制活动的无序或随意性。例如，为数众多的预案制定并非是由编制小组协商完成，而是上级交给下级，下级交给本单位某一位或某几位同志拼凑交差了事。没有其他部门成员、专家和公民等外部人员的参与，不集思广益，最后的结果自然是闭门造车而出门不合辙。第三点，编制内容不科学。编制人员由于思想上的懈怠，知识结构的局限，使得在编制应急预案时要么脱离本地区、本部门的实际情况，要么简单模仿、相互抄袭。例如，山东省枣庄市和章丘市两地在总体应急预案中对"基本生活保障"部分的规定，就表现出与《国家突发公共事件总体应急预案》惊人的一致；① 要么纲领性条文多于具体方案，抽象、笼统，如常常用"相关部门"一带而过，相关部门是哪些部门？若不明确列出，就存在推诿职能或争抢职能相互重叠的现象；要么就是条文之间逻辑不严谨，操作起来无所适从。例如，《内蒙古自治区自然灾害救助应急预案》对灾害等级的划分就存在不严谨之处。由表1可知，假如一次性灾害过程造成农作物绝收面积刚好为10万公顷；倒塌、损毁的房屋刚好为1万间；因灾死亡人数刚好为20人；因灾需紧急转移人数刚好为1万人；牧区牲畜死亡数刚好为5万头（只）；严重破坏性地震刚好为6级；一次性灾害过程直接经济损失刚好为5亿元时，怎么划分灾害等级？若认定为大灾，则启动的是自治区、受灾的盟市、旗县（市、区）三级政府救灾应急预案；若认定为中灾，则启动的是受灾的盟市、旗县（市、区）两级政府启动应急预案。预案级别不同，应急主体、权限、采用的措施、处置的效果都会有所不同，现实中该如何操作呢？

---

① 三份规定都写道："做好受灾群众的基本生活保障工作，确保灾区群众有饭吃、有水喝、有衣穿、有住处、有病能得到及时医治。""如何确保？确保的程序是怎样？这些在预案里都没有提及。每一个地区的紧急、社情、民意等都是不同的，怎么会出来一模一样、一字不改的预案。"参见崔维：《应急预案编制：问题与优化》，载《山东行政学院学报》2012年第1期。

这些问题，该预案都没有解决。

表1 《内蒙古自治区自然灾害救助应急预案》灾害等级对照表

大 灾	中 灾
农作物绝收面积10万~30万公顷	农作物绝收面积5万~10万公顷
倒塌、损毁房屋1万~3万间	倒塌、损毁房屋5000~10000间
因灾死亡20~30人	因灾死亡10~20人
因灾需紧急转移人数达1万~3万人	因灾需紧急转移人数达0.5万~1万人
牧区牲畜死亡5万~10万头（只）	牧区牲畜死亡2万~5万头（只）
6~7级严重破坏性地震	5~6级破坏性地震
一次性灾害过程直接经济损失5亿~10亿元	一次性灾害过程直接经济损失1亿~5亿元

资料来源：根据《内蒙古自治区自然灾害救助应急预案》第2条整理而得。

2. 预案公布程序之不健全

例如，有些预案只公布部分内容，有些专项预案和部门预案则完全不予公布。这暴露出我国预案管理工作的随意性，如何定密、如何保密，缺乏明确的标准。然而，预案中采取的各项应急管理措施不可能完全与公民利益无关，随意以保密为由不予公开，不仅不利于宣传教育，也与"法不公开则无效"的基本原理相类似而存有违法之嫌。①

3. 预案启动程序之缺陷

预案启动程序主要存在两方面问题：一是启动时间。对于何时启动应急预案，应当在预案中有详细标准和依据，但一些预案规定的启动标准的内容模糊，政府机关对于启动什么预案，何时启动预案感到困惑。二是启动方式。行政机关启动预案后，并未采用合适的途径告知公民，更多的是行政机关单方面的行为，出现"我做了，你知不知道我不管"的情况。可是，如果公民不知

---

① 林鸿潮著：《公共应急管理机制的法治化》，华中科技大学出版社2009年版，第31页。

道应急内容、不配合行政机关应急行为,那么也难以取得法律规定的应急效果。

4. 预案评审之不足

预案评审是指对预案文本的实用性进行评价和审查,其贯穿于预案管理全过程。当前突出问题在于预案评审机制流于形式。首先,预案草案初拟完成后,仅停留于模拟推演或桌面推演,缺乏实际演练,以致草案的实用性未经实践检验就予以通过。其次,应急预案被束之高阁,要么不重视演练,要么忽视演练中暴露出来的问题,对预案文本的实用性缺乏持续动态的评审。是否有新情况出现了,当前的预案是否滞后了……对于这些问题,行政机关不是依靠事前评审来预防,而是习惯于等到突发事件带来严重破坏性后果之后才进行追责和反思。然而,有预见的政府应是"预防而不是治疗"。①

5. 预案修订之不完善

应急预案要管用,就要结合风险变化、人力、物力储备等社会发展新变化来及时作出调整。一般来说,对预案的修订有定期和不定期两种方式。前者是一种保底做法,旨在敦促预案因长期固定而沉睡失效;后者则较为灵活,可以根据现实变化适时作出调整。但是,无论哪种方式,从现实情况来看,都还存在很大不足。主要是重视程度不够,僵化于传统文本制定出来即为任务终结的思想桎梏之中,没有基于预案之特点而形成不断评估、检查、总结、修订的思维模式。因此,各部门积极修订预案的情形非常少,即使有,也多是因预案失灵而备受质疑时的被动之举,这种用重大损失换来的修订,实则有违预案以预防为目的的初衷。有学者在对浙江省应急预案管理实施情况的调查中,53.2%的受访者表示预案没有修改,23.4%的受访者表示预案三年才修改一次。② 当然,也有未雨绸缪,提前修订的情况。例如,2014 年 3 月 11 日,天津市人民

---

① Weimer, David L., "Reinventing Government: How the Entrepreneurial Spirit is Transforming the Public Sector", *Journal of Policy Analysis and Management*, Vol. 13, No. 1, 1994, pp. 187-192.

② 张素丽、王睿、李振明:《浙江省突发事件应急预案管理现状调查研究》,载《工业安全与环保》2013 年第 12 期。

政府办公厅印发《编修滨海新区专项应急预案和管委会总体应急预案的实施方案》,要求在 2014 年 6 月 30 日之前完成对第一批 11 个区级重点专项应急预案的编修工作,11 月 30 日前完成对第二批其他专项应急预案和管委会总体应急预案的修订工作。然而,2015 年 8 月 12 日就发生了举国震惊的"8·12"天津港爆炸事件,不禁令人产生疑问,预案编修的作用在哪?到底是哪个环节出了问题?

(三)多个应急预案机制的主要内容

应急预案建设是否完善,不但依赖于单个预案的有效性,还依赖于多个预案之间的协调性,即应急体系是否衔接有序。随着社会的快速发展和改革的纵深推进,复合型突发事件也不断出现,这也意味着纯粹依靠单个应急预案规范应急管理活动将遇到诸多困难,特别是大规模的突发事件的应急管理工作需要数个应急预案作为行动依据。因此,多个应急预案之间的衔接机制是否可行关乎整个预案体系的效能。具体来说,多个应急预案的衔接机制体现在横向上的并列关系与纵向上的层级关系。① 在横向关系上,数个应急预案之间的效力级别相同,但针对的是不同类型的突发事件,体现的是分类响应理念。例如,2008 年,南方雨雪冰冻灾害导致大面积电网瘫痪,因此,南方多地既启动了省级自然灾害应急预案,也启动了省级事故灾难应急预案。再如,在 2015 年天津港爆炸事件中,政府层面启动了环境应急预案,太平人寿等多家保险公司也纷纷启动应急预案,简化事后理赔手续。在纵向关系上,数个应急预案之间的效力级别有高低之分,但针对的是同一类型的突发事件,体现的是分级响应。例如,在天津港爆炸事件中,国家行政机关先后启动了国家突发环境事件应急预案、天津市滨海新区突发环境事件应急预案。

(四)多个应急预案机制存在的问题

科学的应急预案体系是预防和处置重大、复杂突发事件的有效工具。当前,我国预案体系难以完全发挥功效的一个重要制约因素在于数个预案之间衔

---

① 唐玮、姜传胜、佘廉:《提高突发事件应急预案有效性的关键问题分析》,载《中国行政管理》2013 年第 9 期。

接机制的失灵。具体来说,主要体现在两个方面:第一,在预案编制阶段,忽略了突发事件的关联性和扩散性,缺乏整体意识,仅就本部门的情况来开展编制工作,而未考虑到与上下级预案之间,特别是与其他部门预案之间的协调操作问题,导致预案间缺乏联动逻辑,无法形成合力。例如,在行政机关应急职能配置上,一些应急预案存在无规定、规定重复甚至相互规定冲突等现象。第二,在实际运行阶段,不同行政机关之间缺乏培训、演练、合作与交流。多个应急预案不像单一预案那么简单,涉及多个部门和单位,各部门有自身的个性与特色,能否配合得当,仅靠文本规定是绝对不够的。例如,发生危化品爆炸事件,公安、消防、环保等部门何时进场、如何协调,这些都必须依托于平日常态下的演练磨合才能在相互之间建立默契。

二、制约预案管理机制良性运行的原因

"非典"疫情过后,我国痛定思痛,着力开展应急管理建设。事实证明,我国在短时间内完成了"一案三制"的基本构架,无论是在理论层面上还是在实践层面上都取得了许多成绩。但是,应急预案的建设动力主要基于灾后惨痛教训而依靠国家强力、快速推进而成的且以预案先行,促进体制、机制、法制建成的做法也带来了一些隐患。总体来看,我国预案管理机制运行不畅的原因包括下述四个方面。

(一) 风险意识未自发形成

由于我国最初的应急预案制订计划,在很大程度上是以人们在灾害中遭受重创的恐慌心理为背景而展开的。但这种恐慌随着时间的推移,会慢慢平复、愈合,久而久之,又会出现"和平麻痹"的倾向。于是,某地区在地震后的一段时间里会格外重视与地质灾害相关的预案;某地区在踩踏事件后的一段时间里又会格外重视与大型群众性活动相关的预案。然而,未出现类似事件的地区或发生过该事件但经过了一段时间后,这些地方政府就又放松了思想。这种"头痛医头、脚痛医脚"的做法,究其原因,在于行政机关工作人员并没有内在地形成风险意识。公民觉得天灾人祸带有运气成分,无法控制;行政机关觉得自身事务本已焦头烂额,而突发事件发生的概率又极小,将自己有限的精力

花费到不知何时发挥作用的预案管理上,无疑是得不偿失的。行政机关惯于用常态的思维方式去思考非常态的应急管理工作,抱着侥幸心理,对于防灾控灾仅是被动地回应上级的要求,并未自发地形成风险意识。这就很好地解释了为何现实中常出现诸如模仿抄袭上级预案,不重视评估、演练和修订,随便应付交差等行为。

(二) 预案性质异化

预案性质的异化体现在形式和内容两个方面:第一,预案的定位是什么,是法律还是行动方案?对于这个问题,林鸿潮研究员剖析得较为深入。他以省一级为分界,将应急预案分为高位阶(省级及省级以上)和低位阶(省级以下)两种。由于我国应急管理采用的是预案先行模式,在无完备的法律依据时,只能依据高位阶预案开展应急工作,慢慢地,高位阶预案具有了"类法律"[①]的属性,在内容上,高位阶预案自然原则性、纲领性的规定较多,其操作性也逐渐弱化。对于低位阶预案而言,其本应具有"类技术"的属性,但因惯于简单抄袭模仿高位阶预案,导致低位阶预案的操作性也渐渐虚化。如此一来,无论是高位阶预案还是低位阶预案,应急行动指南的本质属性都在逐渐消退,这就解释了为何我国很多预案不管用。拥有一个成文的预案是应急准备的必要条件,但并非充分条件。[②] 若无实施能力,预案也不过是一纸空文。第二,预案是以防为主,还是以救为主。从整体上来说,"重事后处置而轻事前预防"的观念在我国已根深蒂固,受此观念的影响,应急预案中对突发事件救援处置条款的设置明显多过预防条款,预案的主体功能向后位移,原本以预防为初衷的功能逐渐弱化。这就解释了为何原本很多可以遏制在萌芽阶段的突发事件相继暴发。

(三) 预案管理脱节

预案管理涉及多个环节,编制是否合理,评审是否详尽,培训是否到位,

---

① 林鸿潮:《论应急预案的性质和效力——以国家和省级预案为考察对象》,载《法学家》2009 年第 2 期。

② Ronald W P, Michael K L, "Perparedness for Emergency Response: Guidelines for the Emergency Planning Process", *Disasters*, Vol. 27, No. 4, 2003, p. 338.

演练是否默契，启动修订是否及时，等等，每一个环节都关乎整个预案效果的成败，不可偏废。但客观情况是，各个环节在主体、职能等方面具有相对的独立性，涉及面广，只顾"短平快"，却忽略了突发事件的系统性和相关性。在当前缺乏系统化管理的情况下，实难保证预案管理工作的落实。这就解释了为何现实中即便有预案，但也不知道何时用、怎么用的问题。

（四）预案管理僵化

当前，行政应急机关对预案管理存在两种错误倾向①：一是认为预案具有"类法律"的性质，则似乎不宜轻易改动；二是认为预案具有"类技术"的性质，则可频繁修订。对预案性质的不明，加上现实中预案先行代替法律进而产生异化或虚化的事实，使得各位阶的预案或多或少都具有了"类法律"的属性，因而，常常将预案的发布当成任务的终结，管理起来僵硬刻板，持续性和动态性有所不足。此外，我国预案的发展模式是先有部门、专项预案，再有综合性、总体性预案，因而，各部门对"单打独斗""自扫门前雪"的工作模式习以为常，在预案管理上常常忽视彼此之间的协调与衔接。

三、预案管理机制的完善

虽然我国预案体系建设实现了"从无到有"的飞跃，对预防和控制突发事件具有一定的积极作用，但是还需要实现应急预案"从有到优"的提升。

（一）思想上，强化风险认识

思想是行为的种子。在实践中，一些行政机关不是没有预案，但常常不会用、不能用、不管用。行政机关在编制预案时存在相互抄袭、模仿，不重视评估、演练、修订等一系列敷衍应付等行为，正是由于它们缺乏风险意识，对预案的性质和作用认识不够充分所致。若它们能够自觉地形成风险意识，即便没有外界或上级的强制力，也能主动地去规制风险。

（二）编制上，增强文本科学性

1. 成立专门预案编制小组来编制预案

---

① 林鸿潮：《论应急预案的性质和效力——以国家和省级预案为考察对象》，载《法学家》2009 年第 2 期。

行政应急法需要规定行政机关应当成立专门的小组来编制预案，应注重预案编制人员的资格问题。编制人员的专业素养与预案文本质量的高低有着直接关联。美国十分注重编制人员的专业素养，其《应急预案编制指南》对编制人员的培训和资格作出了明确的要求：培训内容应包括应急管理法和"全国突发事件管理系统"等14门课程，并且必须通过实际操作能力测试才能获得编制应急预案的资格。① 同时，预案编制小组成员应具有开放性。行政应急法律需要规定，可由行政机关工作人员、各行业专家及公民代表共同组成。在现实中，存在仅有行政机关一个工作人员或一个部门工作人员编制预案情形，这种封闭式结构会因工作人员在认知、经历、精力等方面的同质化而受到局限。由此，行政应急法律需要规定行政机关负有从不同角度评估风险的义务，并确保充分参与、分工合理，进而形成翔实、可行的预案文本。此外，预案编制小组成员的来源并非随机选取，而应考虑到与预案内容的相关性，在成员的选择上既要具有开放性，也要具有专业性。

2. 应注重预案内容整体架构的衔接和完整

第一，行政应急法律应当规定行政机关负有将应急预案与法律之间的对接的义务。我国应急预案建设在前，应急法制建设在后，于是出现了两种脱节的现象：（1）一部分应急法吸收了预案的内容，导致预案与法律的被动雷同。对此，应当承认高位阶预案具有"类法律"属性的客观事实，在高度抽象的法律与高度具体的预案之间，高位阶预案应发挥承上启下的作用，指导低位阶预案的编制与实施。就低位阶预案而言，则应明确其"类技术"的性质定位，及时进行清理和修订，将重复之处精简化，还预案简明可行之本色。（2）部分预案与后制定的法条相冲突。对此，也应及时查明、修订，确保预案的合法性。解决两者一致性的问题，是当前一项迫切而紧要的工作。② 第二，行政机关应当注重预案体系之间的匹配。（1）在横向并联关系上，行政机关在编写

---

① 钟开斌：《中国应急预案体系建设的四个基本问题》，载《政治学研究》2012年第6期。

② 于安：《〈突发事件应对法〉的实施问题》，载《理论视野》2009年第4期；莫纪宏：《〈突发事件应对法〉及其完善的相关思考》，载《理论视野》2009年第4期。

预案时应充分考虑各职能部门的职责、权限和组织体系，在编制前多进行沟通与交流，以确保不同部门之间预案的协同与兼容。（2）在纵向串联关系上，行政机关在编写预案时除了应避免下级预案对上级预案的抄袭外，还应避免下级预案的僭越。下级预案不能超越权限设定新的权利义务关系，而应结合本地区、本部门的实际情况，逐级细化，就上级预案的内容进一步作出明示和解释。

3. 实现应急预案编制程序的法定化

当前，我国行政应急法律对预案的编制、评审、启动、公布、修订等程序的规定都不尽规范，规定缺失或抽象导致预案在运行中表现出较强的随意性。行政应急法律明确编制程序，既能为预案管理活动提供详尽的步骤依据，也可约束行政机关的随性行为进而保障预案文本的科学性与规范性。对此，可借鉴发达国家的预案编制经验，明确编制的步骤、要素、标准、条件和流程，实现预案编制程序的法定化。

4. 实施简明灵活的编制技巧

首先，行政机关对预案行文、用语忌含混模糊、冗长绕口，应简明扼要地进行表述。其次，预案与法律一样，一经制定就滞后于现实生活。虽然预案的修订程序较之法律的修订程序已简易许多，但朝令夕改也会带来预案严肃性受损及资源浪费的负面效应。对此，可采用灵活的方式，将预案分为两部分。关于预案的依据、原则、目的、主体及其职能等内容，应保持相对稳定，不宜经常改动；而对于各类风险源评估和管控的部分，则可结合实际情况，根据需要适时作出调整。因此，明确区分不变项与可变项，对于后者，可以附则的形式分类规定，进行模块管理。当需要启动预案时，行政机关只需根据突发事件的类型，进行模块组合即可。这种方式灵活便捷，也克服了预案文本过长、相关内容过多过杂的弊端。复次，预案的编制应具有一定的前瞻性。编制人员应具备情景构建的预见想象能力，通过思维碰撞，敢于大胆地"思考不可思议之事"[1]，进而缩减"确定性"与"预测性"之间的差距。在场景构建时，如果

---

[1] Smet, Hans De, P. Lagadec, and J. Leysen, "Disasters Out of the Box: A New Ballgame?", *Journal of Contingencies and Crisis Management*, Vol. 20, No. 3, 2012, p. 8.

以简单、乐观为前提而忽视最坏的情景,则容易患上"风险选择偏见",高估组织的应急能力并片面关注那些"常态"的显而易见的突发事件,其结果就是应急预案沦为"狂想性文件"。① 最后,就整个预案体系而言,预案建设表现出浓重的重数量轻质量的倾向,虽然预案数量飙升,但很多预案存在重叠、交叉甚至是矛盾现象。对此,可借鉴发达国家的做法,将同类型的预案进行合并②,淡化数量与种类的衡量标准,以优化预案质量为重要标准。

(三) 实施上,注重动态管理

应急预案的根本属性在于实用性,需要针对客观事物的变化而变化。这种变化有两个突出的特点:第一,常态化。预案的本质是行动方案,灵活多变是检验其"管不管用"的一项重要标准,而这种变化不同于法律的修改——虽可变,但周期长,相对稳定。相反,预案的变化应视为一种常态,以变为原则,以不变为例外。例如,美国联邦应急管理署 2009 年公布的《应急准备指南:地方政府应急预案修订指南》规定,任何预案的审查修改周期不能超过 24 个月③,而英国更是将查纠时间缩短至 3 个月。④ 第二,链条化。预案管理涉及多个环节,它们之间相互联系、相互影响。因此,若要变,则不能拘泥于某个环节,而应着眼于整个系统。例如,寨卡病毒的出现是人类以前未曾预料想的,在其出现后,就需要就新风险进行评估;评估结果将作为依据写入预案文本;医疗卫生部门、相关企事业单位需就可能出现的情况进行培训、演练;实际演练的结果又会成为评审预案文本合理性的依据,反馈到修订中,促使应急预案进一步被修改和完善。由上可知,预案管理的每个环节都不可截然割裂,只有用发展、变化、动态的视角来审视,才能保证各环节的衔接有序,保

---

① Boin, Arjen, and P. Hart, "Organising for Effective Emergency Management: Lessons from Research", *Australian Journal of Public Administration*, Vol. 69, No. 4, 2010, p.362.

② 熊新光、顾铖祎:《对应急预案几个基本问题的思考》,载《中国应急管理》2012 年第 6 期。

③ 刘铁明:《突发事件应急预案体系概念设计研究》,载《中国安全生产科学技术》2011 年第 8 期。

④ 张红:《我国突发事件应急预案的缺陷及完善》,载《行政法学研究》2008 年第 3 期。

证预案的实用性。

第三节 风险评估机制

评估，就是特定主体根据现有掌握的信息与资料，通过定性或定量的方式对特定对象进行评价与估量，以为后续的决策或行动提供科学客观的依据。行政应急法律实施各环节都嵌有评估机制。例如，《突发事件应对法》在总则部分规定"国家建立重大突发事件风险评估体系"（第5条）；在预防与应急准备一章中规定"政府应当进行风险评估"（第20条）；在监测与预警一章中规定"对发生突发事件的可能性及可能造成的影响进行评估"（第40、第44条）；在恢复与重建一章中则规定"对突发事件造成的损失进行评估"（第59条）。

评估的对象十分广泛，包括不同类型的风险及其可能的危害程度，应急预案的编制与实施情况，应急队伍的整体素质，应急能力保障情况以及灾后的实际损害，等等。具体的评估对象不同，运行机制也会有所差异，但鉴于篇幅所限，笔者仅论述风险评估机制。理由在于：（1）风险评估机制是整个评估制度中最核心的部分。第一，与应急队伍、保障系统和灾后损失等对象相比，风险因其不确定性而使评估难度加大，因而更具研究价值。第二，风险评估结论精准与否直接关系到应急预案的实用性，关系到突发事件预控的实际效果。虽然评估机制贯穿于行政应急法律实施各阶段，但风险评估居于最前端。依照突发事件应对法所规定的应急管理应当实现预防为主、关口前移、源头治理的工作原则，风险评估无疑是整个评估制度中最首要的机制。（2）理论的共通性。无论评估对象为何，其基本理论应是相通的。第一，评估的性质相同。评估不是目的，而是手段，是后续行动的前提基础和客观凭据。第二，评估的基本方法相同。科学的方法是保证结论正确的一个必要条件。评估分三大步骤：获取充分的资料；对已占有的资料进行筛选、分析、提炼和研判；归纳总结得出结论。掌握的情报越全面，越能反映事物的特征，而情报的真伪与有用性则需要通过科学的方法进行判定。第三，评估的基本原则相同。既然评估是为决策和行动提供依据,在实施过程中,自然应坚持实事求是,以求客观真实地反映评估对象的全貌。(3)理论的互融性。若将风险评估按字面意思来理解(即评估对象仅限于风险)则未免过于狭隘,事实上,风险评估是一个开放性的评估体系,一切与风险相关的因素都要进行综合考量,包括成本效益、实际损害、队伍建设、物资保障和实际操作可行性,等等。因此,从某种程度上来说,可将其他评估对象视作评估指标涵盖在风险评估之内,体现出交互与融合的特征。

一、我国风险评估机制存在的不足

风险评估,是指行政机关及相关主体就特定事物对健康、安全、环境等方面可能造成的负面损害所作出的定性或定量的科学分析。① 风险评估机制,即围绕风险评估而展开的一系列方法。概括而言,当前我国风险评估机制的不足主要体现在主体、对象、内容和程序四个方面。

(一)评估主体单一

风险评估主体单一是指主体缺乏多样性,来源单一。常健教授对收集的47份风险评估规范性文件进行梳理发现,规定风险评估主体为行政机关的高达45份,占比95.7%,余下的只有3份文件提到了第三方机构,2份文件提到了联席会议。② 这种现象在我国比较普遍,"谁决策、谁评估、谁负责"的原则体现了职权与职责的高度统一,但也带来一系列问题。①评估主体的认知受到限制。风险感知具有主观性,近年来宁波、大连、厦门、茂名等地因PX项目而暴发的群体性事件就凸显了政府与公民对同一风险的不同认识甚至是对立态度。既然风险感知因人而异,那么将风险评估主体封闭在行政机关内部,无疑阻塞了信息渠道,最终因认知的局限而使评估结果有所偏失。②评估主体的中立性受到质疑。行政机关自己评估、自己决策,公正性实难得到保障。在

---

① National Research Council, *Risk Assessment in the Federal Government: Managing the Process*, Washington D. C.: National Academic Press, 1983, pp. 18-19.
② 常健、许尧、张春颜:《社会稳定风险评估机制中的问题及完善建议》,载《中国行政管理》2013年第4期。

现实中，一些地方政府盲目追求经济效益和政绩，在评估过程中带有明显的意志主导性，虽有责任约束，但在巨大的利益面前，依然抱着侥幸心理，促使一些"不合格"的"形象工程"或"面子工程"顺利上马。"既当运动员又当裁判员"的内在冲突为行政机关徇私评估留下了操作空间，客观中立的评估立场无法保证。③评估主体的专业性有所欠缺。风险评估需要抽样调查、问卷设计、概率统计、数据处理等多方面的知识，专业技能要求较高，而行政机关工作人员由于时间、精力、工作性质、学科背景及技术设备等方面的限制，很难满足上述要求。评估主体的专业性若得不到保障，评估结论的科学性自是无从谈起。

（二）评估对象随意

这种随意性主要表现在两个方面：（1）风险源认识不全。风险评估的前提是危害识别。危害识别是指以科学数据和文献信息为依据来判断人体暴露于某种危害之中是否会对健康造成不良影响，造成不良影响的几率以及可能处于风险之中的人群和范围。① 实践中的做法多是就事论事，对评估对象缺乏科学论证。例如，有学者经过调查，某地区32.76%的单位是靠直觉和经验得出结论，44.83%的被访者认为风险评估情景脱离现实。② 这种做法忽略了风险的相关性与过程性。所谓相关性，是指该风险与其他风险具有千丝万缕的联系。例如，对重大工程项目建设问题进行评估，不能只考虑工程建设是否安全，还要综合评估征地拆迁带来的影响，对环境的影响等多个方面。再如，奶粉质量不过关不单单是损害人体健康，还瓦解了公民对食药监管部门的信任，由此催生海外代购走私、网络诈骗等一系列社会问题。2008年，我国南方雪灾事件中，政府部门未将冰冻雨雪天气与春运人流涌动的风险结合起来，对风险情景的识别不够全面，缺乏前瞻性。2014年12月31日跨年前夕，上海市外滩发生

---

① 参见《食品安全风险评估管理规定》第19条："危害识别：根据流行病学、动物试验、体外试验、结构—活性关系等科学数据和文献信息确定人体暴露于某种危害后是否会对健康造成不良影响、造成不良影响的可能性，以及可能处于风险之中的人群和范围。"

② 苏茂林：《乡镇一级政府应急预案运行现状调查研究》，载《成都行政学院学报》2013年第4期。

了一起重大群众拥挤踩踏事件,造成这次事件的原因是多方面的,其中一点就是政府部门风险评估的不严谨——仅对新地址(外滩源)进行了风险评估,而忽视了原活动地点(外滩)的风险评估,进而放松了安保力度,最终付出了 36 人死亡、47 人受伤的惨痛代价。① 所谓过程性,意指风险在不同阶段发生发展的情景演化不同。例如,食品药品安全风险存在于生产、储存、运输、保管、销售等多个环节,任何一环脱节都会引发严重后果。2016 年 3 月 18 日山东警方破获的 5.7 亿元非法疫苗案,其危害不在于药品质量不合格,而在于运输和保存时温度未按要求控制在 2—8℃,致使药性降低甚至失效。忽视风险的过程性将导致评估对象的僵化与断裂。(2) 评估指标范围模糊。在充分识别危害后,行政机关需要详细罗列一切潜在的风险,并将同类型风险进行归类,与已制定的风险指标表进行对照查找。② 然而现实中的情况却是,各项风险指标的制定本就缺乏科学论证,在严谨性得不到保障的前提下,行政机关还依照个人价值偏好,随意压缩或放大风险指标的范围,目的在于影响风险评估结论,为其作出"利己"的行政决策提供合法性外衣。

(三) 评估内容含混

含混主要表现在两个方面:(1) 评估内容不统一。2012 年中共中央办公厅、国务院办公厅印发的《关于建立健全重大决策社会稳定风险评估机制的实施意见(试行)》明确指出,对列入社会稳定风险评估范围的决策和事项,必须进行合法性、合理性、可行性和可控性评估。2013 年国务院印发的《国务院工作规则》第 23 条则表述为"合法性、必要性、科学性、可行性和可控性"。一些地方性规定中还列有程序性、可控性、代表性和廉洁性③等内容。国家法律规范或者文件对评估内容规定不一导致各地评估工作莫衷一是、各行其是。(2) 评估内容不贴切。虽然相关文件对风险评估的内容表述有所差异,

---

① 王宁:《从"12.31"踩踏事件看应急预案》,载《现代职业安全》2015 年第 2 期。
② 张乐、童星:《重大决策社会稳定风险评估的问题、回应与完善》,载《江苏社会科学》2015 年第 4 期。
③ 常健、许尧、张春颜:《社会稳定风险评估机制中的问题及完善建议》,载《中国行政管理》2013 年第 4 期。

但对于合法性、合理性、可行性和可控性四个方面却形成了高度的统一。合法性评估旨在考察决策是否违背法律的规定，是否违背党的路线方针；合理性评估旨在考察决策作出后是否满足大多数人的利益需求，是否符合公民的现实利益和长远利益；可行性评估旨在考察决策是否符合本地区实际发展情况，是否有现实的承担能力和执行能力；可控性评估旨在考察决策会否带来危险及带来危险的可能性概率，能否被公民所接受或可接受程度，能否得到有效控制。①风险需要被评估，是因为其具有不确定性，因而风险评估是一项科学工作，意在通过数据量化来反映风险值的大小与程度，而当前的评估内容显得过于粗放。例如，是否违法违规，只需与法律法规对照核对即可，不存在不确定性的问题，合法性评估似乎与风险评估偏离较远。而对于合理性评估，更多的是从经济利益、社会效益角度来判定②，价值判断多于事实判断，主观意志多于客观呈现，也不符合风险评估的科学属性。

（四）评估程序笼统

《关于建立健全重大决策社会稳定风险评估机制的实施意见（试行）》规定，风险评估应依循制定评估方案、广泛征求意见、组织分析论证、形成评估报告四个步骤。若要评价当前实践中的做法，只能算得上是"认认真真走过场"。③（1）在制定评估方案时，评估主体多由行政机关独揽，罗列的评估事项或不全或不相关，评估的时间和步骤都缺乏明确规定。（2）在广泛征求意见环节，采用的手段和途径较为单一。对于评估事项的公示途径，多由行政机关自行发布，利用广播、报纸、电视、网络等媒体进行广泛公告的力度不足，信息接收面和传达效果十分有限。例如，上海外滩踩踏事件中，政府部门在公布活动通知时，并未提前说明地点变更，也未特别强调"外滩"与"外滩源"

---

① 张小明：《我国社会稳定风险评估的经验、问题与对策》，载《行政管理改革》2014年第6期。
② 常健、许尧、张春颜：《社会稳定风险评估机制中的问题及完善建议》，载《中国行政管理》2013年第4期。
③ 王宏伟：《完善重大决策社会稳定风险评估机制的五大转变》，载《云南社会科学》2013年第2期。

地点的差别,导致民众误以为跨年灯光秀活动还是如往年一样在外滩举办,并未发现异常。① 行政机关的信息发布未考虑受众面的大小,在这次活动中,黄浦区政府及黄浦区公安机关对风险的识别及信息发布存在重大失误,具有不可推卸的责任。此外,对于信息的获取途径,一般仅限于问卷调查、实地走访、征求意见、专家咨询、召开座谈会和听证会等形式中的一到两种,综合运用程度不够。(3) 在分析论证环节,评估小组成员独立性、专业性不强,风险等级标准不明,价值判断多于事实判断。这些都难以保证评估结论的客观、严谨和正确。

二、制约风险评估机制良性运行的原因

我国风险评估主体单一、对象随意、内容含混、程序笼统的现状,常常导致风险评估机制流于形式,极大地降低了评估的实效。大连 PX 项目和漳州古雷 PX 项目都是经过风险评估、专家审核才投产的,并且当地政府部门一再宣称其安全有保障,但最后为何却接连发生爆炸?② 这些都暴露出我国风险评估机制的漏洞,究其原因,主要存在四个方面的障碍。

(一) 认知障碍

风险评估的前提是要明确何谓风险,若简单将其理解为危险不免过于肤浅,笔者认为,风险的本质是矛盾的集合体。(1) 客观性与主观性。风险是客观存在的,不以人的意志为转移,并且随着风险时代的来临,风险已成为"我们生活世界的一部分"。③ 对于某些客观的风险,可以通过数值进行量化,如几级台风会使多少房屋坍塌、多少人丧生等。但是,风险也是主观的。德国

---

① 刘菲:《大型群众性活动安全管理研究》,载《湖北警官学院学报》2015 年第 5 期。

② 晓航:《PX 爆炸,科学如何被不信任击溃?》,载新浪网,http://news.sina.com.cn/c/zg/jpm/2015-04-07/1753884.html,2018 年 4 月 9 日访问。

③ Uriel Rosenthal, R. Arjen and Louise K. Comfort, "The Changing World of Crisis and Crisis Management", In Uriel Rosenthal, R. Arjen and Louise K. Comfort (eds.), *Managing Crisis: Treat, Dilemmas, Opportunities*. Springfield: Charles C. Thomas Pub. Ltd., 2001, p.6.

著名社会学家卢曼认为，风险是一种理解或认知的形式。① 风险是由个体主观定义的，而这种定义取决于个体受文化、社会、心理等因素的影响。② 因而不同的主体对同一风险的感知不尽相同，例如，即便专家一再强调飞机的安全性远高于汽车，但普通民众的实际感受却始终截然相反。对风险感知的差异决定了决策的不确定性。③ 风险的建构性④已然暗含不同立场的观点对立。（2）确定性与不确定性。自从人类诞生之日起，风险就相伴相随，无处不在且无法完全消除，这一点是确定的。但是，风险有不同的发展面向，是增大还是缩小，是控制还是恶化，这些却是不确定的。此外，风险还会随着社会的变迁而产生变异，例如，在我国改革进入深水区的关键时期，各类风险相互聚合、纠缠，由原来单一式的结构异化为链条式、复合式的结构。同时，在风险的类型上，旧的风险会逐步消失，而新的风险则会不断孕育而生。（3）有限性与无限性。有限性指的是，人的认知会受社会经济发展水平和科学知识的限制而停留在某个阶段。无限性则是指，科学的发展是没有止境的，它将不断突破人的认知范围。例如，哥白尼的"日心说"就是对"地心说"的纠正与突破。因此，风险除了与个人认知有关，还应被视为"对未来的共识"。⑤ 由上可知，在某一时间段之内，如果行政机关以有限的认知去评估不确定的风险，必然无法做到绝对的精准。这是由风险内在的固有矛盾所决定的，无法改变。但是，对于实时变化的风险，应当不断更新认识，用发展的眼光予以待之，尤其应看到新时期新风险的新变化，在评估时辩证地看待风险的内在矛盾，拓宽视野，尽可能

---

① N. Luhmann, *Risk: A Sociological Theory*, Berlin: de Gruyter Press, 1993, pp. 62-65.

② Paul Slovic, "Perceptions of Risk: Reflections on the Psychometric Paradigm", In Sheldon Krimsky and Dominic Golding (eds.), *Social Theories of Risk*. Westport: Greenwood Press, 1992, p. 120.

③ Cho J, Lee J., "An Integrated Model of Risk and Risk-reducing Strategies", *Journal of Business Research*, Vol. 59, No. 1, 2006, pp. 112-120.

④ 所谓建构性，是指风险并不完全是客观的物质存在，在相当程度上，它们是由社会定义和建构的。参见戚建刚、郑理：《论公共风险监管法中动议权制度之构建》，载《中国高校社会科学》2015年第5期。

⑤ Mary Douglas, Aaron Wildavsky, *Risk and culture*, Berkeley: University of California Press, 1982, p. 5.

地保证评估结论的详尽和准确。

(二) 观念障碍

观念障碍主要指行政机关的本位意识浓厚。虽然国家一直致力于打造服务型政府，但上千年"官本位"的思想沉疴难以在一朝一夕之内改变。行政机关在开展风险评估时常常流露出罔顾民意、独断专行的倾向，其思想根源在于：(1) 低估公民的理解力。行政机关认为风险评估蕴含复杂的科学知识，难以被普通公民所理解，解释起来更是费力、繁琐，甚至还会招致更多的麻烦。(2) 曲解公民的表达力。行政机关认为公民一无所知、目光短浅，常常为眼前的短利而故意夸大风险[①]，进而与行政机关对抗，刁蛮无理。(3) 惧怕公民的监督力。若风险评估中有公民参与，则行政机关"暗箱操作"以促成对其有利的决定的难度和成本将会增大，因此，堵塞公民的参与途径与机会可以为行政机关"自由"行使权力创造宽松的环境。行政机关惯于以"无知"或"刁蛮"等有色眼镜来看待公民，认为他们总是站在行政机关的对立面，其参与风险评估只会拖慢行政效率。基于这种思维，行政机关自然会排斥公民的利益表达，闭塞言路，最终使得风险评估信息来源单一、信息交流阻塞，不但不能保障评估结论的客观全面，还会滋生怨愤和恐慌等社会不安定因素。

(三) 制度障碍

风险评估中暴露出的制度障碍体现在三个方面：(1) 公众参与制度。风险评估从制订方案到征求意见再到分析论证，公众参与在每一个环节都不能缺席。公民与政府是"委托—代理"的关系，行政机关作出的决策会对公民的权益造成什么影响，能否得到公民的支持，是否符合大多数公民的诉求，这些都是行政机关决策为民的根本出发点，恰好也是风险评估之合法性与合理性的基本内容。可见，无论是从行政职能的角度，还是从评估内容的角度来考量，缺少公众参与的风险评估，都将有失民主性，其合法性与合理性也会受到质

[①] 公民易受社会连锁效应影响，倾向于夸大风险的严重后果，忽略风险的发作频率和承受风险可能带来的收益。Sommerlad, Hilary, "Some Reflections on the Relationship between Citizenship, Access to Justice, and the Reform of Legal Aid", *Journal of Law and Society*, Vol. 31, No. 3, 2004, pp. 345-368.

疑。（2）信息公开制度。信息公开是公众参与的应有之义，意指行政机关与公众之间的信息交流。风险评估涉及公民切身利益，行政机关需要就相关事宜开展民意调查，征求意见，尽可能拓宽信息来源渠道，充分占有信息与数据，为评估结论的全面严密打下基础。此外，对于民众的疑问和误解，行政机关可以通过信息公开制度提供一条利益表达途径，并就相关问题耐心解释，化解矛盾。然而，我国风险评估过程中公众参与程度严重不足，风险信息获取途径单一，天然的信息不对称加上利益表达渠道堵塞等问题，使得很多评估合格的项目上马后又因状况不断而不得不撤下，极大地浪费了公共资源。公众参与制度与信息公开制度运行受阻，除了制度本身的瑕疵外，主要还在于责任追究制度未予落实。（3）责任追究制度。风险评估需要明确的程序规范，需要广泛的社会监督，还需要健全的责任追究制度。否则，评不评、谁来评、怎么评将变得随心所欲，制度的规定性与约束力荡然无存。当前法律在此方面规定得较为抽象，缺乏可操作性，最终使轰轰烈烈的风险评估沦为一场场闹剧。

（四）技术障碍

"风险评估最大的争议以及其限制即是所谓的不确定性。"[①] 基于风险的固有属性，以相对有限的视野去评估相对活跃的风险，在技术操作层面本就显得颇为无奈。但是，这不能成为行政机关消极对待甚至操纵风险评估的理由。事实上，除极少数非常规风险源（如 SARS 病毒）难以预计外，大部分的常规的风险源（如地震、台风等）是可以从实践中、经验中寻觅踪迹与规律的。然而，在人力可控的范围内，目前行政机关实施效果并不明显。例如，对风险的描述定性多于定量；信息收集网络未实现全方位覆盖；风险等级划分依据未经充分的科学论证，精细化程度有待提高；评估器材和设备升级更新不及时，等等。总的来说，风险评估工作科技含量较高，因而，硬件上的完善是重要前提，相较于观念、制度等软件方面的局限，解决技术难题，实现耗时短、见效快，应该成为首要任务。

[①] 宫文祥：《当行政遇上科学：从风险评估谈起——以美国法为例》，载《月旦法学杂志》2008 年第 2 期。

三、风险评估机制的完善

（一）深化对风险评估的认识

行政机关应当在辨明风险内在矛盾的基础上，正确看待风险评估的定位与作用，避免以风险不确定性与认知有限性的内在张力为由而出现评估极左或极右的倾向。① 此外，基于风险来源广、蔓延快的本质属性，行政机关应转变传统管理思路，在认知上，看到风险的蝴蝶效应，从局部评价转为系统评价；在态度上，从居高自恃转为平等协商；在方式上，从单向管理转为双向交流。

（二）细化风险评估的程序

首先需要明确风险评估是一项法定程序。因而，应坚决杜绝过往那种"依凭领导喜好来评估"② 的随意现象，将之视为规范化、制度化的决策前置程序。其次，需要解决评估程序规定的适用性问题。当前暴露出的弊端主要集中于评估程序规定笼统，缺乏可操作性。对此，需要建立健全风险评估法律制度，对于评估的术语、主体、对象、内容、要求和责任规定，都要清楚、细化。在此方面，国外一些实践对我们具有启示意义。例如，在"9·11"事件前，美国联邦民航局（FAA）和北美航空防御指挥中心（NORAD）对于劫机的风险是有预估的，但却未曾考虑过自杀式劫机情景，因而在"9·11"事件发生后，相关的应急预案因缺乏针对性而失效③，美国国会在调查报告中将其称为"想象力的失误"。事后，美国国土安全部（DHS）和国土安全委员会（HSC）组织约1500名应急管理专家和官员，研究论证并制定了《国家应急规划场景》，其包含有美国可能面临的有15种最严重的风险情景。④ 随后，美国

---

① 例如，囿于客观局限无法得到精准结论，故而消极懈怠或积极冒进，为评估错误找借口。

② 这是指是否开展风险评估，取决于领导的重视程度和认知水平。

③ 张英菊：《基于弹性视角的应急预案有效性评价研究》，载《理论与改革》2015年第4期。

④ The Homeland Security Council (HSC), *National Planning Scenarios* (*Final Version* 21.3), http://fema.gov/pdf/media/factsheets/2009/npd_natl_plan_scenario.pdf.

《国家应急框架》又将这 15 种场景按相似点进行归纳，归集为 8 个场景组。①此外，日本的食品安全风险评估制度也有值得借鉴之处。在评估主体方面，依照《日本食品安全基本法》的规定，日本食品安全委员会由 7 名资深委员组成，是日本食品安全最高决策机构，负责全国食品安全的风险评估与风险交流。该委员会直接受内阁领导，具有较强的独立性。委员会下设 16 个专家委员会和 3 个评估专家组，重点突出，既分工明确，也协作有序。在评估环节方面，日本的食品安全风险评估实行标签制，覆盖生产、加工、运输、储存、销售等整个流程。在追责方面，每个环节都明确了生产商、批发商等主体的责任。通过责任追查，不但有利于发现问题，还可针对具体环节实行食品召回。② 日本自 1975 年起，东京地区每五年就以当地各町丁目为对象，对其建筑物、火灾和应急避险危险度进行评估，得出综合危险值，并以此作为防灾减灾计划和应急预案的依据，体现了风险评估的动态性。③ 我国风险评估机制应确保从评估方案的制订，到信息数据的采集、甄别、筛选和研判，到评估指标和范围的动态修正，再到评估结论的论证等，每一个环节都要具体明确、切实可行。

（三）嵌入相应的辅助制度

风险评估结论的科学性与民主性关乎决策的正确性与可行性，而结论要具有科学性与民主性，则需以相应的辅助制度予以促进和保障。

1. 信息公开制度

风险评估的开展以资料积累为前提，只有行政机关先行公开信息，才能得到真实的反馈；只有公开信息才能提高评估的透明度，才能保证行政机关与公民在信息资料对等的基础上进行对话与博弈，如此，也就均衡了双方的

---

① The Federal Emergency Management Agency (FEMA), National Response Framework, http://www.fema.gov/national-response-framework.

② 周建民、刘娟娟、徐晟航等：《发达国家食品质量风险评估现状及对我国的启示》，载《中国农机化》2011 年第 1 期。

③ 钟开斌：《日本灾害监测预警的做法与启示》，载《行政管理改革》2011 年第 5 期。

价值偏好，化解了信任危机。① 当前，我国法律对此并非没有规定②，但行政机关常常打着"涉密"的旗号而不予公开。③ 对此，需要进一步细化相关规定，明确风险评估信息发布的主体、程序、范围和期限；公民申请风险评估信息公开的流程和方式；行政机关违反规定不予公开时，公民的救济途径以及行政机关应承担的法律责任。唯以制度为保障，才能使风险信息交流形成回路。

2. 公众参与制度

公众参与风险评估有利于破除行政机关自导自演的困境，拓宽评估主体的来源，丰富信息收集的渠道，加大社会监督的力度，是保证风险评估科学民主的重要抓手。公众参与制度渗透在风险评估各环节，但最核心因素还是评估的主体问题。鉴于当前单一评估主体带来的弊端，实有必要促进主体的多元化，将评估主体由过去的封闭型转为开放型。伽尔文认为，"行政机关工作人员倾向于使用政治的和权宜的理性，专家倾向于使用技术理性，而普通公众倾向于使用社会理性。三种理性虽然偏好与重点不同，但都具有同等的合法性"。④ 对此，我国可参考吸纳以下三类评估主体。一是相关领域的专家。专家的加入可以为风险评估提供科学理性的视角，因为他们显然比"科盲官员"更能看穿高度科学性和技术性的细节。⑤ 1972 年慕尼黑奥运会恐怖袭击事件发生的原因之一就在于主办方忽视了专家曾预设过的恐怖袭击情景。《法治政府建设实

---

① 戚建刚、张璟月：《论我国公共风险监管法制之信任危机——以过程论为分析视角》，载《云南社会科学》2015 年第 4 期。

② 例如，《政府信息公开条例》第 9 条规定：行政机关对符合下列基本要求之一的政府信息应当主动公开：（一）涉及公民、法人或者其他组织切身利益的；（二）需要社会公众广泛知晓或者参与的；（三）反映本行政机关机构设置、职能、办事程序等情况的；（四）其他依照法律、法规和国家有关规定应当主动公开的。

③ 曾鼎：《官方调查土壤污染 7 年未公布数据称是国家秘密》，载凤凰新闻，http：//finance.ifeng.com/a/20140126/11553699_0.shtml，2018 年 7 月 20 日访问。

④ Garvin, T., "Analytical Paradigms: The Epistemological Distances between Scientists, Policy Makers. and the Public", *Risk Analysis*, Vol. 21, No. 3, 2001, pp. 443-455.

⑤ E. Donald Elliott, "Strengthening Science's Voice at EPA", *Law and Contemporary Problems*, Vol. 66, No. 4, 2003, pp. 45-62.

施纲要（2015—2020 年）》要求：加强中国特色新型智库建设……专家的选择要注重专业性、代表性和均衡性。对于专家的选定，应依据专家的研究方向分门别类地进行建库，如地质灾害类的专家库、食品安全类的专家库。当风险评估与某类专家库知识结构契合时，即从该类专家库中随机抽取，如此可避免指定专家而使其沦为行政机关的附庸者进而丧失独立意见的风险。专家库的建立，需要区分国家级与地方级，专家的级别应与突发事件的危害程度相对应，这些都需要在法律中有明确的程序规定。二是公民代表。由于评估结果与公民、法人或其他社会组织的利益直接相关，他们的意见直接关乎风险评估的合理性与可行性问题，因而必须予以高度重视。将利益相关者吸收进评估小组，不但有利于行政机关多渠道地获取信息，还可以在多方交流互动中解释疑惑、消除不满，避免风险信息交流缺失带来的误解与抵触。毕竟，过于依赖科学和理性的风险评估，既是优势也是劣势。[1] 它所面临的质疑主要在于政府与专家都无法完全替代人们的价值与偏好[2]，还会出现以个别精英的价值观来主导政府决策的异端。因为，很多风险取决于不同感受者的生活方式及其对该事务的片断性认知，而这些知识，在大多数情况下，政府和专家是无从知晓的。[3] 不仅如此，利益相关者作为普通公众代表，其参与风险评估具有防止专家被行政机关"俘获"而出现同质化倾向或专家垄断决策而扭曲科学模式的重要功能，可以缩减行政机关、专家与普通公众因风险感知悬殊而造成的认知与反应上的差异，保障评估结果的均衡性[4]以及行政决策的民主性。公众参与还有助于保障决策的执行与开展，否则将出现诸如厦门 PX 事件那样不顾公众意见强硬推

---

[1] Hoos I., "Risk Assessment in Social Perspective", In Council on Radination Protection and Maesurements (eds.), *Perceptions of Risk*, Washington D.C.: Washington D.C. Press, 1980, pp. 57-85.

[2] Douglas M., "Perceived Risk, Real Risk: Social Science and the Art of Probabilistic Risk Assessment", *Science*, Vol. 242, No. 8, 1988, pp. 44-49.

[3] Fischhoff, B., "Risk Perception and Communication Unplugged: Twenty Years of Process", *Risk Analysis*, Vol. 15, No. 2, 1995, pp. 137-145.

[4] Cass R. Sunstein, "Laws of Fear: Beyond the Precautionary Principle", *Modern Law Review*, Vol. 69, No. 2, 2006, pp. 288-292.

动项目上马却遭到民众反对而不得不下马的"闹剧"。① 良好的决策应当是民心所向的,而这以各方协商一致为前提,这也是有效破解决策"执行难"的最佳利器。三是第三方机构。确保风险评估主体的中立化与社会化是大势所趋,第三方机构也应运而生。我国一些地方已有所尝试,例如,截至2011年,上海市参加风险评估的机构已达11家。② 第三方机构的茁壮成长,需要良好的孕育环境,这种环境包括行政机关不干涉不影响,鼓励并推动其快速发展以及必要的制度保障,如监督机制、责任机制、奖励机制、信誉机制等。

3. 责任追究制度

道德约束与制度约束的优劣已然泾渭自分,风险评估因其内在张力而给行政机关留下了较大的裁量空间,若弃制度约束而择道德自觉,后果实难想象,而弃责任追究,也不成为真正的制度。因此,要保证风险评估各环节落到实处,必须严格责任追究制度。首先,需将责任机制与风险评估有序衔接起来,以《行政处罚法》《政府信息公开条例》等高位阶法律法规为依据,细化风险评估领域的追责程序,明确追责对象、追责范围、追责方式和责任大小等规定。其次,建立责任倒查机制。将风险评估的主体和环节予以切分,例如,是专家、第三方机构还是行政机关的责任,行政机关中是牵头部门、起草部门还是申报审批部门,是不评估还是评估不准确,是过失导致错误还是故意弄虚作假。③ 将风险评估予以动态拆解,对照查找存在的问题,可以有效避免以往因风险评估链条长而出现责任主体难确定进而"法不责众"的弊端。

(四) 创新风险评估手段

风险评估是一项科学事业,依赖于科技创新。对此,应尽可能细化、量化致灾因子、承灾体和脆弱性分析等指标,可参考发达国家的评估标准,尽可能

---

① 王石川:《"赶走"PX项目的厦门是逃过一劫》,载凤凰新闻 http://news.ifeng.com/a/20150407/43495210_0.shtml,2018年7月28日访问。
② 常健、许尧、张春颜:《社会稳定风险评估机制中的问题及完善建议》,载《中国行政管理》2013年第4期。
③ 李晓明、陈蕾:《社会稳定风险评估机制初论》,载《山东警察学院学报》2012年第1期。

拉近国际间的差距；完善风险评估调查问卷的设计，调查问卷既要具有一定的前瞻性，也要立足现实，避免空想的冒进；引进、更新或自主研发风险监测设备；综合运用微信、微博等新媒介，多渠道地发布信息，设立网络舆论评估①；升级信息网络系统，建立风险评估专家库，开发风险信息研判案例库等。总而言之，通过一系列途径，从技术上改进、提升风险评估的硬件水平。当然，技术手段的更新与创新，既有赖于思想的重视，也离不开充足的经费投入，这一部分将在后文详细论述。

第四节　宣传教育培训演练机制

宣传教育培训演练机制是实现行政应急法律预防与准备阶段的一个重要环节，《突发事件应对法》第25、第26、第28、第29、第30条②对此作出了指导性规定。从功能上来说，我国以灾害多发频发的现实需要为背景，以"一案三制"为模型的应急管理发展步子较快，而国人的风险意识和应急能力提升较慢，在制度飞跃与认知滞后的冲突中，宣传教育培训演练机制可以起到警示、启蒙的衔接作用，使主观认识跟上客观变化的节奏。此外，开展宣传教育培训演练有利于公众了解突发事件的性质、过程与后果，有利于掌握自救与互救知

---

① 徐亚文、伍德志：《论社会稳定风险评估机制的局限性及其建构》，载《政治与法律》2012年第1期。

② 《突发事件应对法》第25条规定：县级以上人民政府应当建立健全突发事件应急管理培训制度，对人民政府及其有关部门负有处置突发事件职责的工作人员定期进行培训。第26条第3款规定：县级以上人民政府应当加强专业应急救援队伍与非专业应急救援队伍的合作，联合培训、联合演练，提高合成应急、协同应急的能力。第28条规定：中国人民解放军、中国人民武装警察部队和民兵组织应当有计划地组织开展应急救援的专门训练。第29条规定：县级人民政府及其有关部门、乡级人民政府、街道办事处应当组织开展应急知识的宣传普及活动和必要的应急演练。居民委员会、村民委员会、企业事业单位应当根据所在地人民政府的要求，结合各自的实际情况，开展有关突发事件应急知识的宣传普及活动和必要的应急演练。新闻媒体应当无偿开展突发事件预防与应急、自救与互救知识的公益宣传。第30条规定：各级各类学校应当把应急知识教育纳入教学内容，对学生进行应急知识教育，培养学生的安全意识和自救与互救能力。教育主管部门应当对学校开展应急知识教育进行指导和监督。

识,提高应急能力。通过宣传教育培训演练,可以发现不足,评估预案的可行性,以降低实际损害,减少伤亡。

概括而言,宣传教育培训演练机制的目标层次有三:(1)掌握应急知识和技能。这是最基础的目标,旨在帮助人们了解身处突发事件中如何疏散、如何逃生、如何自救乃至互救。例如,发生火灾时能不能坐电梯,遇到地震时躲在哪里比较安全。(2)内化凝结风险意识。这是中层次的目标,旨在通过长期的宣传教育培训演练,将人们对突发事件的认识固化于思想层面。这比单纯局限于知识层面的要求更进了一步,因为思维方式的形成或转变需要长时间的熏陶与锻造,一旦危机意识内发形成,将极大地提高人们对风险和灾难的敏感度。(3)提升应急素养。因固有局限,应急预案不可能涵盖一切突发事件,应急知识与技能也不可能面面俱到,但若具有较高的应急素养,则无论置于何种状况,都能将所学知识融会贯通,处变不惊,从容应对。这种应急能力的养成是宣传教育培训演练机制最高层次的价值追求,旨在通过建立自身的应急素养,跳脱有限的知识框架,触类旁通、举一反三。

一、我国宣传教育培训演练机制存在的不足

虽然宣传、教育、培训、演练四者在主体、对象和方式上各有侧重[①],但其最终目的却是相同的,即通过最广泛的学习,掌握应急技能、强化应急意识、提升应急素养。从广义上来说,宣传、培训、演练都是不同形式的教育。宣传教育培训演练机制的地位与作用无可置疑,但与其欲实现的三个目标为评价标准进行对照与检视,我们现时还存在较大的差距。

(一)开展失衡

宣传教育培训演练是一个从理论学习到实践操作的过程,但囿于重视程度、经济发展水平等因素制约,实践中宣传教育培训演练机制的落实表现出极

---

① 例如,宣传的主体是县级人民政府及其有关部门、乡级人民政府、街道办事处、居民委员会、村民委员会、企业事业单位和新闻媒体;教育的主体以学校为主,但也包含社会教育和家庭教育。再如,培训的对象为人民政府及其有关部门负有处置突发事件职责的工作人员,演练的对象则是全体公民。

大的反差。（1）地区不均衡。主要表现为城市与农村之间、经济较发达城市与较落后城市之间的宣传教育培训演练开展情况不一致。总的来说，地区经济发展越慢，应急宣传教育培训演练就越难得到落实，反之则反。（2）年龄不均衡。主要表现为不同年龄段之间宣传教育培训演练的开展情况不一致。我国的现状是，年龄的增长与学习的机会呈反比曲线。这主要是因为随着年龄的增长，考学、就业、家庭等方面的压力不断增大，挤压了安全教育活动的空间。例如，在北京市"7·21"特大暴雨灾害77人的遇难者名单中，有47人为溺水死亡，其中多数人（成年人）是因被积水困在车内等不到救援且自救无方所致。（3）内容不均衡。应急宣传教育培训演练在内容上的偏失表现在两个方面：第一，范围不广泛。例如，中小学与幼儿园主要是就交通安全、食品安全、防火防盗和游泳等户外活动进行安全宣传和教育，演练多是以地震与火灾为情景构建，对于劫持人质、危化物品泄漏爆炸、大型群众性活动等知识涉及较少，宣传教育培训演练覆盖面较窄。第二，重点不突出。宣传教育培训演练的内容千篇一律，未能结合自身特性来突出重点。例如，就概率而言，武汉地区洪涝灾害风险远胜于地质灾害，但就笔者了解，宣传教育培训演练却一边倒地重视后者而忽视前者。学习与地质灾害相关的应急知识固然重要，但仅因近些年我国地质灾害事件频发而忽略了地区的特有属性，未免显得有些主次不分。

（二）形式单一

就宣传而言，主要采用的是张贴海报、口头宣传的形式。就教育和培训而言，主要采用的是授课、讲座的形式。这些方式较为单一，多为单向传递，缺乏互动性；内容枯燥，缺乏趣味性；范围局限，缺乏广泛性。① 例如，浙江省2005年印发了1550万本《浙江省公众防灾应急手册》，但调查显示阅读率为33.4%，理解率为38.5%。② 就演练而言，因受思想认识、场地经费等方面的

---

① 陈立梅：《突发公共事件应急管理宣传教育对策研究》，载《南京邮电大学学报（社会科学版）》2007年第2期。

② 姚迪：《当前突发事件应急管理宣传教育的思考》，载《灾害学》2009年第2期。

制约，我国的应急演练多为有准备的"预案式"演练，缺乏考验临场反应的"突击式"演练。方式的单一使得我国应急演练多为按部就班地走流程，"演戏""走秀"的成分越来越大，难以真正检验人们的应急能力和应急素养。

（三）学用脱节

2005年11月10日教育部发布的《关于进一步加强中小学安全工作预防学生拥挤踩踏事故的通知》要求中小学校每学期应组织学生演练一次；2006年9月1日施行的《中小学幼儿园安全管理办法》第42条第2款规定，针对洪水、地震、火灾等灾害事故的紧急疏散演练，学校应每学期至少开展一次。2014年2月22日教育部办公厅发布的《中小学幼儿园应急疏散演练指南》规定，幼儿园每季度至少应开展一次应急疏散演练，中小学校每月至少应开展一次应急疏散演练。即便有硬性规定，但现实中依旧是悲剧不断重演，如2013年2月27日，湖北襄阳老河口秦集小学发生踩踏事件，14人受伤，4人死亡；2014年9月26日，云南昆明明通小学发生踩踏事件，31人受伤，6人死亡；[1] 2015年11月9日，南京雨花台实验小学秋游时发生踩踏，16人受伤，5名学生伤势较重。[2] 按照"知行合一"的观点，理论中的知识若不能转化为实践中的能力，就不算掌握了真的学识。对此，笔者不禁产生疑问：面对踩踏尚且如此，若遭遇爆炸、地震等重大事件，后果将如何？每月、每季度至少一次演练的频率为何还不能提高学生们的应急反应能力？学生们到底学到了什么？到底是什么环节出了问题才导致现在所学无有所用的局面？

二、制约宣传教育培训演练机制良性运行的原因

（一）思想懈怠

当前，制约我国宣传教育培训演练机制良性运行的思想根源就在于行政机关工作人员抱有侥幸心理，安于表面的平静，对危机警觉性较差。据笔者调查

---

[1] 郝孟佳、贺迎春：《昆明明通小学发生踩踏事件 近年学生踩踏事件盘点》，载腾讯网，http：//edu.qq.com/a/20140927/023406.htm，2018年8月12日访问。

[2] 新浪教育：《中小学踩踏事故屡发：管理缺陷是本因》，载腾讯网，http：//edu.sina.com.cn/zxx/2015-11-12/doc-ifxksqiu1517978.shtml？zw=edu，2018年12月18日访问。

了解，我国很多地区中小学都没有开设专门的应急知识课程，相关知识仅夹在思想品德课中一带而过，涉及的突发事件种类也十分有限；所谓的应急疏散，仅是在课间操时间下楼时顺带完成；很多学生表示，小学六年仅参加过一次演练。演练过程中，学生们嘻哈打闹，老师们聊天敷衍，本该认真对待的事情沦为一场场闹剧，根本无法达到要求。① 可见，应急宣传教育培训演练在时间上、内容上、频率上都难以真正得到保证，不但不能达到预期效果，还因"累赘"遭到师生们的反感。法律关注较多的校园教育尚且如此，柔性化的家庭教育与社会教育更是难以想象。风险意识淡薄导致认识不足、了解不多、投入不够，思想上的懈怠使得我们并未以敬畏之心来看待风险，并未以严肃之态来预防风险，这无疑为突发事件的发生埋下了深深的隐患。

（二）主体断层

应急宣传教育培训演练的主体主要有政府、学校、社区、媒体以及各类企事业单位。理论上来说，各方主体在应急宣传教育培训演练中应当相互衔接、相互补充、相互促进，共同构建完整的应急宣传教育培训演练体系。然而，现实中的情形却是主体断层、功能受限。主要表现为以下几点。

（1）对于应急救援，过于依赖政府，不注重公民个人应急能力的提升，因而怠于学习应急知识。据调查显示，很多发达国家自救互救知识技能普及率已达80%以上，而我国仅为1%。② 事实上，灾害发生后，政府救援队伍到达现场需要一段时间，与其等着"远水救近火"，倒不如先行自救减灾，如此，不但有利于把握救援关键期，也会最大限度地控制损害。

（2）对于应急教育，过于依赖校园，教育主体多元化程度不够。应急知识的学习是一个终生的过程，学生毕业后走向社会，应急教育的主体就应从学校转为家庭、单位和社会（以社区为主）。然而，单位以利益为导向，无暇顾

---

① 例如，《中小学幼儿园应急疏散演练指南》规定："疏散时间：从疏散信号发出到全体师生（除伤病师生外）疏散完成，原则上楼层较低（4层以下）、安全出口合理、通道通畅的学校应控制在2分钟之内。"
② 汤高辉：《普及应急知识教育 提高居民自救能力》，载《光华时报》2014年4月4日，第3版。

及自身业务之外的事情；社会教育更为自由松散，家庭琐事、工作压力等都可以成为推阻学习应急知识的借口。纯粹依靠学校教育，不仅受众面窄，知识也难以更新。在这一方面，家庭教育、社会教育的功能并未充分发挥出来。教育主体的缺位是造成宣传教育培训演练机制运行中年龄不均衡现象出现的直接原因。

（3）对于应急培训和演练，一般来说，政府机关中赋有应急救援职能的部门和诸如危化品生产运运输等相关重点行业的企事业单位还是较为重视的，但其他主体则显得较为懈怠，或不开展或流于形式。有学者对黑龙江七所高校1806名学生进行调查，结果显示大学生培训参与率为25.4%，演练参与率为39%。① 公民的配合程度也不高，全民参与的氛围还不成气候。

（4）对于应急宣传，媒体与政府部门、基层群众性自治组织配合不力，定位不准，责任缺失②等问题也十分突出。

（三）制度制约

1. 经济制度

经济发展不平衡是造成宣传教育培训演练机制运行呈现地区差异的一个重要原因。在内部，根据马斯洛需求层次理论③，第一层次为生理需求，第二层次才是安全需求。当经济建设取得一定成就，公民生存有所保障且积累了一定的财富时，温饱问题就不会占据较多精力，进而会产生更高的追求，如安全、情感、社交、尊重等。一方面，获得财富并保护财富是人类天性使然，经济发展较快地区的公民会更加积极主动地思考如何防灾减灾，以维护现有建设成果。另一方面，风险是主观建构的，取决于人们的感知。我国古代有句俚语："光脚的不怕穿鞋的。"意在表明人们越是富有，顾虑越多。在此，我们可以理解为经济发展较快地区的公民对风险更加谨慎、敏感，进而更能认识到宣传

---

① 郝艳华等：《黑龙江高校大学生应急教育实施现状及改进策略分析》，载《中国公共卫生管理》2015年第2期。
② 例如，媒体报道滞后，内容不真实、不全面等。参见井春野：《从南方雪灾事件看媒体在突发事件报道中的责任缺失》，载《新闻知识》2008年第5期。
③ A. G. Riddlel, Bracken (eds.), "Maslow's Hierarchy of Needs", *Educational Psychology Interactive*, Vol. 67, No. 2, 2004, pp. 172-178.

教育培训演练的目的与作用，对其持肯定、欢迎的态度。在外部，经济发展也给宣传教育培训演练的开展创造了物质条件。例如，应急知识的宣传和教育依赖于网络新媒体的平台搭建，培训和演练需要专业的课程开发和场地设施，这一切都离不开经费的投入。因此，经济发展较落后地区，尤其是农村地区，无论是在内在需求上还是外在物质保障上，都远远落后于经济发展较发达地区。

2. 教育制度

我国法律对中小学和幼儿园的安全教育关注较多，有专门的法律规定，如教育部制定的《中小学公共安全教育指导纲要》《中小学幼儿园安全管理办法》，教育部办公厅制定的《中小学幼儿园应急疏散演练指南》，等等。且不论实际效果如何，单就制度规范而言，在此年龄段，宣传教育培训演练至少在形式上是有保证的。但是，到了高中阶段，高考的压力与日俱增，学生们没有时间和精力参加安全教育活动，老师们也不得不占用这个时间来讲授"语数外"。待学生们进入大学，又开始忙着考证找工作，再加上大学教育自由开放的特性，宣传教育培训演练活动更是缺乏硬性保障。总的来说，我国应急宣传教育培训演练机制似乎自高中开始就逐渐萎缩，这与我国现有的应试教育体制不无关系——应试教育的现状压缩了风险教育的空间。2004年印尼海啸前，年仅10岁的英国小女孩蒂莉·史密斯察觉到海水异常并告诉妈妈可能会发生海啸。妈妈与海滩工作人员联系并紧急疏散游客，使得上百人幸免于难。非常巧合的是，两周前蒂莉的地理老师刚好讲过这种类型的海啸应如何判断——海啸发生前10分钟左右，会出现退潮现象。① 假如，老师没有讲过这类知识，蒂莉没有认真学习，家人没有引起重视，结果会怎样呢？对比我国，校园应急教育主要围绕着火灾、地震等"常态"突发事件而展开，而像海啸等低概率"非常态"突发事件则几乎被人遗忘。可以说，在场景的选择上是存在偏失的。仅就火灾和地震而言，又有几人认真学习了？若一个10岁的孩子告诉家

---

① 沃斯：《蒂莉·史密斯："我正在沙滩上玩，突然发觉海水变得有些古怪。海面上出现了不少的气泡，潮水也突然退了下去。我感觉可能会有海啸发生，就告诉了妈妈。"》，载《中国日报》，http：//www.chinadaily.com.cn/gb/doc/2005-01/04/content_405759.htm，2018年8月30日访问。

人或工作人员察觉到异常,恐怕也只是当作童言稚语了。

3. 考核制度

考核制度包含两层含义:一是考核、验收宣传教育培训演练的成果;二是将宣传教育培训演练活动的组织开展作为一项工作内容进行考核、评价。但是,谁来考核、怎么考核、多久考核一次、考核指标是什么、不合格怎么办,等等,当前法律对这些问题都缺乏明确的规定。

4. 追责制度

对于追责问题,法律只有抽象性规定。例如,《突发事件应对法》第63、第64条规定追责的前提条件是"导致发生突发事件",即只要不发生突发事件,是否开展宣传教育培训演练便无从追究,侥幸成分较重,是一种典型的"结果问责",而非"过程问责"。缺乏考核检验的刚性指标,又没有具体的责任追究制度作为保障,实际运行过程中自然是可学可不学,可练可不练,可认真可敷衍。

三、宣传教育培训演练机制的完善

(一)提高认识

思想的懈怠是导致应急宣传教育培训演练机制流于形式的重要原因。例如,宣传教育培训演练活动的组织者通常认为有些事件离得较远,不可能发生或发生几率非常低,在时间、场地和经费有限的前提下,与其就莫须有的事件作无用功,不如选几个代表性的事件讲一讲、练一练。但是,南方雨雪冰冻灾害、校园劫持人质等低概率事件不都是以为不会发生却现实地发生了吗?!正如美国特拉华州立大学灾难研究中心院长 Kathleen J. Tierney 所说,"假如能不差分毫地遵循已准备好的策略和措施来处理突发状况……则其不可视为突发事件"。① 风险时代的来临,要求我们必须转变观念:认识到风险就在身边,明

---

① Tierney, Kathleen J., "Conceptualizing and Measuring Organizational and Community Resilience: Lessons from the Emergency Response Following the September 11, 2001 Attack on the World Trade Center", *Disaster Research Center*, 2003, p. 48.

确"自救为首要、互救为次要、公救为补充"① 的原则。这种思维转型对教育②转型提出了更高的要求。只有在思想上予以正视，才能激发内在动因，应急宣传教育培训演练才能变被动为主动。2008 年汶川大地震中桑枣中学创造了一个奇迹——2000 多名师生无一人伤亡。桑枣中学校长叶志平自 2005 年起，要求学校每周二开展安全知识教育活动，每学期都要组织全校师生开展应急疏散演练。地震当日，全校师生跑到操场只用时 1 分 36 秒。③ 相较于其他学校的伤亡情况，与其说桑枣中学堪称奇迹，不如说这得益于全校师生高度重视安全教育，得益于经年累月的应急宣传教育培训演练。

（二）改进方法

1. 应急宣传教育培训演练的方法应区分不同的对象，因材施教、因人施教、因岗施教，避免一套方法"吃遍天下"的做法

对此，应综合考量学习对象的背景、能力和需求，突出重点，有的放矢，实现供需平衡。例如，《中小学幼儿园安全管理办法》第 42 条第 1 款规定："学校可根据当地实际情况，组织师生开展多种形式的事故预防演练。"因此，应急宣传教育培训演练要尽可能铺开，确保范围上的宽泛，并在此基础上结合地方实际情况，突出重点。譬如，新疆地区应重点学习反恐知识，沿海地区应重点学习海洋灾害（如风暴潮、海啸、海冰）等方面的知识，山区应重点学习地质灾害（如崩塌、滑坡、泥石流）等方面的知识。

2. 创新教育手段，综合运用多种方法，增强宣传教育培训演练的趣味性和互动性

（1）在宣传方面，发放带有彩图的指南手册，参观灾害纪念场馆、科普基地、科教馆等方式具有较强的感官冲击力，结合相关纪念日来进行宣传则具有较强的仪式感，较之于传统的一维宣传手段，这些方式更容易加深人们的印

---

① 董泽宇：《论突发事件应急教育的作用、内容与形式》，载《城市减灾》2014 年第 3 期。
② 此处指广义的教育，包括宣传、培训、演练。
③ 戴承奇、刘开鸿、赵宏振等：《挤掉应急培训与演练中的水分》，载《中国石油企业》2015 年第 5 期。

象。日本 1995 年阪神地震（7.3 级）造成 6432 人死亡，2004 年新泻地震（6.8 级）仅 38 人死亡。这两次地震的破坏力、建筑物的抗震性和预警系统基本相当，然而后者的伤亡人数却不及前者的百分之一，原因就在于阪神地震后，日本开启了系统的防灾教育和训练计划。① 例如，日本在灾后建有许多防灾教育场馆，丰富了宣传教育的手段；在每年的"全国防灾日"（9月1日）会开展数百万人的大规模"综合防灾训练"演习活动，首相和相关内阁大臣也会参加。②

（2）在教育和培训方面，影视作品的生动性显然优于课本知识的介绍，对此，可以将应急知识以动画片和电影为载体展现出来，既满足了不同年龄层次的需求，也因喜闻乐见而被广泛接受。此外，像案例还原、角色扮演、情景带入、开设网络课程等都是值得推广的方法。

（3）在演练方面，美国国土安全演练与评估项目（Homeland Security Exercise and Evaluation Program，HSEEP）③ 的种类划分可为我们提供多样化视角。HSEEP 演练分为讨论型和实操型两大类，前者包括小型讨论会、专题讨论会、桌面推演和情景模拟游戏四种；后者则包括操练、功能演练和全面演练三种。④ 值得一提的是，桌面推演和情景模拟游戏借助了计算机、三维模拟技术、全系感应、幻影成像、icube 全景体验⑤等技术，在虚拟环境下仿真突发事件场景，不但能给演练人员营造身临其境的感受，还可打破时间、空间的制约，具有反复使用节约成本的优势。对此，可以体验馆、实训基地为依托，将这些技术广泛运用到全民日常教育之中。总之，宣传教育培训演练在方式上应

---

① 董泽宇：《突发事件应急教育初探》，载《中国减灾》2014 年第 19 期。

② 董泽宇：《论突发事件应急教育的作用、内容与形式》，载《城市减灾》2014 年第 3 期。

③ U. S, "Department of Homeland Security, Homeland Security Exercise and Evaluation Program", *Overview and Doctrine*, Vol. 1, No. 1, 2005, pp. 19-28.

④ 洪凯、陈绮桦：《美国应急演练体系的发展与启示》，载《中国应急管理》2011 年第 9 期。

⑤ 刘怀增、熊亮：《国内外体验式应急培训模式的应用探索》，载《物流技术》2014 年第 7 期。

避免单一刻板和枯燥乏味，可根据对象的需要，多种方式并举，在趣味性的基础上传递应急知识的科学性和专业性。

（三）落实制度

在思想尚未转变，危机意识尚未形成之际，柔性指令往往不易落实。对此，有必要通过制度保障对应急宣传教育培训演练作一些刚性要求。

1. 将宣传教育培训演练纳入日常工作范畴。

首先，风险意识的养成不是朝夕之事，需要长期的思维撞击和训练，因此，政府、学校、家庭、单位、社区、媒体等主体应将宣传教育培训演练工作视为常态，常抓不懈。日本的防灾教育和训练计划就十分注重依托学校和社区等基层单位来开展宣传教育。2005年1月，在日本兵库县召开的第二次世界减灾大会上，联合国通过的《兵库宣言》和《2010—2015兵库行动框架：加强国家和社区的抗灾能力》就明确指出："尤其需要加强社区在地方一级减少灾害风险的能力。"日本各地社区都成立了如"消防团""少年防火俱乐部"等灾害管理志愿者团队，将应急技能和意识贯穿于公民日常生活之中。① 在2006年联合国第17个"国际减灾日"当天，联合国教科文组织发起了"减灾始于学校"的运动，旨在促进各国将减灾内容编入普通教育大纲之中。再看我国，除桑枣中学外，还有一些成功的案例。例如，在"7·21"暴雨事件中，北京市房山区属重灾区，但该区黄山店村在暴雨当天预警及时、疏散有序，全村1500多人无一伤亡。这完全得益于黄山店村未雨绸缪，在暴雨来临前一个月组织过一场防汛演练，经过演练，村民们都掌握了紧急情况下的逃生技巧。② 其次，宣传教育培训演练的对象为全体公民，因而应确保不同年龄、不同地区的公民接受应急教育机会的均等。对此，多方主体应密切联系、加强合作，形成以政府为主导，以媒体为平台，以学校、家庭、企业和社区为依托的体系框架，重点突出社区教育的地位和功能，区分应急教育的不同层次需求，

---

① 闪淳昌、薛澜主编：《应急管理概论——理论与实践》，高等教育出版社2015年版，第75页。

② 王君主编：《公共危机管理典型案例·2012》，人民出版社2014年版，第27页。

体现应急教育全民教育、终生教育的内涵。美国的教育培训体系比较连贯,从幼儿园开始就设有专门的以预防和应对突发事件为核心的健康教育课程,学生一直要上到十一年级。中学生每周至少要上一节急救课程且设有硬性考核指标,如果不能通过考试,将无法毕业。① 此外,美国政府 1985 年就成立了由普通居民组成的社区应急反应队,每周用一个晚上的时间来培训搜救急救知识,共需 7 周才能完成。②

2. 科学论证考核指标,明确责任追究制度

既然将应急宣传教育培训演练视为日常工作中一项不可或缺的内容,则理应配有相应的考核和追责制度。当前我国在这一方面还存在较大缺失,需要法律作出明确、具体的规定。首先,需要综合时间、频率、对象、类型、方法、效果等方面因素,论证、制定科学合理的宣传教育培训演练考核指标,如多久开展一次,是否全员参加,是否采用多种形式,是否能达到规定的要求,内容是否宽泛。其次,明确考核小组的人员组成、产生程序、考核流程、考核方法和考核内容。最后,完善追责前提,细化责任等级,提高追责的可操作性,以明确的制度规范起到约束、督促的作用,避免宣传教育培训演练的随意散漫。

3. 加大经费投入

宣传教育培训演练技术的研发、手段的优化、场馆的修建、课程的开发和师资队伍的建设等方面都离不开科技的支撑和资金的投入。对此,应加大财政倾斜力度,设立应急教育培训演练专项资金,合理配置和使用,尽可能还原、模拟突发事件场景,营造现实、逼真的氛围,切实提高宣传教育培训演练的实效。需要明确的是,向不确定的突发事件投入经费并非浪费,而是"以最小的投入换取最大的回报"。因为,根据灾害经济学的"十分之一"法则,突发事件事前投入"一分"的资金用于防范,就能通过避免或降低事件发生的概率而挽回"十分"的损失,从机会成本角度来看,"十分"的损失就意味着"十

---

① 董泽宇:《突发事件应急教育初探》,载《中国减灾》2014 年第 19 期。
② 董泽宇:《论突发事件应急教育的作用、内容与形式》,载《城市减灾》2014 年第 3 期。

分"的收益。① 应急管理的目标就是"用少量的钱去预防而不是花大量的钱去治疗"。②

第五节 物资储备保障机制

应急资源，指应急管理过程中一切可利用的要素的总和。突发事件的不确定性要求必须在事前储备一定的资源以应对不时之需。资源储备保障机制，即指在预防与应急准备阶段，保障人财物等资源的积累，从数量、品种、规格、效率等方面满足应急处置的需求。具体来说，在人员方面，主要是加强应急管理队伍、应急救援队伍的建设，提升应急人员的能力和素养；在物质方面，主要是统筹规划基础设施建设，配备齐全的装置设备，完善应急物资、通信、运输等保障体系；在技术方面，主要是就应急新技术、新设备、新工具、新手段进行探索和研发；在财政方面，主要是合理预算，加大经费拨发，为人员、物质、技术等方面的储备提供充裕的资金保障。③ 由于应急资源范围广泛，为了更系统、更有针对性地说明问题，本书拟以应急物资为对象展开论述。原因有二：第一，在词义学视域下，狭义的资源通常被理解为物质；④ 第二，在各类物资中，又以应急物资最为基础和直观。考虑到行文方便，下文将采用为"应急物资储备保障机制"的表述。

应急物资，指应对突发事件所需要的各类物质资料。国家发展改革委员会在2004年编制的《应急保障物资分类及产品名录》将其分为防护用品、生命救助、生命支持、救援运载、临时食宿、污染清理、动力燃料、工程设备、器材工具、照明设备、通信广播、交通运输和工程材料，共13类239项；2015

---

① 任生德等编著：《危机处理手册》，新世界出版社2003年版，第178页。
② [美]戴维·奥斯本著：《改革政府——企业精神如何改革着公营部门》，上海译文出版社1996年版，第205页。
③ 相关对应条款，可参见《突发事件应对法》第19、第31、第32、第33、第34、第36条，第24条第2款，第26条第1、第2款的规定。
④ 资源指可利用的自然物质，如煤、铁、石油等。

年，新编的《应急保障重点物资分类目录（2015年）》将应急保障重点物资细化为4个层级、3个大类、16个中类、65个小类，共400余种物资。应急物资储备保障机制可以为应急救援提供物质支撑，从而及时有效地控制突发事件，为受灾公民提供过渡性生活保障，安抚情绪，维护稳定。《突发事件应对法》《中华人民共和国救灾条例（征求意见稿）》《中央救灾物资储备管理办法》《关于加强自然灾害救助物资储备体系建设的指导意见》《救灾物资储备库建设标准》《中央救灾物资储备库管理暂行办法》《自然灾害应急救助物资生产商参考名录》等规定为应急物资储备保障机制提供了法律依据。实践中，1998年张北地震后，我国建立了10个中央级、31个省级、251个地市级和1079个县级应急物资储备中心；① 2008年汶川地震后，中央级救灾物资储备库由原来的10个增长到24个。② 2015年9月，民政部、国家发展改革委等9部委（局）联合印发的《关于加强自然灾害救助物资储备体系建设的指导意见》首次提出要着力构建"中央—省—市—县—乡"五级救灾物资储备体系，将储备体系进一步延深到乡镇（街道）一级。可以说，我国应急物资储备网络已具雏形并日趋完善。

应急物资具有三个特性：第一，需求不确定。这是由突发事件的不确定性衍生出来的。突发事件可能发生也可能不发生，可能是大规模也可能是小规模，因而，应急物资什么时候需要，需要多少也变得难以确定。第二，需求有时效。这是由突发事件的突发性衍生出来的。物资储备的目的在于应急，因而，应急物资储备保障与日常的物资采购存储截然不同。若不能保证时效，应急物资储备也将失去存在的价值。第三，需求多样化。这是由突发事件的复杂性衍生而来的。突发事件的性质、程度不同，需要的物资种类、数量也不尽相同，这就要求储备的物资应尽可能保证品种数量的齐全。基于以上特性，应急物资储备保障机制应当立足现状、合理预测、科学布局、反应敏捷、规模适

---

① 姜小文、韩永飞：《我国应急物资储备体系优化探析》，载《淮北职业技术学院学报》2013年第4期。

② 吴歆：《民政部：中央级救灾物资储备库将由10个增长至24个》，载中国新闻网，http://www.chinanews.com/gn/news/2009/05-11/1685845.shtml，2018年9月13日访问。

度、供应充足。然而,我们当前离此标准还存在一些差距,现有的物资储备保障机制还不够成熟,应对小规模的、常规的突发事件或许游刃有余,但面对跨区域的大规模的非常规性突发事件则往往显得猝不及防,而能否从容应对"想象"之外的突发事件也恰好是检验物资储备保障机制和国家应急能力的试金石。

一、我国物资储备保障机制存在的不足

(一) 规模不适宜

对于应急物资储备的数量与种类,实践中有两种极端倾向:一是储备不足。囿于经费匮乏、应急物资储备库容量有限等因素制约,加上认识不足或存有侥幸心理,使得应急物资常常出现数量短缺、品种不全的情况,无法满足现实的应急需求。例如,在2008年南方雨雪冰冻灾害中,江西九江大桥车辆积压三天都得不到有效疏散,原因就在于江西全省高速公路仅配有一台铲雪车。在湖南,大量乘客滞留机场而长沙黄花机场被迫关闭,原因则是因为没有配置除冰车……受灾地区情况如出一辙,都存在铲雪车、融雪剂、防寒装备和防滑装置等应急物资普遍匮乏的情况。① 二是储备过量。这种做法依循了"多多益善"的思路,虽然为应急救援提供了保障,但占用库存,尤其是像食品药品等保质期较短的物资,积压过量会造成极大的浪费。突发事件难以预测,应急物资储备的数量和种类也无法做到策无遗算,但这不能成为应急物资储备随意化的借口。对此,需要科学论证、合理预测应急物资储备数量与种类的标准与规模。

(二) 质量不达标

应急物资质量不过关主要发生于三个阶段:一是生产阶段,即厂商生产的应急物资质量不合格或存在瑕疵。二是运输阶段,即运输过程中未考虑物资属性以特殊方式加以保管进而导致质量不合格,如运输时温度控制不当使疫苗失

---

① 王敬波主编:《公共危机管理案例》,国家行政学院出版社2014年版,第49~50页。

效。三是储存阶段，即保管不善导致物资受损，如未采取防潮措施使食品变质发霉；资源闲置导致物资老化，如生活用品超过保质期，救援工具钝化等。试想，如果救援过程中氧气机突然坏了，直升机救生吊具突然断了，移动板房突然塌了……其结果必然是对受害民众造成二次伤害，这将极大地削弱人民对政府的信任感和安全感。可见，应急物资的质量关乎救援成败，不容忽视。

（三）流通不快捷

流通不快捷是指应急物资无法快速送达突发事件现场。造成反应滞后的原因有很多，例如，交通运输不畅，实物储备不足时需要时间征调，储备库管理手段落后使得清点、调拨、装货缓慢等。资料表明，汶川地震48小时后，中央救灾物资存储中心已被调空，但依然不能满足救灾需要。[①] 这些问题可引发进一步思考：应急物资储备库在选址时是否考虑到交通运输问题？是否有其他储备方式以弥补实物储备物资不足的问题？是否采用现代化的手段来管理储备库？平时是否开展过培训演练？是否形成联动机制？

（四）成本不合理

一方面，应急救援对应急物资的需求量大，物资采购本身需要很大一笔开销；另一方面，应急物资储备管理费用也常常超出预算。根据《中央救灾物资储备管理办法》第13条的规定，每年年初，民政部按照上年实际储备物资金额的8%核定上年度的管理经费。但是，这些经费对很多地方而言显得捉襟见肘。例如，民政部中央救灾物资西安储备库置放的帐篷大约为11000顶，陕西省民政厅租用的仓库面积一般在7000至10000万平方米左右，每年的租金需要100余万元，而中央财政每年只能拨付40万至50万元，其余均由地方财政负担。[②] 虽然很多学者将这归因于应急资金不足，但事实上，"改革开放30年来，我国国家财政在公共安全应急准备方面的投入逐年增加，截至2007年底，

---

① 张永领：《中国政府应急物资的储备模式研究》，载《经济与管理》2011年第2期。

② 谭博文：《完善新疆救灾物资储备保障体系的对策研究》，新疆大学2011年硕士论文，第24页。

中央财政累计投入数百亿,用于加强应急物资储备和应急队伍装备"。① 因此,笔者认为当前的主要问题已不是资金投入不足,而是应急物资储备管理滞后造成的开支过度。

二、制约物资储备保障机制良性运行的原因

以上不足是由多方面原因所造成且原因之间是相互作用的。对此,笔者将制约应急物资储备保障机制良性运行的原因概括为四个方面。

(一) 应急物资储备体系不严密

我国应急物资的储备与调配依托于行政管理体制,实行"分类别、分部门、分阶段"管理。这种"条块分割"的管理模式不可避免地滋生出"行业壁垒"。由于存在隔阂,各职能部门只能"自扫门前雪",因而出现应急物资储备与调配"各自为战"的情形,导致物资储备不均,配送效率低下。例如,在 2008 年南方雨雪冰冻灾害中,中部 A 省急需大量麻袋以解决路面防滑问题,然而,由于应急物资储备信息不畅通,A 省交通部门并不知道本省防汛部门存有大量麻袋,因而不得不从 H 省防汛部门跨省调运该物资。事实上,除了 H 省防汛抗旱指挥部储备了约 200 万条麻袋外,省电力公司还储备了约 3 万条,各市州则储备了约 1000 万条。② 该事件表明:部门间信息断裂不利于应急效率的提升,同时,某类物资重复储备而他类物资储备不足的现象在我国是普遍存在的。当发生突发事件时,某些部门可能因物资储备过剩造成了积压闲置,而某些部门可能因储备不足临时生产采购耽误了时间;各部门纷纷将物资送往事发现场,又极有可能导致物资供大于需而不得不拖回。这些问题的根本原因就在于相关部门之间缺乏沟通和交流,无法有效整合资源,统一优化配置。

(二) 应急物资储备点布局不科学

应急物资储备点布局涉及储备库的选址问题,而选址又关系到储备物资的

---

① 王超著:《重大突发事件的政府预警管理模式研究》,湖北科学技术出版社 2010 年版,第 120 页。
② 丁烈云、喻发胜:《省级政府应急物资储备现状与体制改革》,载《公共管理高层论坛》2008 年第 1 期。

安全及配送的协调与便利。科学的布局是有效提高应急物资储备保障能力的基石。① 当前我国应急物资储备点布局不科学主要体现在两个方面：第一，储备库分布不均，未考虑到区域协调性。从整体上看，应急物资储备库通常设在省会城市、自治区首府、经济较发达和人口密度较大的城市，在中小城市、县、乡一级设立较少。② 2003 年新疆喀什发生地震，民政部被迫从武汉储备中心紧急调运 6000 顶帐篷，两地相距 5000 多千米，物资入疆后已是灾害发生的第 5 天了。③ 第二，选址缺乏科学论证，未考虑到储备库的安全便捷问题。例如，将储备库建在潮湿或离化工厂等风险源较近的地方，不利于保护物资的安全。再如，选址关系到系统规划，将储备库修建在远离主干道、道路单一或交通拥堵的地方，都将有损物资调配的效率。

（三）应急物资储备模式单一

应急物资储备模式依照主体不同，可分为政府储备、市场储备和家庭储备；依照载体不同，可分为实物储备、合同储备、生产能力储备等。当前，我国应急物资储备以政府、实物储备为主，其他储备模式占比少且极不完善。一方面，基于政府机关大包大揽的思维惯性，对其他储备模式未给予足够信赖；另一方面，有关规定的缺失使得其他储备模式中权利义务关系不明，缺乏必要的监管，开展起来收效甚微。然而，实物储备中应急物资的数量与品种受制于储备库的场地和容积，不但因增加了采购、调配、运输等环节而降低了时效，还加大了仓库占用维护费、物资保险费、物资维护保养费、人工费和物资短途装运费等开销。

（四）应急物资储备管理手段滞后

第一，对应急物资储备规模缺乏统筹规划。一方面，对物资供需量缺乏科

---

① Venkatesh S, Memish Z A（eds.），"Bioterrorism—A New Challenge for Public Health"，*International Journal of Antimicrobial Agents*，Vol. 21，No. 2，2003，pp. 200-206.

② 康青春、周雪昂：《消防战勤保障物资储备点布局与选址问题》，载《中国安全科学学报》2011 年第 1 期。

③ 刘利民、王敏杰：《我国应急物资储备优化问题初探》，载《物流科技》2009 年第 2 期。

学预判,直接导致应急物资储备的规模同实际需求不匹配,或供不应求或供大于求。另一方面,政府职能部门之间各自为政,缺乏沟通协调,不清楚彼此间的储备情况,导致资源分散、重叠或短缺。第二,应急物资储备管理过程繁琐、方式简陋。过于依赖实物储备的现状拉长了"生产—投放"链条的长度。此外,有些地方对应急物资采购、入库、存放、调配和运送过程的管理还停留于传统的人工手写计数方式,这不但增加了盘点、清理、更新的工作量,还极易出现差错。

三、物资储备保障机制的完善

(一) 优化应急物资储备结构

应急物资储备结构指应急物资储备数量和种类的规划与配置。不同类型、不同级别的突发事件对应急物资的需求不同,应急物资数量充足、种类齐全是赢得应急救援战斗胜利的基础前提。面对当前我国应急物资储备结构失衡的现状,可从以下路径予以改善。第一,通过调查、走访等形式,统计、评估突发事件的性质、规模和发生频率,在综合人口密度、致灾因子、抗灾性、应急物资使用比例等因素的基础上,针对应急需要,结合实际、突出重点,编制科学合理的应急物资清单。第二,应急物资储备结构应随着应急救援实际需要的变化而变化,因而应体现动态性和开放性。当出现新工具、新需求时,应及时核对、删减、增补应急物资清单,通过滚动修订来优化应急物资储备结构,提高物资利用率。第三,加强部门、区域和行业的沟通,根据物资属性和需求有针对性地实行集中型、分散型、互补型储备模式。

(二) 丰富应急物资储备模式

正如上文所述,实物储备环节多、成本高,还存在损耗和安全隐患,特别是在物资不足时,补给和运送往往慌不择路、不惜成本,不但效率低,还会造成不必要的浪费。对此,应根据应急物资的属性,兼采多种储备模式,形成基础坚实、补充有力的综合储备渠道。第一,对于生产周期长、不易耗损、便于保存的物资,可采用实物储备模式,将应急物资置于储备库中予以保存。第二,对于生产周期短、损耗快的物资,可采用合同储备和生产能力储备模式。

首先，汇总相关应急物资生产企业信息，筛选出生产条件成熟、信誉良好、地理位置适宜的企业。其次，在完善采购流程，严格招投标制度的基础上，与具备资质的企业签订应急物资采购协议，明确双方权利义务关系，当实物储备不足或距突发事件现场较远时，可由企业直接发货送往事发现场。合同储备是将应急物资存放于企业仓库内，由企业进行日常维护；生产能力储备则是通过提高企业的生产兼容性，使其保有一定的富余生产力，在突发事件来临时能够快速投产、转产或研制救灾物资。① 与实物储备相比，这两种储备方式降低了储备库的囤积率，缩减了物资出库入库等环节，有利于储备库功能的优化。不仅如此，还能在一定程度上抗衡需求数量、费用、产能等波动性变化带来的不确定性。② 当然，无论哪种储备方式，都各有优缺点，因而应结合应急物资的具体属性。此外，还应注重发挥家庭储备、社会储备③等方式的作用。日本格外重视应急物资储备保障问题，从政府到企业再到家庭，应急物资储备保障体制机制都较为发达，日本国民的家庭储备意识也非常强。早在1880年颁布的《备荒储蓄法》中就有提到，国民应在家中常备各类应急物资，包括食物、蜡烛、哨子等。④ 日本国民家中大多备有应急物资，大大降低了因食物短缺而造成的非灾害性死亡。但是，其储备的物资种类并非千篇一律，而是根据实际情况有针对性地进行储备。例如，发生突发事件后，住在高楼层的居民不易逃出，因而储备的应急物资侧重于生活用品和自救工具；而低楼层的居民侧重于储备防灾衣物和简易帐篷等应急物资。⑤ 2014年5月，北京市民政局向社会发布了《北京市家庭应急物资储备建议清单》，"建议清单"分别列出了10种物

---

① 张永领：《我国应急物资储备体系完善研究》，载《管理学刊》2010年第6期。

② Murali, Pavankumar, F. Ordóñez, and M. M. Dessouky, "Facility Location Under Demand Uncertainty: Response to a Large-scale Bio-terror Attack", *Socio-Economic Planning Sciences*, Vol. 46, No. 1, 2012, pp. 78-87.

③ 主体包括行业协会、慈善组织等非政府组织，方式包括征调、捐赠等。

④ 靳尔刚、王振耀主编：《国外救灾救助法规汇编》，中国社会出版社2004年版，第1~2页。

⑤ 王雷：《如何优化地方政府应急物资储备刍议》，载《长春教育学院学报》2013年第2期。

资，分为应急物品、应急工具、急救用品三大类。这种做法的初衷无疑是好的，但随之而来的诸如应急物资"哪里买、买什么、什么标准、怎样使用与维护"等问题也成为家庭储备难落实的一大阻碍。① 但是，我们有理由相信，以政府实物储备为核心、企业合同和生产能力储备为支撑，家庭和社会储备为补充的多元化的储备模式，必然是符合新时期应急管理发展需求的。

(三) 科学设定应急物资储备点

应急物资储备点的确定有两个标准，即安全和便利。在此基础上，可将应急物资储备库的选址分解为以下几个步骤：首先，对突发事件的类别、规模、概率等相关因素进行风险评估，大致圈定应急物资储备点的分布区域。其次，结合区域气候、地理位置等自然因素和经济发展水平、人口密度等社会因素，确定应急物资储备的品种和数量。再次，在综合考虑应急物资结构、相关企业生产能力等要素的基础上，确定应急物资储备库的规模。最后，参考圆心定位法②、鲁棒优化模型、③ 随机混合整数规划模型④等方法，选出最适宜的地址作为应急物资储备点。例如，我国东南部地区易发生洪涝灾害，因而这些地区应设立以防洪为主的应急物资储备点。但是，沿海城市空气潮湿，食品药品不易保存，因而沿海城市应急物资储备库应调整物资储备结构和方式，减少这类物资的实物储备。在几个应急物资可能需求点组成的圆的圆心处设立应急物资储备库，以点盖面、中心辐射，实现概率的最大化，⑤ 既有利于保障交通运输

---

① 《北京推出家庭应急物资储备建议清单》，载中国新闻网，http：//ku. m. chinanews. com/wapapp/sh/zw/6197380. shtml？target =_self，2018 年 12 月 3 日访问。

② 指新应急物资储备库的选址应在原有周边储备库所组成的圆的圆心上。参见胡平峰：《中小型拥挤物资储备库功能优化研究》，载《南京工业大学学报（社会科学版）》2010 年第 2 期。

③ 高雷阜、于冬梅、赵世杰：《不确定需求下应急物资储备库选址鲁棒优化模型》，载《中国安全科学学报》2015 年第 12 期。

④ 王亮、邱玉琢：《两级应急物资储备协同预先配置优化决策研究》，载《软科学》2015 年第 12 期。

⑤ Ukkusuri, Satish V., and W. F. Yushimito, "Location Routing Approach for the Humanitarian Prepositioning Problem", *Transportation Research Record*, Vol. 2089, No. 6, 2008, pp. 18-25.

的多样性,还有利于发挥跨区域应急物资配送的协调性。

(四)加快推进应急物资储备的信息制度建设

应急物资储备涉及多个主体、多个环节,是一项系统工程。传统的人工清点计数方式在工作效率和精准率上存在天然局限,对此,应以现代通信、网络技术为依托,加快推进应急物资储备管理手段的信息化建设。第一,建立应急物资储备数据库,实时收集、统计、分析、汇总、更新各区域应急物资的实际供需量,为采购、分拣、存储、调拨、运送、回收提供客观依据。例如,随着冬季的来临,北方地区 A 储备点通过数据库查验库存,发现防寒服储备不足,进而提前采购或督促厂商生产。第二,搭建统一的信息平台,打破行业壁垒,实现信息共享,为统筹规划配置提供参考依据。政府部门各自为政的做法常常导致物资储备结构失衡,要么种类扎堆,要么数量过剩或短缺。信息平台可以分区域、分模块提供指导,共通部门间应急物资储备信息,推动协作与交流。根据评估,假设整个西部地区大概需要 40 辆应急加油车,对此,只需统筹规划,在保证总量的基础上,根据风险等级按比例分散储存。此时,若某省发生突发事件急需 5 台应急加油车,但该省 A 储备点只有 3 台,在信息平台进行查找,发现距事件现场最近的 B 储备点有 2 台可供调用。可见,信息平台的投用,实现了资源的共享,有利于应急物资结构的优化,减轻了库存压力,节约了时间,保障了应急物资储备各环节之间的对接与各主体之间的联动,极大地改进了应急物资储备工作方式。

(五)落实相关配套制度

第一,招投标制度。在采购阶段,通过招投标形式,严格审查应急物资生产企业和运输企业的资质、能力和信誉,确保应急物资质量过关、运送快捷。第二,监管制度。明确政企双方的权利义务关系,加强监管,落实责任机制,确保企业生产运输优先满足应急需要,避免应急物资被贪污、被挪用等情况的出现。一旦发现问题,将通过责任倒查,加大惩处力度。第三,激励制度。通过减免税赋、利益补偿、奖励激励等机制,提高相关企业的积极性,刺激企业创新生产技术、优化流程管理,从而将现有的以政府实物储备为主的模式转变为多元化的储备模式,并不断提高合同储备和生产力储备的占比。第四,动态管理制度。例如，定期检查、检验、维修应急物资，使其尽可能保存完好，降低损耗；定期盘查、清点应急物资的品种和数量，实时更新应急物资信息平台数据，确保信息的时效性。第五，交流制度。通过信息共享，实现供需之间、区域之间、部门之间、政企之间、军地之间物资储备信息的交流与对称；就应急物资的保全、入库、出库、调配和运送等环节开展应急演练，整合应急资源，形成跨部门、跨区域的应急物资协调联动机制。如此，才能在突发事件发生时迅速调动各类资源，提高应急物资储备保障能力，尽可能降低事件的负面影响。

第三章　监测与预警准备阶段法律实施机制之优化

第一节　监测与预警阶段法律实施机制的内容

《突发事件应对法》第三章对突发事件的监测与预警作了专章规定。监测就是运用科学方法，在突发事件发生之前或进行过程中，对与突发事件有关的信息进行收集、汇总、分析和评估，预测突发事件的发展趋势和危害程度，为下一步的处置措施提供依据，从而预防和控制突发事件的发生和扩大。预警就是当监测所得的数据达到对应的预警级别时，确定预警等级，发布警示信息，继而采取相应的措施消除不良影响。在监测与预警阶段，法律实施机制的运行环境较之前预防与应急准备阶段的运行环境有了些许变化，即不再单纯局限于突发事件发生之前的常态社会秩序之下，还有可能处于突发事件的萌芽状态下。此时风险逐渐积聚，出现一些苗头性征兆，但尚未达到全面暴发的程度。因此，监测与预警阶段法律实施机制欲达成的目标有两个：一是实时监测，预防危机的生成；二是对已经形成的危机，采取积极措施将其遏制在萌芽状态。在这一阶段，法律实施机制以信息、数据为核心，多依赖于科学手段。法律实施机制的内容包括两个方面：（1）监测机制（《突发事件应对法》第37、第38、第39、第40、第41条）。（2）预警机制（《突发事件应对法》第42、第43、第44、第45、第46、第47条）。

有很多学者将监测与预警视为一个机制，这从《我国低价药价格监测预警机制研究》《完善河北省突发公共事件监测预警机制的思考》《动物疫病监测预警机制的建立》等文章的标题即可看出。事实上，监测与预警的关系密不可分，有许多共性，例如，两者都建立在信息的收集与研判上；都依赖于科学手段；都是为了及时预防突发事件的暴发；都要具有动态性与时效性。但是，两者也有差异，例如，监测是手段，预警是措施；监测为预警提供数据支撑，预警则是对监测的结果进行回应；监测具有连贯性，预警则有选择性；监测在前，预警在后。基于《突发事件应对法》第 41 条"国家建立健全突发事件监测制度"和第 42 条"国家建立健全突发事件预警制度"的规定，加上两者之间的差别，笔者在此部分将其切割为两个机制分而述之。

第二节 监 测 机 制

监测机制是指对突发事件的诱因进行持续动态的监测，并就掌握的信息进行分析和研判，进而预测风险发展趋势的一系列过程。监测机制的实质就是查找、发现、识别和评估风险，为后续的预控措施提供客观依据。近些年，我国应急监测机制发展较快，像气象、公安、地质、卫生等部门都建立了专门的监测网络和情报平台，可以说，我国应急监测机制已初步建成。① 但是，在看到成绩的同时，我们也应直面自身的不足，只有认清不足，才能找准原因进而有针对性地予以改进。此外，应认识到当下突发事件呈现出的新特征使得事前的应急监测变得更加困难②，而这也给我们完善应急监测机制、提高应急监测能力提出了更为苛刻的要求。

一、我国监测机制存在的不足

总的来说，监测机制的核心对象为信息、数据、情报和资料；程序为收

---

① 岳清春：《协同应急视域下的监测预警机制研究》，载《消防科学与技术》2016 年第 1 期。

② Patrick Lagadec, *Crisis Management in the Twenty-First Century*: "*Unthinkable*" *Events in "Inconceivable" Contexts*, New York: Wiley-ISTE, 2009, pp. 489-507.

集、筛选、分析和研判信息；要求为及时、全面、真实地占有第一手资料。从表面上来看，信息收集滞后片面、筛选随意、分析失真、研判失误是现阶段我国应急监测机制最明显的弊端，这也暴露出应急监测能力有所欠缺。监测机制的运行需要具备三种能力，即信息挖掘能力、信息收集能力、信息分析研判能力。传统论述习惯于以监测的程序或环节为依托来凸显监测机制存在的问题，而笔者则试图以此三种能力为切入点，希冀转换常规逻辑，提供一个全新的视角。

（一）信息挖掘能力薄弱

信息输出能力是指特定制度具有发现潜在危险源的本领，它要求监测人员具有超强的敏锐力，能够看到隐匿的信息与突发事件的关联。情报是防御的前沿，信息挖掘能力孱弱极易引发非常规突发事件，危害巨大。这是因为，这些隐性信息蕴含的危机表征不易察觉，无论是从信息的内容属性还是信号发出方式上来看，其都与常规突发事件涵射出的表征有着显著差异。可以说，对潜在信息的挖掘既是机会，也是挑战。然而，信息挖掘对监测人员的要求较高，当前监测人员习惯性地关注于显性信息，而对一些看似与突发事件无关联的信息嗅觉不够灵敏，缺乏深度挖掘能力，常常导致重要信息缺漏，使得后续评估和决策偏离了方向。待隐性信息浮出水面，也丧失了最佳的危机预控时机。

（二）信息收集能力薄弱

信息收集能力是指具有及时全面接收信息的本领，它要求监测网络全覆盖，信息收集途径多样化和信息传递途径便捷化。信息收集能力薄弱表现在三个方面：一是信息收集不及时，常常错失最佳处置时间；二是信息收集不全面，使得对突发事件的预判有失偏颇；三是信息收集缺乏科学性，无效信息较多，加大了后期汇总、筛选的工作量。信息收集是应急管理的基础，若无法满足快速、全面、准确的要求，将极大地影响应急决策和处置的效率。

（三）信息分析研判能力薄弱

信息分析研判能力是指具有汇总、筛选、提炼有价值的信息并以此为依据预测发生突发事件的概率及其发展演变趋势的本领，它要求分析人员具有较强的数据关联能力和风险评估能力，能从盈千累万的信息中辨别出信息的真伪、价值的有无及大小，判断风险的等级及可能造成的影响。总体而言，信息分析研判依附于人的主观认知,而这些认知通常会受到分析研判人员个人素质、知识结构、经验阅历等因素的影响,这使得信息的筛选、取舍和评估表现出因人而异的随意性,即"一千个人眼中有一千个哈姆雷特"。例如,某些领导认为"环境保护重于经济建设",而某些领导则认为"环境应为发展让路",当同样的监测数据摆在眼前,结果自然大相径庭。当前应急监测信息分析研判能力薄弱的原因就在于缺乏一个客观标准,这个客观标准既包括明确可行的监测项目和监测指标,还包括分析研判人员的组成结构、会商制度和监督追责制度。客观标准的缺失给主观臆断预留了空间,使肆意决断失去了与之相抗衡的牵制力量。

二、制约监测机制良性运行的原因

(一)监测设备缺失老化

应急监测项目杂、数据多,例如,仅是环境空气污染物监测就有二氧化硫、二氧化氮、一氧化碳、臭氧、颗粒物、总悬浮微粒、氮氧化物、铅、苯并芘等多种成分。① 如此繁杂的工作,若依靠人工测量,不但效率低,精确度也难以保证。事实上,诸如二氧化硫等气体或颗粒不以工具辅助,仅靠肉眼也无法完成监测。因而,应急监测数据的获取高度依赖于先进的设备和仪器。然而,当前一些地方特别是基层监测站点因经费紧张而导致监测仪器配备不齐的现象比较普遍。例如,用于分析铊污染的电感耦合等离子体质谱(ICP-MS)在整个湖南省只有2台,一台在湖南省环境监测中心站,另一台在郴州市环境检测站。如果其他地方需要检测,只能将样本送去这两处,监测的时效性大幅降低。② 再如,很多环境应急监测点都缺少色谱质谱分析仪器和常规环境污染物便携式分析设备,现场监测工作开展起来极为不便。③ 此外,监测仪器老

---

① 参见《环境空气质量标准(GB 3095—2012)》。
② 李建钊、童若辉、甘杰等:《浅议环境应急监测工作中存在的问题及对策》,载《长沙大学学报》2015年第5期。
③ 张丽珊:《环境应急监测能力建设的问题及若干思考》,载《科技风》2014年第14期。

化、配置低、常年失修等情况也广泛存在，严重影响了监测设备的灵敏度和精准率，不但不能保证信息采集的效率，还会因数据偏差而产生误导。

（二）监测队伍素质参差不齐

应急信息监测是一项技术工作，需要监测人员具有专业的学科背景和知识结构。然而，监测人员素质参差不齐成为当前应急监测机制运行的一大障碍。一方面，在人员的组成上，专业监测人员比较稀缺。例如，基层环境监测站工作量大，但监测人员多为军转干部等非专业人士，专业知识十分匮乏。另一方面，在人员的培训上，思想不重视，落实无保障。例如，湖南省环境监测部门除每年由省站统一组织一次监测培训外，其他培训寥寥无几，导致许多高配置仪器因不会使用而被束之高阁。在怀化市麻阳县跨省锰污染事件中，受污染事件影响的锦江河沿线四个县级环境监测站都配有分析锰元素的原子吸收仪，但无人会操作使用，也不知该如何监测。① 此外，应急监测工作繁杂琐碎、耗时耗力，稍有不慎就易出错。当下专业人员不足加上知识更新缓慢，极大地消磨了监测人员的精力与热情，制约了专业的提升和工作的创新。

（三）监测手段单一

应急监测信息收集途径有两种：一是主动收集，即由县级以上人民政府及其职能部门根据突发事件的种类和特点，划分监测区域，设立专门的监测机构和监测点，组织专门人员查找和收集与突发事件相关的各类信息。例如，《大气污染防治法》第 23 条规定，国务院环境保护主管部门对全国大气环境质量进行监测，县级以上地方人民政府环境保护主管部门对本行政区域大气环境质量进行监测。二是被动收集，即由公民、法人或其他社会组织②向行政机关提供与突发事件有关的讯息，政府相关职能部门只需在其专门设立的信息平台上

---

① 李建钊、童若辉、甘杰等：《浅议环境应急监测工作中存在的问题及对策》，载《长沙大学学报》2015 年第 5 期。

② 有学者将政府部门之间相互报告信息也视为"被动收集"，但笔者认为"信息收集"具有掌握原始资料的属性，故将其归于"信息传递、报告与通报"，而不纳入"信息收集"的范畴。

接收即可。① 总的来说，这两种途径各有优劣。由于政府部门有高级的设备和人才，故以政府主动查找的方式收集信息，专业化程度高，信息挖掘能力强，但弊端是人员经费有限，信息来源窄；相反，第二种方式渠道广阔，信息量丰富，但缺点在于可利用的有价值的信息偏少。对此，若将两种方式相结合，互补互促，则能极大地提高应急监测能力。然而，当下我们过于倚重政府部门主动收集，未能充分调动社会资源，这使得获取的信息在来源、数量和内容等方面都大受限制。此外，我国信息监测网络覆盖不全，特别是在农村和山区等贫困地区，监测点设置不足、分布不均，还存在不少监测盲点，这也使政府主动查找的效果大打折扣。

（四）监测平台信息化水平偏低

《突发事件应对法》第 37 条要求建立全国统一的突发事件信息系统，用于汇集、储存、分析和传输信息，加强跨区域跨部门的信息交流与合作。近些年，我国在基础数据库和网络信息平台的建设上投入很大，也取得了显著的进步，但与发达国家相比，还有一些差距。首先，信息共享与协同的程度不够。应急监测目前还处于中央统一领导下各地方、各部门分散管理的状态。这种方式有利于对口部门有针对性地收集信息，但不利于信息的共享和流通，容易导致信息收集和传递的重复与滞后，尤其是在应对跨部门跨区域的突发事件时，其弊端更是表露无遗。虽然有些地方，如北京市建立了"110 联动机制"，将供水、供电、供气等部门并入一个网络进行信息采集②，但在全国范围来看，这种做法尚未普及开来。其次，监测平台研发的智能化水平还有一定的提升空间。目前，监测平台的功能更多地停留于信息收集、汇总、计算与传递层面，在对无关信息的过滤，对伪信息的剔除，对有价值信息的分类及初步预测等方面还未能全面实现智能化应用。

---

① 马怀德主编：《法治背景下的社会预警机制和应急管理体系研究》，法律出版社 2010 年版，第 276 页。

② 马怀德主编：《法治背景下的社会预警机制和应急管理体系研究》，法律出版社 2010 年版，第 279 页。

三、监测机制的完善

（一）加大资金投入，完善软硬件设施

应急监测从本质上来说是一项信息和数据处理工作，环节多，内容杂，需要精密的硬件和软件作为技术支撑。当前应急监测站点设置不全、设备缺失老化，信息平台建设滞后等问题都与经费紧缺不无关联。加大资金投入有助于推进基层监测站点的修建，加快应急监测网络全覆盖的步伐；有助于保证各级监测站点配备齐全的监测设备，不因仪器缺失而影响信息收集的效率；有助于定期维修、检查、更新监测设备，不因设备老化失灵而影响信息采集的精准度；有助于加大科研力度，研究开发更灵敏、更智能的仪器和网络平台，提高信息收集和分析研判能力。具体来说，加大资金投入有以下两种方式：一是加大国家财政拨付力度，提高现有财政预算中应急监测资金的数额；二是给予政策倾斜，吸引市场资本，密切政企合作，提高相关企业研发、生产、维护监测设备和信息平台的积极性。

（二）加强队伍建设，提升监测能力

应急监测工作事情多、任务重、责任大。它要求监测人员除了具有深厚的专业知识外，还要具备谨慎细致的工作态度，否则，一个小数点的错位、一个细节的疏漏都有可能导致形势的误判和行动方向的偏离。在美国"9·11"事件的 19 名劫机者中，有 13 人早在当年 4 至 6 月就已提前抵达美国。他们改换名字，主要分散在美国 8 个州内活动。但是，向来以情报收集为傲的美国情报部门在这么长的时间里都没有察觉出任何异常端倪。① 这种疏漏促成了恐怖袭击事件的爆发，也引发了美国情报管理体系的反思。美国"9·11"事件调查报告明确指出，失败的根源在于情报收集。② 在我国，监测人员既包括政府部

---

① 毕远：《基地头目披露 9·11 劫机分子内幕：7 人是飞行员》，载新浪网，http：//mil.news.sina.com.cn/2007-11-25/1256473205.html，2018 年 9 月 14 日访问。

② US Select Committee on Intelligence, "Joint Inquiry into Intelligence Community Activities before and after the Terrorist Attacks of September11, 2001", *Report of the US Senate Select Community on Intelligence*, Washington, DC. See www.gpoaccess.gov/serialset/creports/pdf/fullreport_errate.pdf.

门设立的专门监测机构的工作人员,也包括村民委员会、居民委员会和有关单位选出的专兼职信息报告员,还包括相关行业的学者和专家。针对监测人员专业知识和业务技能欠缺,监测工作初浅化的现状,应不断加强队伍建设,提高人员素养,促进信息敏锐力和关联力的提升。首先,在思想上,通过宣传和教育,强化监测工作的意义和责任,使监测人员树立正确的安全观和使命感。其次,在专业技能上,开展定期培训,对监测人员的专业知识进行查缺补漏,避免知识的断层与僵化;举办研讨会、交流会等活动,创建一个相关专家与技术人员经验交流和切磋的平台,了解前沿动态,开阔视野。此外,贯彻"平战结合"原则,开展定期与不定期演练,以检验应急监测水平和响应能力,提高部门间分工协作能力,增强实战经验。同时,将培训和演练作为政府部门监测人员专业技能的考核指标,切实保障监测能力的提升。最后,在人才供给上,可采取与专业院校合作,建立人才培训基地等方式,保障监测队伍专业人员的储备和培养[①]。此外,还应分领域、分方向、分模块构建应急监测专家库,必要时与相关部门、专业技术人员就收集的信息进行会商,评估突发事件发生的概率及可能造成的影响,这与第二章的风险评估机制相类似,此处不予赘述。

(三) 调动社会资源,实现监测途径的多元化

基于不同的监测主体在性质、职责等方面的差异,应急监测应遵循"政府主动收集为主,被动收集为辅"的原则,但当前作为补充力量的被动收集缩水严重,极大地制约了信息收集能力的发展。《国务院关于全面加强应急管理工作的意见》规定:"通过建立社会公众报告、举报奖励制度,设立基层信息员等多种方式,不断拓宽信息报告渠道。"对此,应充分挖掘社会力量在应急监测中的作用,以弥补监测手段单一所带来的局限。美国在信息分析研判组织方式上,建立了以中央情报局为主,政府部门和民间机构共同参与的情报分析研判体制,既体现了政府专职机构的主导作用,也充分发挥了社会力量的辅助作

---

① 张丽珊:《环境应急监测能力建设的问题及若干思考》,载《科技风》2014年第14期。

用,实现了信息收集、研判渠道的多元化。① 在鼓励社会力量为政府部门提供线索时,应注意以下几个问题:一是便捷性。专线电话的开设、网络平台的推广等都应采用广为人知的方式,畅通信息接收渠道。二是保密性。政府部门既要对情报提供者的身份进行保密,防止其因提供线索而遭到打击报复,还要对接收的信息进行保密,防止重要情报泄露引起社会恐慌或不法分子出逃等情形的出现。三是奖励性。对分析研判后确认具有重大价值的情报,可通过精神或物质奖励,对公民的行为予以肯定和鼓励。2015 年,北京"西城大妈"全年共提供涉恐线索 72 条,4 个月获得 56 万元奖励②,极大地激发了民众参与社会治安治理的热情与积极性。总之,集全社会之力查找信息,在人数和来源上都具有绝对的优势,而行政机关要做的就是把好关,引导、筛选、判断和提炼有价值的信息,两者相得益彰,形成专业监测与社会监测相结合的完整的监测体系。

(四) 优化信息平台建设,提升监测智能化水平

监测信息平台的优化并非简单的网络修补与升级,其有几个基础前提:一是监测区域的合理划分与监测站点的全方位覆盖;二是监测项目和监测指标设定得科学、明确;三是系统自动化水平高。日本是一个地震多发的国家,其监测系统比较发达。日本气象厅是主管全国地震和海啸的专门监测机构。在地震监测方面,日本气象厅在全国安装了约 180 个地震检波器站点,约 600 个点的地震强度仪,在日本海域还安装有约 1000 个地震仪,进行 24 小时不间断监测,向全国约 3900 个区域点发送地震强度信息。除了气象厅主动收集数据外,日本政府安装的约 2800 个点以及日本防灾科学技术研究所(隶属于文部科学省的国立科研机构)安装的地震强震观测仪也会将监测所得的信息与气象厅共享。其中,日本防灾科学技术研究所设有三级 2000

---

① 张维平:《政府应急管理预警机制建设创新研究》,载《中国行政管理》2009 年第 8 期。

② 池海波:《北京"西城大码"靠提供破案线索 4 个月领 56 万元》,载腾讯网,http://news.qq.com/a/20150713/012463.htm,2018 年 9 月 18 日访问。

多个点的监测网络。1996年4月,日本内阁府研发的"地震受害假定系统和地震受害早期评价系统"可对4级以上的地震信息进行储存并在短时间内估算人员伤亡、房屋毁损等危害后果和规模,为政府判断灾情提供了参考依据。① 日本在监测网络覆盖面、多主体间信息共享、监测手段多元化、信息平台智能化等方面都较为领先,有很多值得我们借鉴之处。对此,首先,应结合突发事件发生的频率、影响程度和当地的自然、人口、经济等因素来科学划定监测区域和监测站点,扫除监测盲区。其次,根据不同类型突发事件的发生发展规律,设定明确合理的监测指标和阈值,如环境空气污染物的监测项目有哪些,浓度限值为多少。监测指标和阈值的设定具有科学理性,能为信息收集、挖掘和研判提供指引性方向,减少监测无关信息的无效劳动。再次,在前两步的基础上,分门别类地建立覆盖全县或全市的突发事件基础数据库,如县级气象数据库、地质灾害数据库等。复次,将数据库并联到信息接收终端的网络平台,通过授权,赋予相关部门工作人员获得查阅信息的资格,实现信息的共享与联动。最后,加大技术创新和研发力度,进一步提高信息网络平台的智能化水平,如建立由用于数据录入、汇总、分类、储存、更新的数据模块和基于变量选择、权重、评价和预测的分析模块组成的超级计算机系统②,使其能自动筛除无价值信息并将有价值信息进行汇总、传输和简析。信息平台的智能化在很大程度上解放了人力,这将极大地促进信息管理与联动的便捷化。

第三节 预警机制

预警机制是指根据监测预判的结果,就突发事件的紧急程度、发展态势和

---

① 钟开斌:《日本灾害监测预警的做法与启示》,载《行政管理改革》2011年第5期。
② 岳清春:《协同应急视域下的监测预警机制研究》,载《消防科学与技术》2016年第1期。

潜在危害进行等级划分和信息发布的一系列内在有机构成方式。预警机制的实质在于通过发布警示信息来宣告社会状态的转变,为应急处置措施创设合法性前提。欧洲法院认为,"当人类面临风险的风险具有不确定性时,共同体的宪法是授权政府去采取保护性措施,而不是等待这些风险转变成现实。"① 在预警阶段,风险值逐步上升,达到法律规定的阈值,此时,社会状态由平稳期转为预警期;同理,当风险值下降时,则应降低等级甚至解除预警,社会状态逐渐恢复至平稳期。在这个过程中,需要设定一种机制来衔接和协调预警级别的判定、警报颜色的标示、应急预案的启动、预警信息的发布等环节,而这就是预警机制功能之所在。

一、我国预警机制存在的不足

(一) 预警启动迟缓

从《突发事件应对法》第44、第45条的规定来看,启动应急预案是应急响应的第一步。应急预案为后续应急管理工作提供依据和方法,若启动迟缓必将贻误处置时机。实践中,应急预案启动迟缓的现象不断发生,例如,2015年12月18日,环保部组织专家会商并通报陕西省关中地区未来几天将出现重度雾霾天气,但西安市会商结果认为并未达到启动预警的条件。此间空气污染程度加剧,直至21日上午9时,西安市治污减霾办公室才启动应急预案,发布重污染天气Ⅲ级黄色预警。21日至23日,西安市多个时段达到严重污染程度,但并未调整预警等级。12月30日,环保部在其官网上就西安市应急响应存在的问题进行通报批评。② 再如,《山东省青岛市"11·22"中石化东黄输油管道泄漏爆炸重大事故调查报告》指出,潍坊输油处

---

① European Court of Justice, "Decision Concerning the Commission Ban on the Export of Beef and Beef Products from the Udomnited King, Cases C-157/96 * 63 and C-180/96 * €4", In Wade, Jared, *Managing Strategic Surprise: Lessons from Risk Management and Risk Assessment*. Cambridge: Cambridge University Press, 2008, p.123.

② 陈健、杨波:《环保部通报批评西安重污染天气应急响应启动迟缓》,载人民网,http://env.people.com.cn/n1/2015/1230/c1010-27996948.html, 2018年10月3日访问。

及青岛输油站、中石化管道分公司对泄漏原油数量未按应急预案要求进行研判，对事故风险评估出现严重错误，没有及时下达启动应急预案的指令；对事态后续发展趋势研判不足，也未及时提升预案响应级别，这些都是导致此事件暴发升级的重要原因。

（二）信息传达不畅

信息传递有三个面向：一是向上级政府报告；二是向同级政府部门通报；三是向社会公众发布相关信息。在向上级政府报告信息时，下级政府因担心影响政绩而瞒报、漏报或迟报的情形不一而足。若突发事件侥幸得以控制，责任追究往往不了了之，因此，从成本收益博弈角度来看，下级政府具有"赌一把"的利益驱动。在向同级政府部门通报信息时，也存在通知不及时等问题。例如，2015年11月8日，沈阳市启动重污染天气一级红色预警。根据《沈阳市重污染天气应急预案（试行）》的规定，沈阳市重污染天气应急指挥部成员包括市环保局、公安局、教育局、城管局、市委宣传部等17类职能部门，而应急指挥部的职责包括下达应急预警启动、变更和终止命令；发布预警信息，指挥各成员单位开展应急响应工作；向各成员单位传达指挥部的各项应急指令。然而，在预警发布后，环保局工作人员竟对此全然不知，可见信息传达渠道并不通畅。① 行政机关在向社会公众发布与突发事件相关的信息时，内容缺失、效率低下更是比较普遍的现象。例如，2014年10月9日，华北大部分地区遭遇重度雾霾天气。石家庄市裕华热电厂接到预警通知时已距政府部门发布信息过去了8个小时。② 在2014年兰州自来水苯超标事件中，从4月10日15时发现自来水中苯含量超标，到4月11日16时有关部门在微博上向兰州市民发布饮用水安全警示，足足超过了24个小

---

① 舒珺：《沈阳重度雾霾 环保局人员对启动一级响应不知情》，载中国网，http://www.china.com.cn/haiyang/2015-11/09/content_37014522_2.htm，2018年10月7日访问。

② 冯永峰：《重污染天应急预案何以难应急》，《光明日报》2014年10月15日，第6版。

时。人们纷纷质疑：为什么反应如此迟缓，在信息滞后公布的 24 个小时里又发生了什么？①

（三）预警级别不当

对于可以预警的自然灾害、事故灾难和公共卫生事件，《突发事件应对法》第 42 条将其分为四级，分别用红、橙、黄、蓝四种颜色进行标示，其中，四级为预警的最低级。理论上来说，这三类事件一般在其预案中都设定有具体的、可量化的预警指标，如 2012 年修订的《国家地震应急预案》依据死亡人数、地震震级和经济损失的具体数值，将地震灾害划分为特别重大、重大、较大、一般四级；2015 年印发的《国家城市轨道交通运营突发事件应急预案》依据死亡人数、重伤人数、直接经济损失和中断行车时间的具体数值，将运营突发事件划分为特别重大、重大、较大、一般四级。② 笔者此处所指的预警级别不当，是指政府部门确定的预警级别所指向的应急处置措施不符合突发事件发生发展的程度和规模。此处分三种情况：一是没有明确的级别设置，需要政府部门自行判定，多见于社会安全事件中。二是有明确的级别划分，但无具体指标说明。例如，《湖北省食品安全事故应急预案》只指出，将突发事件从高到低分为一二三四级，但没说明具体划分标准。三是有明确的级别和指示，但与客观期待不符，即指标设定的合理性有待商榷。例如，在汶川地震中，国家

---

① 许辉、张旭东：《兰州水污染警告迟到 24 小时：威立雅一星期前曾检出》，载凤凰新闻网，http://finance.ifeng.com/a/20140414/12110235_0.shtml，2018 年 10 月 11 日访问。

② 《国家城市轨道交通运营突发事件应急预案》规定：（1）特别重大运营突发事件：造成 30 人以上死亡，或者 100 人以上重伤，或者直接经济损失 1 亿元以上的。（2）重大运营突发事件：造成 10 人以上 30 人以下死亡，或者 50 人以上 100 人以下重伤，或者直接经济损失 5000 万元以上 1 亿元以下，或者连续中断行车 24 小时以上的。（3）较大运营突发事件：造成 3 人以上 10 人以下死亡，或者 10 人以上 50 人以下重伤，或者直接经济损失 1000 万元以上 5000 万元以下，或者连续中断行车 6 小时以上 24 小时以下的。（4）一般运营突发事件：造成 3 人以下死亡，或者 10 人以下重伤，或者直接经济损失 50 万元以上 1000 万元以下，或者连续中断行车 2 小时以上 6 小时以下的。上述分级标准有关数量的表述中，"以上"含本数，"以下"不含本数。

减灾委灾害救助的先期预警级别为二级响应,预警级别与灾害程度不符。① 再如,根据《济南市重污染天气应急预案》的规定,预警的条件必须满足空气质量指数(AQI)连续72小时(含)以上高于200,或AQI连续24小时(含)以上高于500。② 因此,即便空气污染情况超出民众忍受程度,但仅因未满足上述条件而无法启动应急预案。③ 2012年7月21日至22日,北京市遭遇强暴雨天气。北京市气象局在预报时报的是暴雨,但7月21日的实际降雨级别远远超过预报程度。此次事件中的预警级别受到媒体质疑,对此,北京市气象台总工程师、首席预报员孙继松认为北京市气象台对下雨时间的预报是准确的,但也承认对雨量强度的预报确实差了一个量级,原因主要在于"北京发生全市性的大暴雨以上的天气过程在历史上非常罕见"④。

二、制约预警机制良性运行的原因

(一)指标设置不明,预案启动、变更和解除时机把握不准

预警指标与预警等级和响应措施是一一对应的关系,即只有当风险指数达到预警指标的阈值时,才能确定相应的风险等级,进而采取与之对应的应急措施。当前,指标设置不明是导致实践中预警工作混乱无序的一个主要原因。具体来说,一是指标缺失。划定预警级别的目的在于根据风险的等级来采取相应的措施,进而消除危机。指标的缺失会导致应急处置响应失去规范的框架,或应急不足,无法遏制风险值持续飙高;或应急过度,侵害公民的合法权益。二

---

① 张维平:《政府应急管理预警机制建设创新研究》,载《中国行政管理》2009年第8期。

② 《济南市重污染天气应急预案》规定:当预测连续3天(含)以上发生重度污染天气时(200<AQI≤300),发布黄色预警;当预测连续3天(含)以上发生严重污染天气时(300<AQI<500),发布橙色预警;当预测1天(含)以上发生极严重污染天气时(AQI=500),发布红色预警。

③ 王晓迪:《不到三天不能启动预案 济南雾霾突爆表曝出预案空白》,载新华网,http://www.sd.xinhuanet.com/news/2014-01/08/c_118875063_2.htm,2018年10月17日访问。

④ 王君主编:《公共危机管理典型案例·2012》,人民出版社2014年版,第9~10页。

是指标设置不规范,与《突发事件应对法》相冲突。例如,2013年发布的《武汉市雾霾天气应急处置预案》① 和2014年发布的《沈阳市重污染天气应急预案(试行)》都将预警级别分为黄橙红三级且预警指标设置相同,分别为AQI连续72小时在201至300(含300)范围、连续48小时在301至500(含500)范围、连续24小时在500以上。应急预案的位阶低于《突发事件应对法》,这种三级划分显然与《突发事件应对法》第42条规定的四级划分相悖。三是指标设置不合理。例如,《国家食品安全事故应急预案》将食品安全事故分为特别重大、重大、较大和一般四级。那么,何为特别重大、重大、较大和一般,如何判定?对此,《南京市食品安全事故应急预案》②《洛阳市食品安全

---

① 2016年武汉市出台了《武汉市重污染天气应急预案(修订版)》,将重污染天气预警级别分为蓝色、黄色、橙色、红色四级。"蓝色预警(四级):武汉区域空气质量AQI指数已连续24小时在201至300之间(即重度污染),经预测,未来24小时AQI指数仍持续在201至300之间。黄色预警(三级):武汉区域空气质量AQI指数已连续24小时在201至300之间,经预测,未来48小时AQI指数仍将持续在201至300之间。橙色预警(二级):武汉区域空气质量AQI指数连续24小时大于300,经预测,未来24小时AQI指数仍将大于300。红色预警(一级):武汉区域空气质量AQI指数连续24小时大于300,经预测,未来48小时AQI指数仍将大于300。"这个修改是好的,但是预案文本最后注明:"本预案自印发之日起实施,《武汉市大气重污染天气应急预案》(武政办〔2014〕162号)同时废止。"笔者在武汉市政府官网上查询,并未找到2014年版的《武汉市大气重污染天气应急预案》,但却在同一页面下方找到2013年版的《武汉市重污染天气应急预案》。于是不禁产生质疑,《武汉市大气重污染天气应急预案(2014)》与《武汉市重污染天气应急预案(2013)》是一个文件吗?如果是,那为何名称不同?政府在发文时是否存在失察之过?如果不是,那是否意味着两个预案同时存在、同时有效,即预警存在两套标准?参见武汉市政府官网:http://www.wh.gov.cn/hbgovinfo/szfxxgkml/yjgl/yjya/201604/t20160411_71472.html。

② 《南京市食品安全事故应急预案》规定:符合下列情形之一的,为特别重大食品安全事故(Ⅰ级):(1)事故危害范围跨越省级行政辖区,并有进一步扩散趋势的。(2)超出江苏省处置范围的。(3)需要报请国务院或国务院授权部门负责处置的。符合下列情形之一的,为重大食品安全事故(Ⅱ级):(1)事故危害严重,影响范围超出本市行政区域的。(2)造成伤害人数100人以上,并出现死亡病例的。(3)造成10例以上死亡病例的。(4)学校发生食物中毒事故,造成伤害人数50人以上的。(5)在全省性或地区性重大活动、重要会议期间造成伤害人数50人以上的。(6)省政府认定的其他重大食品(转下页)

事故应急预案》①等地方应急预案都有明确的规定。笔者在政府官网查询后发现，南京市全市常住人口为 823.59 万人，城镇常住人口为 670.40 万人；②洛阳市总人口数为 700.3 万。③两市人口数相差上百万，但预警标准却雷同，似乎不尽合理。另外，前文第一部分已述，像《武汉市雾霾天气应急处置预案》《沈阳市重污染天气应急预案（试行）》规定的"AQI 连续 72 小时在 201 至 300（含 300）范围、连续 48 小时在 301 至 500（含 500）范围、连续 24 小

（接上页）安全事故。符合下列情形之一的，为较大食品安全事故（Ⅲ级）：(1) 影响范围涉及市内 2 个以上区县行政区域，给公众饮食安全带来严重危害的。(2) 造成伤害人数 100 人以上，或出现死亡病例的。(3) 发生在学校或在全市性重大活动、重要会议期间的食品安全事故，并造成人员伤害的。(4) 事故原因有可能是新的不明生物所引发，或者隐含重大食品安全风险，需要实施统一领导、统一指挥协调的。(5) 可能对公众身体健康构成潜在重大危害并可能造成严重社会影响的。(6) 市政府认定的其他较大食品安全事故。符合下列情形之一的，为一般食品安全事故（Ⅳ级）：(1) 影响范围涉及区县行政区域内 2 个以上乡镇或街道，给公众饮食安全带来严重危害的。(2) 造成伤害人数 30~99 人，未出现死亡病例的。(3) 在区县行政区域内发生（发现）的将对公众身体健康产生一定伤害，并可能造成一定社会影响的。(4) 区县级政府认定的其他一般食品安全事故。

① 《洛阳市食品安全事故应急预案》规定：符合下列情形之一的，为特别重大食品安全事故：(1) 事故危害特别严重，对两个以上省份造成严重威胁，并有进一步扩散趋势的。(2) 超出省政府处置能力的。(3) 发生跨国（境）食品安全事故，造成特别严重社会影响的。(4) 国务院认为需要由国务院或国务院授权有关部门负责处置的。符合下列情形之一的，为重大食品安全事故：(1) 事故危害严重，影响范围涉及省内两个以上省辖市行政区域的。(2) 造成伤害人数 100 人以上，并出现死亡病例的。(3) 出现 10 例以上死亡病例的。(4) 省政府认定的其他重大食品安全事故。符合下列情形之一的，为较大食品安全事故：(1) 事故影响范围涉及我市行政区域内两个以上县级行政区域，给人民群众饮食安全造成严重危害的。(2) 造成伤害人数 100 人以上，或出现死亡病例的。(3) 市政府认定的其他较大食品安全事故。符合下列情形之一的，为一般食品安全事故：(1) 事故影响涉及县级行政区域内两个以上乡镇，给人民群众饮食安全带来严重危害的。(2) 造成伤害人数 30 至 99 人，未出现死亡病例的。(3) 县级政府认定的其他一般食品安全事故。

② 参见南京市人民政府官网，http://www.nanjing.gov.cn/gointonj/cityview/pepzk/201406/t20140603_2847920.html。

③ 参见洛阳市人民政府官网，http://www.ly.gov.cn/mlly/ggrk/249777.shtml。

时在 500 以上"的预警条件过于苛刻，指标的设置极不合理。四是指标设置不一致。过去，人们可能会碰到这样一种情况：同一时间、同一地区的两个机构发布关于雾霾天气不同"颜色"的预警——北京气象台发布霾橙色预警，而北京市应急办发布空气重污染红色预警。这是因为两个机构采用的预警指标不同：北京气象台发布霾预警参考的主要指标是能见度和PM2.5浓度，而北京市应急办发布重污染天气预警的主要指标是AQI，PM2.5只是AQI中的一项指标，除此以外，还AQI还包括二氧化硫、二氧化氮、一氧化碳等指标。部门间预警口径不一的问题已引起政府部门的关注，中国气象局预报司已于2017年1月17日下发通知，要求各地气象局、气象台立即停止霾预报预警工作。①

（二）部门衔接不畅，信息通报无序

以往，学界常常将信息传递迟滞归咎于预警对象和范围的规定的缺失，但近年来，国家应急意识和应急能力不断提高，应急预案的科学性和严谨性也得到极大改善，立法空缺已不再是制约预警信息传递的最大障碍。通常来说，应急预案对应急指挥部工作组成员及其具体职责，信息报告的主体、对象、时间和形式，信息发布的主体、内容等都有明确的规定②，而实践中落实不到位的主要原因则在于部门间协调配合程度较弱。一方面，部门成员多，例如，《武汉市供水突发事件应急预案》规定的应急指挥部成员有20个③，《武汉市突发

---

① 新浪科技：《各地气象局被要求停止霾预报？真相是这样》，载新浪网，http://tech.sina.com.cn/d/n/2017-01-18/doc-ifxzqnim4959541.shtml，2018年9月21日访问。

② 例如，《武汉市供水突发事件应急预案》规定：预警信息应当包括事件类别、起始时间、可能影响范围、危害程度、紧急程度和发展态势、警示事项、已采取的措施以及应对建议等。供水企业、事发地区人民政府应当在事发后1小时内向市人民政府、市水行政主管部门口头汇报；事发后2小时内书面报告；发生特别重大供水系统事件或者特殊情况，即刻口头报告，1小时内上报简要书面报告。供水企业、事发地区人民政府、市相关部门应当在事发后6小时内，向市人民政府、市水行政主管部门书面报告详细处置工作情况。

③ 指挥部成员单位包括：市委宣传部，市发展改革委、经济和信息化委、城乡建设委、城管委、交通运输委、卫生计生委，市公安局（市公安消防局、市公安局交通管理局）、民政局、财政局、商务局、住房保障房管局、安监局、物价局、气象局，武汉供电公司、市城投公司、市水务集团、武钢后勤集团、武钢房产公司。

地质灾害应急预案》规定的应急指挥部成员至少有19个。① 部门众多且分散的特性无疑加大了沟通协调的难度。另一方面，若发生像南方雨雪冰冻灾害那样超出本地政府应急处置能力的大规模复合型突发事件，还需将信息通报给当地驻军和毗邻地区的人民政府，涉及的对象更是庞杂。多个预案相继启动，像公安、环保、民政、财政等核心部门往往身兼数职，如何协调本部门的常态工作与应急工作，如何区分应急工作的主次和流程，如何与其他部门相配合……这都考验着政府部门的应急能力。危机预控时机稍纵即逝，而习惯了"条款分割""单打独斗"的政府部门在面对来势汹汹的突发事件时，常常表现出惊慌失措、自乱阵脚，延误了信息报送的时间。

（三）信息发布渠道泛化，缺乏针对性

《突发事件应对法》第44条第4、第5款规定，进入预警期后，政府应当向社会发布与突发事件有关的信息，这是政府的职责，也是对公民知情权的保障。关于信息发布的范围，如预警级别、危害程度、影响范围、发展态势、减灾常识、已采取的措施和应对建议等；途径，如广播、报纸、电视、互联网、手机短信等；形式，如定时或及时发布信息等，行政应急法一般有明确的规定。就现阶段而言，我国理论界和实务界对信息公开制度比较重视，行政机关汲取了以往因信息不对称而滋生谣言、恐慌进而引发新的危机的教训，行政机关和公民的信息公开意识已逐渐养成，无论是基于内在自发还是外在约束的驱动，政府信息公开至少在形式上是有保障的。但是，离信息发布及时、全面、准确、客观的要求还有一段差距。现今，行政机关故意漏报、瞒报、迟报的情形已得到极大改善，最突出的问题主要体现在信息发布方式的针对性和人性化还有待提高，即行政机关并未将相关信息以合适的或最佳的途径告知公民，更多的还是行政机关单方面的行为——"我做了，知不知道是你自己的事"。例如，在沈阳雾霾事件中，许多公民并不知道政府已启动应急预案。公民认为，

---

① 成员单位包括：市委宣传部，武汉警备区，市发展改革委、城乡建设委、交通运输委、卫生计生委、城管委、市民防办、信息产业办、市教育局、公安局、民政局、财政局、国土规划局、环保局、水务局、商务局、气象局，武汉供电公司等。

"谁没事会去关注环保局的微博""哪怕发一条短信提醒一下也好"。① 公民不明状况,如何配合?应急响应怎会理想?!再如,2013年8月16日,辽宁省抚顺市突降暴雨并引发特大洪灾,据统计,抚顺全市共76人遇难,88人失踪,其中一半遇难者都来自于南口前村。调查发现,该村既没有接到暴雨洪水的警报,也不知预警从三级升至为一级,更不知道海阳水库开闸泄洪的消息,最终错过了最佳撤离时机。讽刺的是,上下游的村落均由村干部组织转移,唯独南口前村被剩下。北口前村在接到预警后,迅速组织9名村干部挨家挨户上门通知,在此次事件中实现了"零死亡",与南口前村形成了鲜明的对比。② 当前,一些地方信息发布方式泛化,未考虑特定地区、特定人群的实际情况。严格来说,不考虑接收方的需求而一厢情愿地发布信息也是政府不负责任的一种表现。

三、预警机制的完善

(一)设置科学的指标,明确预案启动、变更和解除的条件

自然灾害、事故灾难和公共卫生事件的专业性较强,其预警指标可以通过情景构建、数据分析等方式,预测、推定出一个范围,以可量化的数值进行标示。大体来说,我国相关应急预案对这三类事件的预警级别和阈值都有明确的规定,指标设计框架相对成熟,也易于操作。因此,现阶段的工作重心应放在论证、保障预警阈值的科学性上。《突发事件应对法》第42条指明,预警级别的划分标准由国务院或其确定的部门予以制定。整体而言,预警标准一般在国务院专项或部门应急预案中都有所体现,各地需要参照此标准,结合当地实际情况③,通过不断检验、动态调整来实时改进预警指标,避免指标僵化而失

---

① 周庚虎:《沈阳遭遇最重雾霾 应急预案为何"梗阻"》,载新华社,http://news.xinhuanet.com/politics/2015-11/08/c_128405980.htm,2018年10月28日访问。
② 陶鹏、童星:《中国基层政府应急疏散行为模式:基于多案例比较分析》,载《中国地质大学学报(社会科学版)》2014年第4期。
③ 马怀德:《法治背景下的社会预警机制和应急管理体系研究》,法律出版社2010年版,第285页。

去适用价值。2016年2月14发布的《沈阳市重污染天气应急预案（修订版）》①和2016年5月5日发布的《武汉市重污染天气应急预案》（修订版）②都将预警级别从原来的三级增至四级，并降低了预案启动的条件。

然而，与这三类事件相比，社会安全事件的指标设计则复杂得多。《突发事件应对法》对社会安全事件没有进行分级规定。笔者认为，一来，社会安全事件涉及群体性事件、大型群众性活动、劫持人质事件、暴力恐怖袭击事件等，与前三类事件相比，这类事件人为主观因素较重，用量化的数据去划定指标存在技术难度，因而，也难以作出精确的等级划分。二来，社会安全事件复杂多变，级别之间界限不甚明朗，应急人员自由裁量空间大，太过具体的等级划分和对应的处置措施在某种程度上会对应急处置人员造成一定的束缚。对此，可以在参考一些成功的预警指标体系设计思路的基础上来确定若干个一级指标；在每个一级指标之下设若干个二级、三级指标，根据德尔菲技术调查法（Delphi Method）和层次分析法（AHP）来分配各指标对应的分值和权重。③当然，这种指标设计不可能大而全，也难以保证数值的精准率，其目的仅是提

---

① 《沈阳市重污染天气应急预案》（修订版）规定：蓝色预警：对连续2天全市空气质量指数（AQI）介于201至300之间重污染天气的预警。黄色预警：对连续3天全市空气质量指数（AQI）大于200，且未达到橙色和红色预警级别重污染天气或连续2天全市空气质量指数（AQI）介于301至500之间重污染天气的预警。橙色预警：对连续4天及以上全市空气质量指数（AQI）大于200，且未达到红色预警级别重污染天气或连续3天全市空气质量指数（AQI）介于301至500之间重污染天气的预警。红色预警：对连续4天及以上全市空气质量指数（AQI）介于301至500之间重污染天气或1天及以上全市空气质量指数（AQI）达到500的重污染天气预警。

② 《武汉市重污染天气应急预案》（修订版）规定：空气质量AQI指数连续24小时在201至300之间，预测未来24小时仍在此区间时，启动蓝色预警；指数连续24小时在201至300之间，预测未来48小时仍在此区间时，启动黄色预警；指数连续24小时大于300，预测未来24小时仍大于300时，启动橙色预警；指数连续24小时大于300，预测未来48小时仍大于300时，启动红色预警。

③ 关于预警指标体系设计思路，国际上较有影响的有富兰德指数、国家风险国际指南、政治体系稳定指数、社会不稳定指数、国家危机程度指数等；国内较有影响的有社会综合报警指标体系、社会风险监测与预警指标体系、社会预警指标体系等。参见张小明：《公共危机预警机制与指标体系构建》，载《中国行政管理》2006年第7期。

供一个危急程度的参考范围。

日本地震预警系统于 2003 年开建，2007 年正式投入使用。发布预警信息的最低条件为可能引起 5 度弱以上烈度破坏的地震，要求的时间误差为 5 秒，烈度误差为 1 度。日本气象厅将全国分为 66 个海啸预警区，能在地震发生后的 3 分钟内发出海啸预警。2011 年 3 月 11 日发生的东日本大地震虽然伤亡惨重，但在很多地区，民众在震前 10 秒钟和海啸前 12 分钟就因获悉了预警信息才得以逃生，日本精密发达的预警系统在此次事件中发挥了巨大作用。[①] 除了设置科学的预警指标外，我们还应进一步规范预警级别启动、变更和解除的条件和程序，做到实时监控及时调整，确保预警级别与危机发展态势相契合，确保预警级别与处置措施符合比例原则，避免因级别不当而导致应急不足或应急过度进而损害公民权益等情形的出现。

（二）加大培训演练力度，提高部门间信息协作能力

行政机关在获取与突发事件有关的信息后，如何作为？信息传递的内容为何，信息传递的对象为何，信息传递的方式为何，频率为何……行政应急法虽规定了具体的流程，但错综复杂。平时疏于学习，真要用时则手忙脚乱，不知该向上级报告什么，向同级通报什么，向公众发布什么。因此，应开展专门的应急预案培训，帮助应急管理人员理解、熟悉各自的工作职责和工作流程；重点加强部门间的信息联动，打破"单灾种、分行业、分部门"的多头预警模式[②]，避免因缺乏抽丝剥茧的理性和默契十足的配合而延误了信息传递的时间。

（三）组合信息发布渠道，极力扫除接收死角

首先，应当明确不同媒介的载体形式、受众规模、传播特性、传播速度与影响程度[③]，综合利用多种手段，以满足不同群体的需求。信息接收的途径有

[①] 钟开斌：《日本灾害监测预警的做法与启示》，载《行政管理改革》2011 年第 5 期。

[②] 彭涛、叶正茂：《健全和完善我国公共危机管理预警机制》，载《行政与法》2014 年第 4 期。

[③] 传统媒体具有单向性、延迟性、公开性、目的性与局限性，而新型媒体具有多向性、实时性、匿名性、广泛性与随意性。

很多，不同年龄、不同职业获取信息的渠道也各有侧重。年轻人更关注微博微信，老年人更关注路面宣传，男性更关注报纸，女性更关注电视，IT行业人群更关注互联网，司机则更关注广播……但是，任何单一的渠道都有其局限性，只有多种渠道相叠加，才能做到优劣势互补与互促，从而拓展信息接收的宽度和深度。在预警信息发布的方式上，日本综合运用电视、报刊、广播、报警器、互联网、宣传车等多种方式，信息发布网络较为协调。例如，日本放送协会（NHK）每天会安排专门的地震速报播音员在演播间随时待命，一旦发生紧急情况，气象厅的紧急地震速报信息会自动传送到广播台和电视台。30秒后NHK总部就会立刻切换到当地摄像头拍摄的画面，而播音员则会马上讲解地震震级及具体位置等信息。① 此外，2008年，日本KDDI、NTT DoCoMo和软银三大手机运营商纷纷推出一款能通过地震预警系统而自动向用户发出警报信号的手机系统。② 除了利用常规基础媒介发布预警信息外，日本还考虑到老弱病残孕等特殊人群、学校等特殊场所以及一些预警盲区接收信息的不便，进而采取逐户通知等有针对性的方式。其次，应区分信息的内容，根据信息的重要程度、紧急程度来选择适合的发布途径。对于紧急程度较高的信息，如危害警告、可采用的应对措施等，可通过短信、微信、宣传车等传递快捷、运用广泛、接收方便的媒介予以发布；对于紧急程度较低的信息，如对突发事件的预测、评估结果等，可通过电视、广播、报纸、互联网、电子屏等媒介予以发布。最后，对于一些特殊人群，可借鉴日本的做法，如向农村、山林等偏远地区和通信欠发达地区的公民，应有针对性地采用电话、走访、当面告知等方式，向民众传达预警信息。

县级以上人民政府应整合现有信息媒介资源，加快推进预警信息发布平台的构建，加强对信息发布、新闻报道工作的组织协调与归口管理，充分发挥政

---

① 姜弘：《NHK这样报道大地震——专访NHK综合台新闻制作人》，载《南方周末》，http://www.infzm.com/content/56756，2018年11月5日访问。
② 钟开斌：《日本灾害监测预警的做法与启示》，载《行政管理改革》2011年第5期。

府舆论引导的积极作用。此外，应进一步明确社会媒体在预警信息发布中所承担的义务和责任，建立预警信息快速、优先、无偿发布的"绿色通道"[1]，提高预警信息发布能力。

---

[1] 许小峰：《强化气象灾害监测预警 提升应急防灾避险能力——解读〈关于加强气象灾害监测预警及信息发布工作的意见〉》，载《中国应急管理》2011年第8期。

第四章　应急处置与救援阶段法律实施机制之优化

第一节　应急处置与救援阶段法律实施机制的内容

我国是一个灾难多发的国家，每年因各类突发事件死亡的人数约为 20 万人之多，造成的经济损失占 GDP 总量的 6%。① 应急处置与救援阶段的行政应急法律实施机制建立在隐性的风险转变为现实的危险情形之上，在此阶段的各项机制对于规制风险、化解风险具有至关重要的作用。换言之，此阶段内的应急机制设置的优劣直接关系到能否及时、有效地化解风险。这一客观情况无疑将应急处置与救援摆在了一个无比重要的位置上，因为一个无应变手段的国家往往没有保存自己的手段。②《突发事件应对法》在第四章也对此进行了专门规定。笔者认为，应急处置与救援是指，在突发事件暴发后，政府有关部门迅速采取一系列措施以控制和消除突发事件引起的社会危害的计划与活动。在应急处置与救援阶段，法律实施机制的运行环境进一步恶化，风险值飙升至最高点，隐性的、潜在的危机质变为显性的、现实的突发事件。这在某种程度上表明了前期预防与应急准备、监测和预警阶段工作的失效，若再处置不当，将极大地损伤国家和政府的权威与形象。

---

① 佘廉、郭翔：《从汶川地震救援看我国应急救援产业化发展》，载《华中科技大学学报（社会科学版）》2008 年第 4 期。

② Edmund Burke, *Reflections on the Revolution in France*, Chicago：Regnery, 1955, p. 37.

总体而言，应急处置与救援阶段法律实施机制欲达成的目标有两个：一是控制乃至消除突发事件，此为"对事"；二是保护公民生命财产安全，此为"对人"。在这一阶段，法律实施机制依赖于一系列具体的措施和步骤，包括接处警、先期处置；成立应急指挥机构，作出决策；依照指令展开处置与救援行动。以此为逻辑线索，此阶段法律实施机制的内容可以概括为三个方面：（1）接警响应机制（《突发事件应对法》第48条）。（2）指挥决策机制（《突发事件应对法》第4、第8、第9、第10、第16条）。（3）救援执行机制（《突发事件应对法》第49、第50、第51、第52、第53、第54、第55、第56、第57条）。

第二节 接警响应机制

所谓"接警响应机制"，是指行政机关及有关单位在接到预警警报或报警信息后，迅速作出反应，赶赴事发现场，在应急指挥部成立之前开展先期处置的过程和步骤。突发事件的暴发与应急指挥部成立后开展有计划的处置与救援之间往往存在一个时间差，但突发事件的骤变性和危害性又不容一分一秒的耽误，因此，接警响应作为一种过渡性机制应运而生，有效地弥合了时间上的断裂。具体来说，接警响应机制的功能体现在两大方面：一是接处警，迅速赶往事发现场，彰显党和政府在危难时刻的责任感和使命感，安抚民众的恐慌情绪，此为接警响应机制的形式意义。二是先期处置，通过开展收集和报告信息、疏散群众、简单施救、维持秩序等工作，尽可能地降低损害，避免事态恶向发展，为后期有计划性的处置与救援减轻压力，此为接警响应机制的实质意义。应急处置与救援是一项分秒必争的工作，所谓"机者如神，难遇易失"，接警响应由于具有时间上的优势，因而更易成为抢救伤员、平息事态的"关键期"和"黄金期"。然而，实践中接警响应机制还存在较多问题，概括而言，当前我们对其功用的认识还局限于承上启下的衔接性上，对接警响应机制的重视程度远远不及救援执行机制，等等。

一、我国接警响应机制存在的不足

接警响应机制有两个要义：一是"快"，即快速反应；二是"准"，即精准实施先期处置措施。"快"是效率的保证,"准"是效果的保证,两者是辩证的关系。在接警响应机制中,快速反应是前提,正确应对是根本,两者缺一不可,否则,将出现重效率、轻效果的"乱作为"或重效果、轻效率的"慢作为"。两者同时兼顾固然是理想图景,但应当看到,接警响应机制特定的运行环境——嘈杂混乱、态势不明的外在环境给接警响应机制同时实现效率与效果的最优化设置了很大的障碍,给行政机关接警响应能力提出了较大的挑战。

(一) 接处警反应不及时

接处警是接警响应机制的首要环节。经过不断的改革与发展,我国接处警的反应速度有了极大的提高。以公安机关为例①,全国基本建立了110报警平台及110、120、122"三台合一"的指挥中心,打破了原有单兵作战的工作模式,发挥了整合警力、综合调度的功用。2003年公安部颁布的《110接处警工作规则》第23条规定,对于紧急报警,民警在接到110报警服务台处警指令后,应迅速前往现场开展处置工作;对于其他非紧急报警,则应当视情尽快处理。此后,各地警方纷纷细化规定,针对紧急报警提出"城区五分钟、城郊十分钟、农村地区尽快到达"的出警时限要求。《国家突发公共事件总体应急预案》对应急管理工作提出了六项原则,其中包括以人为本、减少危害、快速反应。突发事件的暴发本已使得应急管理工作陷入被动的局面,若再反应迟钝,以人为本和减少危害也将无从谈起。因此,快速反应是根本前提,这也正是接警响应机制存在的意义与价值。然而,当前一些突发事件的应急处置还未能满足快速响应的要求。例如,在2014年10月14日发生的昆明晋宁事件中,晋宁县富有村村民与施工方组织的人员发生激烈冲突,现场人数超过2000余人,村民多次报警,但警方迟迟不出警,最终酿成8死18伤的惨剧。② 再如,2010年4月14日上午7点49分,青海省玉树藏族自治州玉树县连续发生6次

---

① 因为公安机关是先期处置机制的重要主体,绝大部分突发事件都是公安机关最先赶往现场。

② 《追踪云南晋宁征地致8死18伤事件:村民质疑不出警》,载搜狐网,http://news.sohu.com/20141017/n405195528.shtml,2018年11月14日访问。

地震，最高震级为 7.1 级，造成 2698 人遇难，12000 余人受伤。地震发生后，首批救援队伍于 15 日凌晨抵达震区①，此时已距地震发生过去了约 16 个小时。无论出于何种原因，接处警反应不及时都背离了接警响应机制设立之初衷。

(二) 先期处置效果不理想

所谓"先期处置"，是指在突发事件发生后至应急指挥部成立前，由与突发事件相关的部门在接到预警或报警信息后赶往事发现场进行初步处置的活动，如封控现场、疏散人群、抢救伤员、伤亡预测、向上级部门报告情况等。先期处置的主体不仅为赋有处置职责的行政机关，还有包括相关企事业单位。先期处置是一把双刃剑，若处置得当，将极大地降低突发事件的负面影响；若处置不当，不但控制不了事态，还极有可能加剧事态的恶化。类似的案例屡见不鲜，例如，2015 年 8 月 12 日 22 时 50 分，位于天津市滨海新区天津港的瑞海公司危险品仓库起火；22 时 52 分，天津市公安局 110 指挥中心与天津市公安消防总队 119 指挥中心同时接到报警；22 时 56 分，天津港公安局消防四大队最先到达现场，其他增援力量也陆续赶到；②23 点 34 分 06 秒和 37 秒接连发生两次爆炸；8 月 13 日凌晨 1 点左右，应急总指挥部正式宣布成立；当天 10 点 30 分，天津爆炸现场救援指挥部召开会议决定，因危化品数量、内容和存储方式不明，故暂停现场救援；8 月 14 日 16 时 40 分，现场明火才被扑灭。此次事故造成了极大的人员伤亡和财产损失③，令人扼腕，但必须承认的是，事故的先期处置效果并不理想：一是现场明火近 42 个小时才得以扑灭；二是救援处置人员死伤惨重——24 名公安现役消防人员、75 名天津港消防人员、

---

① 王松磊：《"4·14"玉树地震应急救援的启示——基于玉树地震灾区的实地调研》，载《西藏发展论坛》2010 年第 4 期。

② 截至 2015 年 8 月 13 日 11 时，天津消防总队已经先后调派 143 辆消防车，1000 余名消防官兵到场救援。

③ 165 人遇难（参与救援处置的公安现役消防人员 24 人、天津港消防人员 75 人、公安民警 11 人，事故企业、周边企业员工和周边居民 55 人），8 人失踪（天津港消防人员 5 人，周边企业员工、天津港消防人员家属 3 人），798 人受伤住院治疗（伤情重及较重的伤员 58 人、轻伤员 740 人）；304 幢建筑物（其中办公楼宇、厂房及仓库等单位建筑 73 幢，居民 1 类住宅 91 幢、2 类住宅 129 幢、居民公寓 11 幢）、12428 辆商品汽车、7533 个集装箱受损。

11名公安民警遇难牺牲，5名天津港消防人员失踪。① 消防人员在未摸清现场化学品性质的情况下将火灾视为普通起火，采用传统的喷水灭火方式②，纵然逆火而上，英雄逝去，但火未灭、爆炸起。再如，青岛"11·22"中石化东黄输油管道泄漏爆炸事件起初只是原油泄漏，正是由于先期处置不当——开发区管委会对原油泄漏的发展趋势研判不足，未及时通知和疏散群众，未及时采取警戒和封路措施，也未能发现和制止企业现场应急处置人员违规违章操作才引发连环爆炸③，使一般性企业安全生产事件升级为特别重大安全事件，并引发环境、公共卫生、城市运行和群体性事件等一系列问题。

---

① 王硕：《天津港"8·12"瑞海公司危险品仓库特别重大火灾爆炸事故调查报告》，载中国新闻网，http：//www.chinanews.com/sh/2016/02-05/7750596.shtml，2018年11月23日访问。

② "瑞海公司仓储业务商品类别中的第三类易燃液体（甲乙酮、乙酸乙酯等）及第四类易燃固体、自燃物品和遇湿易燃物品（硫磺、硝化纤维素、电石、硅钙合金等）都不能简单用水扑灭。据专家介绍，第三类易燃液体有的比水轻，用水无法灭火，极端情况下，比如火势很大，用水不太多，不仅不灭火，还助燃，所以要看比重大小及能否溶于水来决定扑灭方法。第四类物质一旦燃烧，扑灭需要用干粉和干沙，禁止用水和泡沫，否则可能引发爆炸。"参见刘星、何林璘：《四问天津港特大爆炸事故：有消防员称用水灭火》，载中国新闻网，http：//www.chinanews.com/gn/2015/08-14/7466764.shtml，2018年11月27日访问。

③ 就企业及其内部管理单位而言，其并未及时、全面地向事发当地管委会及相关部门报告原油泄漏的信息，也未按照规定将该情况及时通报给可能受到事故危害的居民和单位；而管委会应急办、开发区安全监管局也未能严格执行生产安全事故报告制度，存在迟报、谎报的行为。信息的迟滞和缺失导致了风险评估和应急指挥决策的偏差。此外，原油泄漏处置不当是造成输油管爆炸的直接原因，国家安全生产监督管理总局发布的《山东青岛"11·22"中石化东黄输油管道泄漏爆炸特别重大事故调查报告》也指出："原油泄漏后，现场处置人员采用液压破碎锤在暗渠盖板上打孔破碎，产生撞击火花，引发暗渠内油气爆炸。……开发区管委会未能充分认识原油泄漏的严重程度，根据企业报告情况将事故级别定为一般突发事件，导致现场指挥协调和应急救援不力，对原油泄漏的发展趋势研判不足；未及时提升应急预案响应级别，未及时采取警戒和封路措施，未及时通知和疏散群众，也未能发现和制止企业现场应急处置人员违规违章操作等问题。"参见《山东青岛"11·22"中石化东黄输油管道泄漏爆炸特别重大事故调查报告》，载中国政府网，http：//www.chinasafety.gov.cn/newpage/Contents/Channel_21140/2014/0110/229141/content_229141.htm，2018年11月30日访问。

二、制约接警响应机制良性运行的原因

(一) 风险意识薄弱

在接警响应机制中,风险意识薄弱大体表现在两个方面:一是对突发事件不敏感,对事件的严重性和危害性缺乏正确的认识和判断,平战思维转化不灵敏。这种心理状态类似于"疏忽大意"。二是出于各种利益考量,希冀通过自身力量来妥善消除事件影响,进而以人为压制、拖延或隐瞒的方式来封锁信息,最终影响了处置与救援的成效。这种心理状态类似于"过于自信"。这两种表现在青岛"11·22"爆炸事件中都有所体现:一方面,在原油泄漏阶段,开发区管委会对事故的发展趋势和危害程度缺乏合理的预见,未及时启动应急预案,而是仅依据企业报告的情况将其视为一般事故采用常规方法予以处理。从原油泄漏到管道爆炸之间共历时8个小时,但管委会在前7个半小时内都没有封锁区域、组织疏散。另一方面,涉事企业与当地政府职能部门对事故信息迟报、漏报、谎报的问题十分突出,当青岛市长获悉该事故信息时,原油泄漏已达近7个小时。① 意识是行动的导向,正是由于风险意识薄弱,低估了风险的骤变性而高估了自身的应急能力才导致先期处置行动频频出错。

(二) 外界环境复杂

外界环境是不以人的意志为转移的客观存在,这些外在情况同样会限制接警响应机制功能的发挥,突出体现在两个方面:一是气候不适,二是交通不便。在"4·14"青海玉树地震中,通往受灾最严重的结古镇的陆路交通线路只有三条,无论走哪条,外界救援力量至少都要十几个小时才能赶到。② 交通

---

① 戚建刚:《解析"11·22"青岛输油管道爆炸事件中的六类违法行为》,载《法学杂志》2014年第6期。
② 一条线路从西宁出发经214国道北线到达玉树,距离约820千米,最快约15个小时到达;一条线路从西藏昌都出发经214国道南线到达玉树,距离约500多千米,但昌都段高山深壑、道路险峻,至少也需十几个小时的行程;一条线路是从四川石渠出发经304省道到达玉树,距离130千米,但石渠距成都距离则超过10000千米。参见王松磊:《"4·14"玉树地震应急救援的启示——基于玉树地震灾区的实地调研》,载《西藏发展论坛》2010年第4期。

不便不但耽误了救援时间，也极大地损耗了救援人员的体力。不仅如此，结古镇海拔超过 3700 米，高寒缺氧，救援人员和搜救犬或多或少都因高原反应受到影响。4 月 19 日上午，300 多人的广东救援队就因高原反应严重而不得不全部撤离。① 再如，在"东方之星"旅游客船倾覆事件中，事发当晚视线不好、风雨交加、水流湍急等环境因素使得先期搜救工作难以开展。② 外界恶劣、复杂的环境给救援处置增添了难度，同时也给应急处置人员的身体素质和仪器设备的抗干扰性提出了更高的要求。

（三）情报掌握残缺

全面系统的情报信息是精准开展先期处置行动的重要基础，在态势不明的条件下开展先期处置行动，看似保证了效率，但实则是盲目之举，不但效果不济，甚至还会加剧事态的恶化发展。纵观各类突发事件，当前制约我国接警响应机制运行的最大障碍即为信息不全。若消防官兵弄清楚现场化学物品的性质再有针对性地灭火，或许不会成为爆炸的助燃剂，或许英雄也不会逝去；③ 若涉事企业及相关政府职能部门能严格执行生产安全事故报告制度，及时、准确地将信息上报并告知公众，或许风险评估更为客观，应急处置行动也更为合理，或许青岛爆炸事件还停留于原油泄漏阶段。情报信息掌握不及时、不全面

---

① 王松磊：《"4·14"玉树地震应急救援的启示——基于玉树地震灾区的实地调研》，载《西藏发展论坛》2010 年第 4 期。

② 黄军：《事发夜晚颠覆倒扣　东方之星客轮救援有四大难点》，载网易新网，http://news.163.com/15/0602/10/AR3KE3LG00014AEE.html，2018 年 12 月 2 日访问。

③ "据《环球时报》报道，天津滨海新区开发区公安消防支队最早接到的是群众报警。开发区支队拥有专业的危化品火情处理装备和技能。但是，由于出发前没有任何起火点附近有危化品的预警，所以，他们按照普通火警出警。开发区公安消防支队八大街中队率先到达现场。……抵达后，八大街中队开始在现场灭火。同时，一边寻找现场企业负责人。没多久，企业负责人赶到，说起火集装箱附近的罐子里有危化品，但也说不清是什么危化品。随着火势加大，八大街中队开始后撤。他们一边撤，一边用水炮给危化品罐子降温。在后撤过程中，发生了第一次爆炸。然后是第二次爆炸。喷水 15 分钟后，集装箱突然爆炸。究竟是什么引起的爆炸，原因可能还需要更多的调查才能清楚。有可能由危化品自身泄漏或遇热引起，但从现场消防员的叙述看，也不能排除危化品遇水爆炸的可能。"参见《消防员根本就不知道现场有危化品　危化品种类和数量至今仍不清楚》，载《杭州日报》2015 年 8 月 15 日，第 A04 版。

会影响风险评估的准确性,使先期处置措施出现偏差甚至出现根本性错误。

(四) 专业知识匮乏

应急管理是一项科学性很强的事业,先期处置虽不是正式的处置与救援,但也需要专业的知识作为依托,否则,只会越帮越乱,加剧事态恶化,具体参见表1。

表1　　　　2007 年上半年因施救不当造成伤亡扩大事故统计表

序号	日期	事故单位	死亡人数	受伤人数	增加死亡	增加受伤	事故简要情况	事故类型
1	1月23日	甘肃省临夏州和政县沈家庄姚进荣沙棘果品厂	4	5	3	5	1月23日,甘肃省临夏州和政县沈家庄姚进荣沙棘果品厂,1名工作人员掉入2.5米深的沙棘池中,在救援过程中,参加抢救的7名工人和1名干警,相继被沙棘池中的有害气体熏倒,又造成3人死亡,5人受伤	中毒和窒息
2	2月6日	浙江省杭州市萧山污水处理有限公司	3	1	1	1	2月6日,浙江省杭州市萧山污水处理有限公司在围垦区域十五工段污水管网维修过程中,2人下井作业时吸入硫化氢等有害气体发生中毒,另2人发现异常后盲目下井查看也发生中毒,共造成3人死亡,1人受伤。该公司为萧山市国有市政企业,证照齐全	中毒
3	3月14日	山西省临汾市洪洞县兴唐寺乡圣王沟一非法煤矿	3	0	1	0	3月14日,山西省临汾市洪洞县兴唐寺乡圣王沟,一非法煤矿发生透水事故,当时有4人下井,其中3人逃出,1人死亡。矿主发现1人未出来便盲目下井抢救,造成死亡,逃出的3人中,一名受伤人员经抢救无效死亡,共造成3人死亡	透水

续表

序号	日期	事故单位	死亡人数	受伤人数	增加死亡	增加受伤	事故简要情况	事故类型
4	3月21日	安徽省六安市霍邱县霍邱诺普矿业公司（铁矿，基建井，股份制）	3	1	2	1	3月21日，安徽省六安市霍邱县霍邱诺普矿业公司在-150米至-100米天井施工过程中发生坠落事故，造成1人死亡。施救中又发生有害气体中毒事故造成2人死亡、1人受伤	中毒
5	4月16日	河南省平顶山市宝丰县王庄煤矿	33	15	0	15	4月16日，河南省平顶山市宝丰县王庄煤矿发生瓦斯爆炸事故，当班入井42人，其中9人安全升井，33人被困。事故抢救时又发生二次爆炸，造成15名救护队员受伤	瓦斯爆炸
6	5月14日	天津市西青区天方建筑工程有限公司	3	0	1	0	5月14日，在天津市西青区中北镇中北工业园区内阜盛道排污泵站水闸检修时，2名工作人员进入污水井内作业时晕倒，另1名职工下井救人时也晕倒在井内，共造成3人死亡。该井长1.6米、宽1.5米、深5.37米。初步判断为硫化氢中毒	硫化氢中毒
7	5月23日	江西省上饶市信州区春珍小麦淀粉加工厂	3	1	2	1	5月23日，江西省上饶市信州区春珍小麦淀粉加工厂1名工作人员在发酵池内作业时晕倒在池中，在场3人盲目进入池中救人，也相继中毒窒息，又造成2人死亡、1人受伤	中毒和窒息

续表

序号	日期	事故单位	死亡人数	受伤人数	增加死亡	增加受伤	事故简要情况	事故类型
8	6月6日	重庆市大足县拾万镇宏发造纸厂	3	1	2	1	6月6日2时,重庆市大足县拾万镇宏发造纸厂生产车间纸浆池内打浆泵阻塞,1名工人下池疏通窒息晕倒,其他工作人员先后下池救人,又造成2人死亡、1人重伤。后对事故沉浆池内空气进行监测,SO_2超标0.79倍,NO超标37.7倍,CO超标22.6倍,H_2S超标4.62倍,CO_2超标4.61倍	中毒和窒息
9	6月28日	云南省个旧市森源矿业有限责任公司	5	8	3	6	6月28日,云南省个旧市森源矿业有限责任公司4名开采人员在爆破一天之后,未进行气体检测进洞违章作业。由于前一天爆破后炮烟未及时排除,导致该矿坑内大量一氧化碳囤积,2名工人当场昏迷,另外2名工人受伤后退出矿坑求援,随后该矿厂组织了9名施救人员进入坑道内盲目营救,在营救过程中又造成3人死亡、6人受伤	一氧化碳中毒
总数			60	32	15	30		

资料来源:国家安全生产监督管理总局2007年第15号文件,http://www.chinasafety.gov.cn/2007-07/18/content_252296.htm。

在接警响应阶段，参与先期处置的主体主要有涉事单位和行政机关两大类。就涉事单位而言，根据《突发事件应对法》第 56 条①的规定，其有义务采取相关措施防止危害扩大。但是，不少企事业单位为减少成本往往忽视安全教育培训演练，也未组建专业的应急救援队伍，员工的安全常识和基本的自救能力都十分欠缺。《国家安全监管总局关于近期连续发生因施救不当造成伤亡扩大事故的通报》表明，因施救不当造成伤亡扩大事故的原因在于以下几点：一是发生事故后现场人员没有按照规定及时报告，在既没有弄清原因，又没有采取基本防护措施的情况下，组织不力，盲目施救。二是涉事企业未制订应急预案或虽有应急预案但针对性不强，不能有效指导应急救援工作，又未组织演练。安全教育培训工作不力，职工缺乏安全意识和基本的应急常识及自救互救能力。三是一些从事清污作业的企业，对长期封闭空间可能造成缺氧或产生有毒有害气体的认识不足，作业人员缺乏基本常识，作业程序不规范，作业前没有对作业现场有毒有害气体进行检测。四是一些企业没有为作业人员配备自救器、防毒面具等个人防护装备和气体检测监控仪器。五是一些矿山企业尤其是非煤矿山通风管理混乱，通风系统不健全，特别是独头巷道没有局部通风设备设施，或不按照安全规程要求进行通风。同时，对井下特别是长期停产的作业现场的有毒有害气体不进行监测和分析，甚至在发生事故进行救援时，也不进行气体检测分析。六是专业救援力量不足。一些企业没有建立专业的救援队伍或与专业救援队伍签订救援协议，也没有配备兼职救援人员，缺少必要的应急救援器材、装备，不能满足救援任务的需要。② 由此可见，缺乏科学性的盲目施救不但起不到任何作用，反而会危机自身安全。就行政机关而言，其应急处

---

① 《突发事件应对法》第 56 条第 1 款规定："受到自然灾害危害或者发生事故灾难、公共卫生事件的单位，应当立即组织本单位应急救援队伍和工作人员营救受害人员，疏散、撤离、安置受到威胁的人员，控制危险源，标明危险区域，封锁危险场所，并采取其他防止危害扩大的必要措施，同时向所在地县级人民政府报告；对因本单位的问题引发的或者主体是本单位人员的社会安全事件，有关单位应当按照规定上报情况，并迅速派出负责人赶赴现场开展劝解、疏导工作。"

② 参见国家安全生产监督管理总局官网：http://www.chinasafety.gov.cn/2007-07/18/content_252296.htm。

置能力固然比企事业单位要强，但实践中往往因信息不对称而对情势产生了错判，天津港消防人员用水灭火就是其中一个典型的例子。

三、接警响应机制的完善

如上所述，制约接警响应机制顺畅运行的原因大体包括风险意识薄弱、外界环境复杂、情报收集机制不健全和专业知识匮乏四个方面，与之相对应的是接警响应主体的四种能力：风险感知能力、环境适应能力、信息获取能力和专业技术能力。要克服当前存在的障碍，弥补接警响应机制的漏洞，可从提高接警响应主体的四种能力入手。

（一）强化意识，提高风险感知能力

接警响应是整个应急处置与救援过程的首要环节，接警响应主体反应的快慢和行动的正确与否直接关系到整个应急处置与救援行动的成效。与预防和监测等阶段不同，此时突发事件具有明显的、显性的表征，更易判断。然而，行政机关及其工作人员时常认识不到突发事件的发展态势与危害程度，要么当成常态事件或一般性突发事件予以处置，要么则因瞻前顾后、束手束脚而延误时机。"4·11"兰州局部自来水污染事件就是一起典型的因人为拖延信息而引起市民激愤的事件。2014 年 4 月 11 日 16 点 30 分，兰州市政府召开新闻发布会，通告市民自来水中苯含量超标。但是早在 4 月 10 日 8 点 48 分，兰州威立雅水务公司水质检测中心就发现了苯含量异常。检测人员又经数次实验，终在 9 个小时后确认数据可靠并向领导汇报。18 点左右，威立雅公司副总经理接到消息，但因担心检测错误造成不良社会影响，故没有将信息及时上报，而是再次前往实验室进行确认。21 点 30 左右，副总经理向威立雅公司董事长作了汇报，而威立雅公司董事长认为应当先找到污染源，确定污染源后才能向政府汇报。于是从 22 点 50 分开始，又做了 3 次检测，终于找到污染源。4 月 11 日 0 点 50 分，检测中心和威立雅管理层向各自对口的上级部门报告。兰州市城乡建设局是最早得知该消息的政府部门。兰州市城乡建设局局长称 0 点后接到威立雅公司董事长的电话，3 点 24 分收到短信，但早上 5 点多才看到。因考虑时间太早，怕打扰领导休息，等到早上 7 点多才敢向主管市长汇报。11 日下午 4 点 30 分，兰州市政府才召开第一次新闻发布会。① 此次事件中，从检测人员确认苯超标到政府召开第一次新闻发布会，历时约 22 个小时。其中，水质检测中心从最早发现苯异常到确认苯超标，历时近 9 个小时；威立雅水务公司领导层从获悉消息到向政府部门报告消息，历时近 6 个小时；政府部门领导从获悉消息到通告市民，历时约 16 个小时。

可以看到，威立雅公司和行政机关都存在信息公开迟滞的问题，最终不但引发了抢购矿泉水等种种社会问题，还引发了市民对政府不满意、不信任的负面情绪。信息拖延的背后是不同主体主观心理的不同：有担心检测错误造成不良社会影响的，有认为应搞清全部情况再向领导汇报的，有怕打扰领导休息的……无论出于何种考虑，归根结底，就是风险意识不强，缺乏灵敏的嗅觉和感知。再往深处论，则是没有深刻理解突发事件的特点及其形成的发展规律，意识不到延误信息带来的危害，习惯性地以处理常态事件的方式和步骤去处理突发事件，思维僵化。对此，应进一步强化行政机关及重点单位工作人员的危机意识和责任意识，使其深刻体会突发事件的本质特性和发展规律，打破思维禁锢，正确看待新时期应急处置的任务与要求，熟记行政应急法规定的处置方式与程序。对于突发事件，应时刻以"最坏的设想"为思想引导，从某种程度上来说，宁可"小题大做"，也不可"等闲视之"。

（二）内外兼修，提高环境适应能力

笔者认为，要提高相关主体的环境适应能力至少需要从两个方面着手：一是加强相关主体自身的素质能力，二是充分利用现代科技手段。接警响应机制以控制事态、减轻损害为设立之根本，其欲实现之目的在于接警后快速赶赴现场并妥善完成先期救援与处置行动，为后续的救援与处置扫清障碍、辅以帮助。然而，接警响应主体往往受环境、交通、装备等客观因素的制约而面临一些困境。这些障碍在突发事件发生当下是客观存在且暂时无法改变的，因此，只能通过其他途径进行弥补。

---

① 《兰州自来水苯超标事件 20 人被追责》，载新浪网，http：//news.sina.com.cn/c/2014-06-12/171830348040.shtml，2018 年 11 月 4 日访问。

1. 对内而言，应不断增强接警响应主体的身体素质，提高其适应恶劣环境的能力

接警响应主体在接到报警或预警信息后，必须以最快的速度赶往事发现场，必须在开展正式处置与救援之前做好外围清理工作。作为最初到达现场的队伍，目睹的往往是惊恐的群众、破败的设施，尖叫声、哀嚎声此起彼伏，可谓满目疮痍。在如此嘈杂混乱的场景下，接警响应主体要冷静地完成救助伤员、疏散群众、收集信息等一系列动作，无疑需要具备无比强大的生理与心理素质。鉴于此，需要在日常中有针对性地提高与锻造。一是要加强体能锻炼，通过模拟训练，提高恶劣环境尤其是极端天气的适应能力。虽然有学者认为，对于交通极其不便、气候极其恶劣的地区，应重点组建发展当地的接警响应队伍①，如此，不但有距离优势，适应力也较强。但笔者认为，这只能应对小规模的突发事件，一旦发生大规模的非常规性突发事件，当地政府也极有可能成为被救助对象。② 因此，唯有整体提高接警响应者的身体素质才能以不变应万变。二是要加强心理疏导，避免因训练枯燥、灾后心理创伤等问题而引发不良的情绪。

2. 对外而言，应通过科技手段，减缓外在环境对接警响应主体造成的不适

例如，地震、泥石流、山洪等灾害多发生在山区、林区和农村等偏远贫困地区，本已狭窄崎岖的交通道路再经灾害摧毁，无疑使应急救援雪上加霜。对此，可在道路复杂、环境恶劣地区发展直升机救援力量，避免因交通限制而耽误救援的时间。概括而言，应加大经费投入，鼓励科研院所和企业研发、生产新的应急救援设备和工具，完善应急物资保障机制，确保基础应急仪器设备发放到位、配置齐全、维护良好；确保尖端应急仪器设备更新优化、调用及时，

---

① 王松磊：《"4·14"玉树地震应急救援的启示——基于玉树地震灾区的实地调研》，载《西藏发展论坛》2010 年第 4 期。

② Mcneil, Sue, and E. L. Quarantelli, Past, Present and Future: Building an Interdisciplinary Disaster Research Center on a Half-Century of Social Science Disaster Research. *Disaster Research Center*, 2008, p. 18.

尤其是在发生大规模、非常规性突发事件时，做到能用、会用、好用，从物质装备上解放劳动力，保障救援处置人员的生命安全并高效地完成先期处置任务。

（三）深度挖掘，提高信息获取能力

接警响应主体到达事发现场后，要在信息不充分、态势不明朗的情况下果断采取先期处置措施，缩小事件负面影响，这本身就是一件难度较大的事情。一般来说，迫于事发现场的压力，接警响应主体通常等不及掌握全部信息就要采取相关措施，为的是彰显国家公职部门的责任感、使命感和行动力。然而，仅靠碎片化的信息就采取行动是非常危险的。唐代文学家韩愈《劝学解》有云："行成于思，毁于随。"行动的成功源于周密的思考，随便草率只能导致失败，而周密的思考必然是以对现场情势准确、客观的分析和研判为基础的，信息的收集为其提供了材料支撑。

1. 分清主次，尽快掌握核心信息

突发事件的每个环节都离不开信息的收集与研判，但与其他阶段不同，这一时期的信息收集与研判表现出很强的特殊性——突发事件时间的紧迫性和现场的无序性使得接警响应主体没有足够多的时间去慢慢收集、反复甄别。因此，在极短的时间内，信息的收集不可能面面俱到，此时就要求接警响应主体能根据事件的性质和程度并结合自身的专业判断和统筹能力，对情报的重要性作出阶梯排序，优先征询、确认核心信息，待所有核心信息形成链条后，即可开展先期处置行动。所谓的核心信息就是关涉先期处置行动方向的重大线索，例如，消防部门只有先弄清起火物质的性质才能确定灭火方式，医疗部门只有先弄清病人伤势的类型才能确定运送的方式和治疗的方案。在保证信息收集效率的同时，还应着力提高信息的准确度，避免有价值的核心信息被淹没在海量信息之中。

2. 扩大范围，不断补充后续信息

核心信息链有助于对突发事件的性质、程度、趋势和危害作一个整体判断，但其毕竟不完整。众所周知，信息越全面，先期处置行动越精准。对此，接警响应主体还应对核心信息外的次要信息进行放射性收集。例如，危化品泄

漏、起火、爆炸等事故灾难多发生在大中城市，其人口密度、管网线路铺设等问题也关系到处置与救援的成效，不容忽视。接警响应主体应抓紧时间陆续收集、补充、更新次要信息，力争在最短的时间内形成完整的信息网络，并以此为依据，有针对性地调整和优化先期处置措施。

3. 制度保障，确保信息的及时传递

第一，接警响应主体的信息来源具有多头性、层级性，任何一环滞后都将严重影响先期处置的效率。时间的有限性和任务的艰巨性不容许任何人给先期处置人为地设置障碍，对此，应设立严格的追责制度，对故意瞒报、漏报、错报信息的主体给予严厉惩处。第二，接警响应主体不只一个部门，到达现场有快有慢，信息收集的侧重点也有所不同。对此，应建立快速情报分享制度，各部门共享各自掌握的情报，避免重复收集、耽误时间。

（四）加强学习，提高专业技术能力

应急处置与救援不是出蛮力、干苦力，需要用知识武装头脑，用技术提高效率。先期处置虽算不上正式的应急处置，但其与正式处置一样，行动的客体都为突发事件，因而也需要具备专业的知识与技能。

1. 明确定位，正确认识接警响应机制的作用

接警响应机制虽是一个承上启下的过渡性机制，但它的成败直接关系到正式处置与救援的成效，每一个环节、每一个行动都会影响事件的发展和走向。因此，必须充分认识到接警响应机制的意义与价值，杜绝"任务能不能完成没关系，反正后面有大部队"这种消极、懈怠的思想。

2. 加强理论学习，扩充专业知识面

一般来讲，接警响应主体的类型多为公安部门、消防部门和医疗卫生部门等，一是因为110、119、120等报警系统广为人知，接警反应较快；二是由先期处置封控现场、救助伤员等任务性质所决定的。部门种类相对单一，任务性质相对单纯，但是，事发现场的环境却各不相同。因此，不能简单满足于掌握常规类型突发事件的先期处置知识，还应不断扩充知识面，更新知识结构，唯此，才能从容、灵活地应对各种突发状况，既高效地开展先期处置行动，又保障了自身的生命安全。

3. 加大演练力度，提升实战能力

《突发事件应对法》第 7 条规定，县级人民政府为组织开展应急救援和处置工作的主体，但就我国现状而言，应急资源呈"头重脚轻"的分配模式①，行政机关的级别与应急能力往往呈反比趋势，受行政事务、精力、人员、经费等影响，应急演练时常落实不到位。理论学习固然重要，但应急处置与救援毕竟是一项操作性极强的工作，"纸上得来终觉浅，绝知此事要躬行。"对此，应加大演练力度，在演练内容上，要明确不同主体在不同时期应对不同类型突发事件的职责，区分其在接警响应阶段和救援执行阶段的职责的差异，通过开展有针对性的训练，切实提高实战反应能力。

第三节 应急指挥决策机制

指挥，是指发令调度。决策，是指决定策略或方法。指挥的核心即为决策。美国著名心理学家西蒙曾说："决策是管理的心脏，管理是由一系列决策组成的，管理就是决策。"② 因此，可以说，应急指挥决策就是应急管理的心脏。基于突发事件的特性，应急指挥决策机制与常态指挥决策机制有很大的差异。一是应急指挥决策机制对领导者的统一性和权威性要求更高，二是领导层级分布力求扁平化，三是指令形成的程序应精简化，如此才能确保应急指挥决策的高效，为应急处置和救援赢得时间。从广义上理解，应急指挥决策机制并非应急处置与救援阶段所独有，而是贯通了应急管理的所有环节，如启动预案、解除警报等。这是因为，应急管理是一项系统性、职务性和协调性很强的工作，每一个具体行动的背后都蕴含着层级指令。之所以将应急指挥决策机制放在处置与救援阶段来论述，主要是因为其（采狭义理解）在该阶段表现得最为活跃和突出。因此，笔者所指的应急指挥决策机制是有时间限定的，特指

---

① 童星、陶鹏：《论我国应急管理机制的创新——基于源头治理、动态治理、应急处置相结合的理念》，载《江海学刊》2013 年第 2 期。

② Herbert A. Simon, *The New Science of Management Decision*, New York: Harper&Brothers Publisher, 1960, pp. 1-23.

突发事件暴发后,在救援与处置阶段成立应急指挥中心或应急指挥部之后,由应急管理机构及其领导者根据突发事件的发生发展情况,借助一定的科学方法和手段,就下级的各类应急活动进行组织领导和综合协调,比较、权衡多个可行方案并从中择出或组合制定出最优方案,将之付诸实施的过程。①

近年来,我国应急指挥决策的组织体系得以明确,各级政府纷纷依照行政应急法的要求,确立了各类应急指挥机构并规定了其成员组成、日常办事机构和相应的职权职责,体现了"统一领导、综合协调、分类管理、分级负责、属地管理为主"的要求,这为应急指挥决策机制的建设提供了组织保障。一般而言,应急指挥决策机构按照功能划分有两种类型:一为综合性指挥决策机构,对应急处置工作进行统一指挥,处于统帅地位,属于原则性领导,为后方指挥;二为现场指挥决策机构,负责事件的现场指挥与处置,属于具体性指挥,为前方指挥。虽然行政应急法对不同指挥机构的职能有所规定,但在实际运行过程中,指挥决策机构的确定,各指挥决策机构之间的关系等问题还不甚明朗,有待进一步完善。

一、我国应急指挥决策机制存在的不足

"危机越是普遍或致命,有效的危机应对就越是显得关键。危机中作出的决策非常重要而且大多数不可逆转。"② 可见,指挥决策关乎应急行动的方向,具有十分重要的地位,而若离开运转顺畅的指挥决策机制,指挥决策也将如同无源之水、无本之木。当前,我国应急指挥决策机制还存在以下几方面问题。

(一) 机构运转失灵

应急指挥决策机构是指令发出的中枢,其能否高效运转直接关系到应急处置与救援的成败。当前受组织体系不严谨,应急演练不到位,信息报告不及时、不完整等因素的影响,应急指挥决策机构难以充分发挥其预期的作用。例

---

① 马怀德主编:《法治背景下的社会预警机制和应急管理体系研究》,法律出版社2010年版,第125页。
② [以] 叶海尔·得罗著:《逆境中的政策制定》,王满传、尹宝虎、张萍译,国家行政学院出版社2009年版,第215页。

如，在兰州自来水苯超标事件中，事发20多个小时之后才成立应急指挥部。①此外，由于突发事件的处置与救援工作涉及多个部门和单位，既涉及行政机关内部之间，也涉及地方政府与军队、与社会组织、与志愿者等多方主体，关系纵横交错，协调难度较大，往往显得慌乱无序，在大规模、复合型的突发事件中表现更甚。例如，汶川地震中，绵竹市清平乡上万群众被困急需救援转移的信息已在5月12日当晚就上报给了绵竹市指挥部，但由于指挥部无法调动军队，只能将信息层层上报，最后在49个小时后才等到救援队伍，很多被掩埋的群众都错过了最佳的救援时间。②

（二）指令的权威性较弱

我国常态行政管理体制是"以条为主"，行政应急管理体制则是"以块为主"，而应急指挥决策机构又寄于常态行政管理机构之中。这种尴尬的指挥决策体系设置使得综合性应急指挥决策机构缺乏独立性，各相关部门更习惯于也更倾向于听从其上级部门的指挥，而综合性应急指挥决策机构的指令时常得不到遵守与敬畏。此外，由于参与突发事件现场处置与救援的部门众多，各方力量归口不一，如何协调、统帅各方成为应急指挥决策机构面临的一个重点难点问题。尤其是对于获得临时性授权的应急指挥机构，在相关领导到达现场前，各部门往往是各行其是、政出多门、政令不一③，工作上的重复、推诿、无序、混乱显露无遗，极大地消解了应急指挥决策机构指令的权威性，降低了应急救援与处置的质量与效率。事实上，在发生大规模突发事件时，应急工作的实际开展往往难以靠应急管理体系予以维持，最终还是得依靠当前高度统一和一元化的党政领导体制才能完成。④

---

① 程惠霞：《"科层式"应急管理体系及其优化：基于"治理能力现代化"的视角》，载《中国行政管理》2016年第3期。

② 钟开斌著：《应急决策——理论与案例》，社会科学文献出版社2014年版，第217页。

③ 岳春强：《浅议应急救援警地联席决策和指挥机制建设》，载《人民公安报》2011年6月27日，第3版。

④ 张平：《我国城市应急联动运行机制建设面临的挑战与重构》，载《中国人民公安大学学报（社会科学版）》2008年第5期。

(三) 指令的科学性难以保证

突发事件的多变性要求应急指挥决策应具有较大的灵活性，因而，指令的正确与否在很大程度上取决于领导者的个人素质。领导者冷静、理智、果断，具有较强的安全意识和法治素养，则指挥决策的正确性往往更易保障；反之，则极易走向错误。例如，在"7·23"甬温线特别重大铁路交通事故[1]，原上海铁路局常务副局长、党委常委王某在指挥救援过程中，简单地依照过去的处置方式，准备将受损的车头和散落的部件放入坑中就地掩埋，殊不知这样会破坏现场，阻碍事故的调查分析，造成了较坏的社会影响。[1] 必须承认的是，将应对复杂多样的突发事件的重任过多地放在行政机关内部及其领导者个人身上，专业性、民主性和规范性实难得以保障。

为此，我国也逐渐引入了专家咨询会商制度，以期改变以往政府领导凭借经验"一言堂"式的指挥决策模式。但当下，专家、专业技术机构、非官方咨询机构等组织的参与多停留在应急准备或监测阶段，其在突发事件应急处置与救援阶段的指挥决策中的参与程度十分有限，专家参与的有效性难以得到切实保障。实践中，专家参与的决定权通常由行政机关享有，并根据其自身的利益偏好选择是否需要专家参与，因而大多数情况是政府需要即邀请之，没有形成强制的参与制度[2]，这也给应急指挥部有意避开外部监督的压力预留了空间。

二、制约应急指挥决策机制良性运行的原因

(一) 指挥决策体系层次不畅

1. 指挥决策机构的设置与行政机关日常管理体系存在冲突

---

[1] 国务院"7·23"甬温线特别重大铁路交通事故调查组：《"7·23"甬温线特别重大铁路交通事故调查报告》，载中国政府网，http://www.gov.cn/gzdt/2011-12/29/content_2032986_3.htm，2018年12月11日访问。

[2] 例如，《国家突发公共事件总体应急预案》规定："国务院和各应急管理机构建立各类专业人才库，可以根据实际需要聘请有关专家组成专家组，为应急管理提供决策建议，必要时参加突发公共事件的应急处置工作。"

在我国，指挥决策机构多属于以应急委员会和专项指挥部为中心的集中式应急指挥决策模式。例如，根据《北京市突发事件总体应急预案》的规定，一般突发事件（Ⅳ级）与非重点地区的较大突发事件（Ⅲ级）由事发地区应急委或相关部门进行指挥与决策；重点地区的较大突发事件（Ⅲ级）由市相关专项指挥部、有关部门进行指挥与决策；重大突发事件（Ⅱ级）和特别重大突发事件（Ⅰ级）由市相关专项指挥部、相关部门负责具体指挥和处置，市应急委负责统一指挥应急处置工作。此外，根据需要，可组建现场指挥部。这种集中式指挥决策模式本应具有较强的权威性，但由于我国传统行政管理是"以条为主"的管理模式，各职能部门习惯于遵从上级指令，而非听从与其同级的应急委或专项指挥部的指令。部门间的分散性与应急指挥体系的集中性，垂直化的管理结构与扁平化的指挥结构不可避免地存在矛盾，在实际运行中难以切换自如，使得应急指挥决策的权威性和高效性大打折扣。[1]

2. 综合性应急指挥决策机构缺乏独立性

综合性应急指挥决策机构隶属于行政机关，如应急办设于政府办公厅，专项指挥部办公室设在相关职能部门。如此设置，易造成日常行政管理与应急指挥决策职能上的交叉与混淆。此外，就一级人民政府的目标和功能而言，其专业化水平实难应对当前错综复杂的突发事件，这也不符合当前世界发达国家应急指挥决策模式的发展趋势。

3. 临时性应急指挥决策机构缺乏持续性

这类应急指挥决策机构是根据现场需要而临时设立的，事件解决后就解散，具有运行成本低、灵活方便的优点，但也存在人治色彩和实用主义倾向较重而规则意识则较为淡薄，法律责任承担主体缺位，不利于应急处置经验的积累等弊端，从长远来看，其偏离了应急法治的方向。[2]

---

[1] 卢郁希、王卜、刘仲秋：《公安机关快速响应机制建设研究》，载《中国人民公安大学学报（自然科学版）》2014 年第 3 期。

[2] 戚建刚：《非常规突发事件与我国行政应急管理体制之创新》，载《华东政法大学学报》2010 年第 5 期。

（二）指挥决策机构职权不清

除了应急指挥决策体系与日常行政管理体系结构上的冲突外，应急指挥体系内部不同的指挥决策部门之间还存在职权划分不清的问题。首先，应急指挥决策主体的确定以突发事件的严重程度为前提，虽然预案对突发事件的级别有所规定，但"一般""较大""重大"和"特别重大"等词语毕竟属于不确定法律概念，在实践中时常难以精准区分开来。此外，"根据需要组建现场指挥部"等表述也为自由裁量留下了较大的空间，而这些都直接关系到指挥决策权的分配与授予，关系到指挥决策机构的层次与效能。

其次，应急委与专项指挥部的职权划分标准十分模糊。例如，根据《北京市突发事件总体应急预案》的规定，市应急委设突发事件专项应急指挥部，专项应急指挥部具体指挥本市特别重大和重大突发事件的应急处置工作，依法指挥协调或协助事发地区应急委或相关部门开展相关较大、一般突发事件的应急处置工作。当组建现场指挥部时，市相关专项指挥部办公室又并入其中。在标准模糊、裁量空间较大的情况下，应急指挥决策权的分配会显得较为随意，有时甚至引起一些争论，出现多头指挥的现象，影响了指挥决策的效率。

最后，各专项指挥部办公室通常设在市有关职能部门之下，是专项指挥部的常设办事机构。因此，其开展的日常工作和作出的决策更多的是具有部门一致性，而与应急办之间的协调与合作较为缺乏。这就极易导致应急办与专项指挥部办公室在日常管理方面出现重复行政的问题，不但浪费了资源，也造成了政出多门的现象。若两者制定的政策、作出的决策不一致，还将产生具体适用的问题。①

（三）指挥决策机构成员组成较为封闭

通过梳理既有相关应急法律可知，各地应急委员会是本地突发事件应急管理的领导机构，其办公机构设在政府办公厅，组成人员包括本级政府主要负责人、相关部门负责人和驻当地部队有关负责人。应急委设秘书长、常务副秘书长、副秘书长等职，而这些职位通常也是由党委和政府相关领导兼任。所以，

---

① 马怀德：《完善北京城市应急决策指挥机制》，载《法学杂志》2012年第9期。

应急指挥决策机构在本质上也属于行政机关。众所周知，我国行政机关工作人员的知识结构和专业水平远不及专业机构、专家学者那样精而专，其不可能熟悉掌握各类应急知识。当前，相关法律和预案对专家参与权的授予主要侧重于突发事件发生前的政策制定或风险评估方面，对其在参与突发事件中指挥与决策方面的强制性规定比较薄弱，或者设定专家参与的硬性条件，如《北京市突发事件总体应急预案》规定，只有在发生特别重大、重大突发事件时，专家顾问组才能为相关应急处置工作提供科学有效的决策咨询方案；或者规定得较为抽象，难以落实，如《湖北省突发事件总体应急预案》规定，必要时，专家组参与突发公共事件的现场应急处置工作。对于第一种情况，应急预案设定了严格的准入标准，即只有当突发事件极其严重，事件级别达到为 1 级或 2 级时，才满足专家参与的条件。这种规定也将 3 级或 4 级突发事件中专家参与的可能性排除在外。从突发事件发生的频率和程度上来说，现实中发生 1—2 级突发事件的概率远低于 3—4 级，因而从概率论角度来看，专家参与应急指挥决策的频次非常低，参与的空间也非常小。对于第二种情况，涉及"必要性"的标准问题，而这似乎更难界定。总之，以上这种人员上的单调和封闭将极大地削弱指令的科学性、合理性与民主性。

（四）情报收集较为被动

毛泽东同志在《中国革命战争的战略问题》一文中对指挥决策有过这样的表述：指挥员正确的部署来源于正确的决心，正确的决心来源于正确的判断，正确的判断则来源于必要和周到的侦查以及对于各种侦查材料的连贯起来的思索。[①] 美国国务院反恐办公室前主任安东尼·奎因顿曾言，若缺乏准确且最新的情报，则既无法将其作为危机决策的依据，也不能采取必要的反击措施。[②] 由此可见，应急指令的形成与下达建立在情报收集的全面准确及对已掌握信息的科学研判的基础上，可以说，信息的精准与否与指令的正确与否是成

[①] 《毛泽东选集》（第 1 卷），人民出版社、解放军出版社 1991 年版，第 240 页。

[②] 中国现代国际关系研究所反恐怖研究中心编著：《国际恐怖主义与反恐怖斗争》，时事出版社 2001 年版，第 55 页。

正比的。然而，在应急处置与救援阶段，信息碎片化、残缺化的现状与应急指挥决策精准高效的要求形成了鲜明的反差，这种不对称性加大了应急指挥决策的难度。信息供应不足表现在三个方面：一是信息源缺失，如在汶川地震和南方雪灾等事件初期，受灾地区的电力和通信大面积中断，应急指挥部难以在第一时间获取一线信息。二是信息链传递不畅，如纵向上信息上报层级过多，横向上缺乏信息共享等。三是信息膨胀。这主要是指无关信息或低价值信息数量较多，基层部门提供的信息模糊，真实性与准确性有待验证，这给决策者依情报作出指令造成了信息困境。① 当前，我国应急指挥决策机构获取信息的来源主要依赖于下级报告，较为被动。一旦出现漏报、瞒报、迟报、谎报等情形，指挥与决策都将受到极大影响。

三、应急指挥决策机制的完善

（一）理顺应急指挥决策的组织体系

前文已多次强调，突发事件的应对涉及多个部门，需要人员、资金、设备、物资、技术等各项资源的整合和联动。组织成员对危机处理方式和意见不能及时达成一致，是应急管理失败的一个重要原因。② 2004 年俄罗斯别斯兰人质事件现场处置中就是因为没有形成统一指挥，导致行动开展时，特种部队、警察、人质、家属、记者及周边围观群众乱成一团。③ 多方应急队伍没有形成整体合力，救援过程中还频频出现相互误伤的情况，最后不但未速战速决，还造成大量人员伤亡，十余名恐怖分子也趁乱逃走，堪称一起失败的解救人质行动。应急指挥决策是一项多方资源整合的系统工程，在这样一个庞大复杂的系统中，必须设有一套高效权威、运行流畅的制度化的指挥决策体系，由其统一

---

① Deutsch, W., "Crisis Decision Making: The Information Approach", In D. Frei (eds.), *Managing International Crises*. London: Sahe, 1982, pp. 1-22.

② Rob Beckley, Julian Birkinshaw, "Dealing with a Crisis—What the Police Have Learnt and What Others Can Learn from the Police", *Policing*, Vol. 3, No. 1, 2009, pp. 9-11.

③ 杜怀强：《俄罗斯处置别斯兰人质事件的教训与启示》，载《国防科技》2004 年第 12 期。

领导、综合协调，如此才能控制混乱的局面。这完全是基于制度化的组织共同体的天然优势，因为制度化的共同体比非制度化的共同体更适合作出决议。①

1. 科学设定应急指挥决策组织的层级、幅度与模式

从突发事件的特性与各国经验来看，过于冗长和复杂的应急指挥决策体系不但不便于判断和确定具体的指挥决策机构，也会因层级过多而导致指令传递耗时；相反，层级过少则会显得事务庞杂，削弱指挥效能。对此，应尽可能地保证应急指挥决策体系的精简化，其层级以2—3级为宜。在指挥幅度上②，应确定合理的指挥跨度，使被指挥对象的数量同指挥者的层级与能力相符。此外，从美日等发达国家的经验来看，应急指挥决策体系主要为集中型（垂直型）和分散型（网络型）两种模式。从特性上来说，两种模式各具优劣势，前者更利于整体控制，而后者更利于协调连通。对此，我们应当将这两种模式平衡统一，在层级上集中指挥，以保障指令的权威性；在专业上分散指挥，以保障指令的科学性。③

2. 赋予综合性指挥决策部门相对的独立性

各地应急委与专项指挥部的办公机构设置在政府及其相关部门中，应急委与专项指挥部的相关领导由政府及其相关部门领导兼任。这种体系设置主要存在两个问题：一是应急指挥决策机构级别较低，往往与政府各职能部门同级；二是应急指挥决策机构缺乏独立的法律地位，在人员、编制、经费等方面都依赖于处理日常行政管理事务的行政机关。实践证明，这种做法极易导致应急委和专项指挥部等应急指挥决策机构的虚化，故而才会在应急处置救援的指挥决策中暴露出平战转化失灵、指令权威性不足、政出多门等问题。对此，笔者建议可重新梳理和调整应急指挥决策体系，具体途径有二：一是将应急委的常设机构——应急办单列出来，不再设于政府办公厅之下，使其具有独立的机构编制与法律地位，在行政位阶上要高于政府各职能部门，以保证指挥决策的高权

---

① Carl J. Friedrich, *Man and His Government*, New York: McGraw-Hill, 1963, p. 150.
② 指挥幅度，是指指挥者所管辖的下属部门，即人员的数目。
③ 马怀德主编：《法治背景下的社会预警机制和应急管理体系研究》，法律出版社2010年版，第207~212页。

威性；二是打破当前将各专项指挥部常设机构寄于各职能部门之下的格局，可改将其设于应急办之下，如此，既可避免以往工作重复雷同、浪费资源的情况，也便于落实单向的指挥决策脉络，使指挥决策体系更清楚简明。① 同时，赋予应急指挥部门一定的独立性，使其成为一个常态化的指挥部门，也克服了临时性指挥决策机构不利于经验积累、随意化背离法治的弊端。

3. 明确指挥决策机构的职权

进一步补充、细化突发事件的类型和级别的划分标准。这是因为，当前我国应急指挥决策机构的层级主要是针对突发事件的危害程度及其影响范围来设定的，因而，设定明确具体的划分标准可以有效规避突发事件发生时应急指挥部因判断模糊犹豫而组建缓慢的情形。接着，在上文构建的应急指挥决策体系的基础上，重新梳理各层级指挥决策机构之间的关系，明确规定处置具体事件的主要单位、协从单位及其管辖范围，规范相关人员的权力从属关系与权责范围，力争形成关系明晰、分工合理、运转顺畅的指挥决策体系。

(二) 推进应急指挥决策机制的标准化建设

应急指挥决策是救援处置行动的依据和基础，方向偏差必然导致行动偏失。突发事件的多变性决定了行政应急法不可避免地会出现滞后与空白，进而决定了应急指挥决策的灵活与弹性。但是，在现行法律"于法无据"的情况下，指挥决策者常常面临两难境地：若不及时发出指令，则突发事件将难以遏制；但若及时发出指令，又极易被贴上"越权""非程序化""违法"等标签，并且在时间紧迫的条件下，作出的指令不一定是最优的，甚至还可能是错误的。出于个体趋利避害的本性，指挥决策者完全有可能弃公共利益而保私人利益，这也是现实中某些领导在指挥决策中推诿犹豫、缺乏担当的心理缘由。为克服当前指挥决策随意性的弊端，有必要建立一套规范化、程式化的指挥决策流程，其既可为工作的开展提供操作性步骤，也可为应急指挥决策提供法治框架。

1. 赋予应急指挥决策机构宽泛的自由裁量权

---

① 马怀德：《完善北京城市应急决策指挥机制》，载《法学杂志》2012年第9期。

通过授权立法，在行政应急法中对应急指挥决策进行内容模糊甚至空白的授权，赋予应急指挥决策机构宽泛的自由裁量权，避免实质正当的决策受到合法性质疑。当然，应急指挥决策权的运行应受到比例原则的制约，避免权力扩张导致权力滥用进而产生合法性质疑的新的风险。

2. 尝试制定一部《突发事件指挥决策指南》并在小范围内试行

该指南在内容上应以强调职能分工和工作流程为主，如规定什么时候召开新闻发布会等。待时机成熟时，可将指南升级为条例。在此方面，可借鉴发达国家的有益经验。例如，德国就是一个十分注重应急指挥决策规范化问题的国家，其通过制定《报警与救援指挥程序》《操作规范100》等一系列规程，将指挥部的组织结构和流程等予以统一规范，避免了因术语、环境、灾种、组织等因素的差异带来的管理迟滞①，节省了指挥中的沟通成本并提高了决策的效率。②

3. 建立事后追认制度和责任豁免制度

通过建立事后追认制度和责任豁免制度来消除指挥决策人员的顾虑，使其在指挥决策时优先考虑如何控制和消除突发事件的负面影响，不再因担心个人责任而变得畏首畏脚。指挥决策人员在事发当下要做的就是理性指挥、果断决策，至于决策是否正确合法，需要在事后予以追认。③ 事后追认的依据以《突发事件应对法》第16条规定的备案制度为基础。该法规定的备案制度可视为立法机关对行政机关应急指挥决策权的监督与制约，但当前行政应急法还需进一步细化备案的时限、方式和审查权等相关问题。④ 同时，法律应当最大限度地免除指挥决策机构及其人员的责任，只要尽到合理的注意义务和审慎义务，即便下达的指令是错误的，也不应追责。在铅业协会诉美国环保局一案中，法

---

① 童星、陶鹏：《论我国应急管理机制的创新——基于源头治理、动态管理、应急处置相结合的理念》，载《江海学刊》2013年第2期。

② 董泽宇：《德国应急救援体系及其启示》，载《中国应急管理》2011年第11期。

③ 《突发事件应对法》第16条规定有备案制度，即"县级以上人民政府作出应对突发事件的决定、命令，应当报本级人民代表大会常务委员会备案，突发事件应急处置工作结束后，应当向本级人民代表大会常务委员会作出专项工作报告"。

④ 马怀德：《完善北京城市应急决策指挥机制》，载《法学杂志》2012年第9期。

院认为,当管理者需要作出某项必要的决定时,国会允许其出于谨慎的目的而犯错。① 若该决策给公民造成损害,则可由国家代替个人予以赔偿。《加拿大危机法》第48—56条就有类似的规定。②

(三) 完善应急指挥决策机制的支持系统

1. 建立健全应急指挥决策信息支持平台

美国著名行政法学者斯蒂芬·布雷耶认为,信息为控制政策的命脉或血液。③ 指挥官掌握的信息是指令作出的现实依据,而当前上级部门获取信息的渠道主要以下级报告为主,一旦下级部门存在漏报、瞒报或不报的情形,则指挥决策的及时性和正确性都将大打折扣。对于情报缺失或失真导致指令错误的情况并不少见,中外都有深刻的教训。根据《山东省青岛市"11·22"中石化东黄输油管道泄漏爆炸特别重大事故调查报告》的内容,事发现场指挥协调和应急救援不力的一个重要原因就在于企业情势研判错误、信息报告偏失——将事故级别定为一般突发事件。再如,1995年1月17日,日本关西兵库县南部发生7.2级地震,对大阪和神户两市造成重大影响,此次事件也因此被称为"阪神大地震"。地震发生后,交通、电信中断等给救援带来不小阻碍,但日本政府反应迟缓才是造成重大损害(阪神大地震共造成6432人死亡,43792人受伤,10.5万栋房屋倒塌,130万户居民家断水,86万户居民家断气,260万户断电,直接经济损失高达830亿美元④)的最主要原因。地震发生5小时后,主灾区所在地兵库县知事(级别类似于省长)接到警察署的灾害报告为"死亡4人"。就是因为这个报告,自卫队出动救灾整整延迟了半天。根据

---

① See Lead Industries Association Inc v. Environmental Protection Agency. 647F. 2d 1130;1985 U. S. App. 转引自马怀德主编:《非常规突发事件应急管理的法律问题研究》,中国法制出版社2015年版,第154页。

② 《加拿大危机法》第48—56条规定:对危机应对所导致的损失实行国家责任,公务员个人不承担责任。国家根据《王权责任法》和其他法律承担责任,对由于危机应对的各种宣告、命令、规则而遭受损失、损害或损毁的人进行补偿。

③ Stephen Breyer, *Regulation and Its Reform*, Cambridge: Harvard University Press, 1982, p. 109.

④ 赵秀梅:《阪神淡路大地震的启示》,载《中国发展简报》2008年秋季刊。

《日本自卫队法》的规定，地方遇到灾害时，自卫队必须得到首相的命令或县知事的邀请才能展开行动，而时任首相的村山富市在东京未收到任何消息，县知事获得的也仅是"死亡4人"的不实情报，因而都没有告知自卫队。当获悉灾害实情后，虽匆忙下令，但由于队伍集结和准备需要时间，自卫队救灾主力只能于第二天才开始进入灾区。直至震后第三日，首相才赶赴灾区视察。日本民众以"政府麻痹"一词来讽刺此次事件中政府反应迟钝的现象。在实际救援过程中，又出现了救灾指挥体系不协调、救灾物资供应混乱、火灾无法及时扑救等情况。① 从以上案例可知，指挥决策的信息来源渠道应去单一化而择多元化。互联网智能技术的发展为情报的获取与传递提供了便利，这使得以情报信息为根本的应急指挥决策机制在快捷性和准确率上有了大幅提高。同时，应消除"信息孤岛"②和"信息荒岛"现象，打破部门之间的信息垄断边界，建立地区之间、部门之间、条块之间、军地之间的信息沟通共享机制。

2. 建立健全应急指挥决策智力支持平台

在突发事件应急救援与处置过程中，指挥决策机构应当主动吸纳专家学者，对专业性问题的处置必须有行业专家参与决策，此应为一项强制性规定。其作用表现在：一可从专业角度为指挥官提供科学思路、建言献策，避免思路狭窄导致决策的错误；二可作为公众代表对指挥决策全过程进行监督，避免指挥官因宽泛授权而失去权力克制，因盲目武断而走向人治。

3. 提高指挥人员的指挥决策能力

应急指挥决策对指挥人员的要求很高，其必须在时间及高度不确定的压力下作出关键性决定③，尤其是当现实情境与应急预案无法有效对接时，指挥人

---

① 中央财经大学中国发展和改革研究院案例与调查评价中心编：《应对突发事件案例·点评·启示》，国家行政学院出版社2011年版，52~58页。

② Campbell, D., 9/11: A Health Care Providers Response. *Front Health Serv Manage*, Vol. 19, No. 1, 2002, pp. 3-13.

③ Uriel Rosenthal, Michael T. Charles, and Paul T. Hart (eds.), *Coping with Crises: The Management of Disasters, riots and terrorism*. Springfield: Charles C. Thomas Pub. Ltd., 1989, p. 10.

员的信心、灵活性及应急能力将直接决定着应急处置的成败。① 这要求应急指挥人员需要具备熟练运用政策法规、果断决策、组织协调、灵活应变等能力，因此，有针对性地培养和提高领导者的指挥决策能力也是一项十分重要的议题。具体包括：第一，提高指挥决策者的法治意识。在"非典"疫情暴发以前，我国尚无体系化的应急法律概念，当行政应急法律缺失时，指挥决策者处置突发事件没有具体的依据和规范，一切指令全凭个人想法和喜好去判断。然而，随着行政应急法治的完善与健全，指挥决策者应改变以往的工作方式，严格依照法律的规定，即便法律未作详细的解释，留有裁量空间，也应秉承法治精神、科学准则和比例原则等，在权利与效率之间找寻最佳平衡点。第二，加强指挥决策者的责任意识。2010 年辽宁庄河上千村民在庄河市政府办公大楼前聚集，希望市长能出面解决村委会领导在再集资、填海、卖地卖海工程中存在的严重腐败问题及村民补偿问题，民众迫于无奈集体下跪，时间持续半小时，但市长始终闭门不见、避而不闻，"千呼万唤不出来"。菲律宾劫持人质事件中，在劫匪门多萨开枪后的关键时刻，马尼拉副市长莫雷诺和市长林雯洛分别离开现场，一个去了餐厅，另一个则去了咖啡馆。他们的理由是："我可以做什么，难道要去迎子弹？"② 以上行为不仅关乎事件处置的成败，还关乎政府的形象。在突发事件面前，行政首长的一言一行体现的是一个政府、一个国家应急管理水平的高低与为民服务的践行度。因此，必须重视和加强指挥决策者的责任担当和作风建设，面对危机，不能临阵退缩、敷衍怕事，相反，应不惧困难、靠前指挥、勇于担当、敢于担当，直面矛盾与挑战。第三，提高指挥决策者的业务素质。指挥决策机构是应急处置的中枢，而指挥决策者则是这一中枢的核心。为有效提高指挥决策者的业务素养，可定期组织开展培训演练并对学习成果进行考核验收，使其熟悉掌握工作流程、职权职责，提高组织统筹能力和综合协调能力，从而在面对突发事件时，能做到冷静镇定、协调有

---

① Robert, Bertrand, and C. Lajtha, A New Approach to Crisis Management. *Journal of Contingencies and Crisis Management*, Vol. 10, No. 4, 2002, pp. 181-191.
② 艾学蛟著：《危机：突发事件经典案例解析与实用指南》，中国长安出版社 2011 年版，第 96 页。

序、从容指挥、果断决策。有魄力、有能力、有担当是一名优秀指挥决策者的基本素质。

笔者需要强调的是，上述各项完善指挥决策机制的方案都必须以法律的形式通过配置各方主体之间的权利义务等方式加以明确，以确保对指挥决策机制的优化能够获得足够的稳定性。

第四节 救援处置机制

我国历来有"重事后轻事前""重救援轻预防"的观念，因而，相较于突发事件的预防而言，如何应对和处置突发事件往往易得到较高关注，这也使得救援处置机制理所当然地成为了本阶段乃至整个应急管理过程的核心与灵魂。事后的救援与处置是政府应急管理的一项重要工作，其水平高低直接关系着政府的应急能力、执政水平和形象。本书所指的救援处置机制与接警响应机制不同，后者是在应急指挥部成立之前，各相关职能部门依照自身职权与职责开展先期处置工作；而前者则是在应急指挥部作出决策部署后，相关主体依照指示开展具体的正式的救援处置工作。当前，由于受"重救援轻预防"观念的影响，我国救援处置机制因受重视程度较高而得到飞跃发展，与其他机制相比，救援处置机制也相对成熟，我国近些年一些成功的应急处置案例都充分地印证了这一点。但是，机制的完善是没有尽头的，我国的救援处置机制也非尽善尽美，实践中暴露出的一些问题也说明了我国救援处置机制还存在不足或至少运行不够稳定。若我们沉溺于既得的成绩中而回避问题，只会故步自封，不进则退。

一、我国救援处置机制存在的不足

救援处置工作是依照指令的行动，行动不力的原因既有指挥决策的不当，也有自身实施的不当。众所周知，应急指挥部下设不同的工作小组，指挥部的决策只能指明行动的原则和方向，不可能面面俱到，具体操作需由各工作小组予以细化。这一过程就涉及权力的授予与分解，也涉及下级对上级指令的理解与贯彻。因此，救援处置工作不是机械地执行任务，相反，还具有一定的灵活空间。因而，本书论述的救援处置机制的不足是建立在指挥决策正确这一基本前提之下的，即单纯就其实施过程中因执行不力而给应急管理造成阻碍的情形。

一般来说，现场指挥部会依据事件的具体情况设立不同的工作小组，例如，"11·22"青岛爆炸事故中设有抢险处置、人员搜救、伤员救治、交通保障、善后处置、社会秩序维护、市政设施维护和新闻宣传8个工作小组；吉林长春宝源丰禽业公司"6·3"特别重大火灾爆炸事故中设有现场搜救、氨管控制、医疗救助、事故调查、善后处理和新闻信息6个工作小组。[1] 虽然不同事件设置的工作组在名称和数量上有所差别，但核心要素相差无几。概括而言，这些工作组基本都需涵盖和实现现场搜救、抢险救灾、医疗救助、事故调查、善后处理和新闻宣传等几大功能。笔者认为，当前我国救援处置机制暴露出的问题主要集中在抢险搜救、新闻宣传和沟通技巧三个方面。

（一）抢险搜救效果不理想

一方面，抢险搜救的反应力有待提高。快速反应是应急救援处置最基本、最首要的原则，也是开展其他工作的前提和保证。可是，纵观我国各类突发事件的应急处置，总是或多或少地存在着反应迟钝的问题。例如，在北京"7·21"特大暴雨事件中[2]，从《新京报》、中央电视台等媒体的相关报道内容来看，北京市政府的救援工作非常迟缓。7月21日暴雨发生当晚，100多人被困在京港澳高速公路的大水中，而政府救援队伍则是在第二天凌晨才姗姗赶来。[3] 另一方面，抢险搜救的协调性有待提高。各方主体缺乏沟通与交流，导

---

[1] 国家行政学院应急管理案例中心主编：《应急管理典型案例研究报告（2015）》，社会科学文献出版社2015年版，第38、55页。

[2] 2012年7月21日至22日，北京市遭遇了自1951年有完整气象记录以来的最强暴雨。此次暴雨持续时间不长，却造成了79人遇难，160多万人受灾，直接经济损失约116亿元的严重后果。

[3] 于泽远：《被质疑"7.21"暴雨死亡人数不正确 北京终于更新：77死》，载联合早报网，http://www.zaobao.com/special/report/social/beijingrain/story20120727-93900，2018年11月23日访问。

致抢险搜救过程中时常出现行为重复、冲突甚至空白等情况。例如，在统计伤亡人数时，公安部门、民政部门、卫生部门都要统计一遍，极大地浪费了时间和资源。再如，2008年春运期间，受南方暴雪天气影响，大量旅客滞留在广州火车站，地方政府费尽心思将滞留在火车站且暂时走不了的旅客劝挡回去，但铁道部（原）却高调发出交通状况如何改进、运力如何提高等好消息，将本已疏散的巨大人群再次诱导至火车站①，使得几十万旅客在广州火车站几聚几散，增加了社会不安定因素。

（二）新闻宣传不主动

《突发事件应对法》第53条规定，履行统一领导职责或组织处置突发事件的人民政府，应依照相关规定，统一、准确、及时地发布与突发事件事态发展和应急处置工作相关的信息。可见，信息发布是应急处置过程中必不可缺的一个环节，然而，新闻宣传一直是我国应急处置救援阶段的一大顽疾。

还是以"7·21"北京特大暴雨事件为例。7月22日晚，北京市官方通报，截至当晚17时，全市因灾死亡人数为37人，而后，这一数字在网上引发了强烈的议论，网友们纷纷以各种方式表达怀疑的情绪——为何在一份列举20多起近期发生的各类事件名单中，死亡人数均为37人？"这被用来证明一种假说：地方政府官员为免受中央政府斥责，有意将死亡人数报为低于40人。尚不清楚这个40人的门槛是否真的存在。"随着救援的深度开展，伤亡人数也一直没有更新。7月24日，北京市政府新闻办召开新闻发布会，新闻办主任就民众对人员伤亡数字的质疑进行了回应，表示政府绝不存在隐瞒的情况。7月25日晚，北京市政府新闻办召开第二次发布会，仍然对人员伤亡的具体数字避而不谈。② 7月26日晚20时，北京市防汛抗旱指挥部新闻发言人对媒体

---

① 笑蜀：《缺的不是物，缺的是柔软的心》，载网易新闻，http：//news.163.com/08/0202/08/43MDH0FN000121EP.html，2018年12月24日访问。

② 北京市防汛抗旱指挥部副指挥长，新闻发言人潘安君通报灾情时，对着一份书面材料，刚念到"全市因灾伤亡"时，立即改口说"全市受灾人口160.2万人……"，一名CCTV女记者大声说，我看见你手上的材料上写着死亡人数61人……但主席台上几位发言人集体缄默，迅速被主持人请离现场。参见《北京暴雨死亡人数远超37人？官方避而不谈》，载第一金融网，http：//www.afinance.cn/new/gncj/201207/471976.htm，2018年12月14日访问。

公布,截至 7 月 26 日,北京区域内共发现 77 具遇难者遗体,在已经确认身份的 66 名遇难者中,有 5 人在抢险救援中因公殉职。其中,房山区是重灾区,有 38 人遇难。然而,就在灾前几日,房山区常务副区长还对媒体声称全区无一人因转移不及时而死亡。① 8 月 6 日,政府公布最终确定的遇难者人数为 79 人。此次事件中,北京市政府对因灾伤亡人数迟迟不予公布和更新、话语前后不一的做法,引发了舆论的广泛质疑和批评,极大地损害了政府的公信力。

再如,在紫金矿业污染事故中,2010 年 7 月 3 日晚上福建省上杭县环保局就已发现紫金矿业出现污水渗漏,并向县政府及相关部门汇报了该情况。随即,上杭县立即启动应急预案。7 月 4 日,上杭县召开了汀江沿线乡镇负责人会议,通报了事故情况,但同时也以维护社会稳定为由,要求紫金矿业暂时不要对外公开真相。直到 7 月 12 日下午,上杭县人民政府才召开新闻发布会将事故情况予以通报。紫金矿业紫金山铜矿湿法厂污水渗漏事故造成约 9100 立方米的含铜酸水外渗进入被客家人视为母亲河的汀江流域,引发水域污染,仅棉花滩库区死鱼和中毒鱼就高达 378 万斤左右,而这样一起重大环境污染事故就这样被政府刻意隐瞒了 9 天。② 这样的例子不胜枚举。

(三) 危机沟通不得法

协调与沟通是一个及时地信息交换与公开意见互动的过程。③ 所谓"危机沟通",是指以沟通交流为手段,在应急管理过程中形成一种信息回路,从而促进危机的化解与消除。此处论述的危机沟通不得法主要指行政机关就突发事件与媒体互动,在方式方法上表现出的一些不妥之处。在应急管理领域,行政机关与媒体无法完全割裂开来。一方面,媒体是交流传播信息的载体,在当下

---

① 于泽远:《被质疑"7.21"暴雨死亡人数不正确 北京终于更新:77 死》,载联合早报网,http://www.zaobao.com/special/report/social/beijingrain/story20120727-93900,2018 年 11 月 23 日访问。

② 肖晋:《公共危机管理典型案例·2010》,人民出版社 2012 年版,第 173~179 页。

③ National Research Council, *Florida Fresh-market Vegetable Production: Integrated Pest Management, Alternative Agriculture*, Washington D. C.: National Academy Press, 1989, p. 336-349.

中国,随着信息传播方式的快速变化与公民意识的觉醒,媒体因其传播的工具性资本而获得了可以与其他社会权力相抗衡的第四权力——舆论监督权。媒体可以在政府与社会的双向信息交流之间引导社会舆论走向,保障公众的知情权与表达权,同时行使对行政机关及社会的监督权。因而,公民需要借助媒体来获悉相关应急信息,而行政机关需要借助媒体发布信息并引导舆情走向。另一方面,从心理学角度来分析,相较于平淡的新闻播报,情节夸张、扣人心弦的负面事件更易触动人们的"猎奇心理";从市场角度来分析,商业化运作的媒体自然会以民众需求为导向来选择新闻报道的题材与视角。因此,突发事件对于媒体具有极高的价值,这也意味着,行政机关的应急管理几乎不可能处于一个绝对封闭的环境之下。因而,在当今社会,学会与媒体打交道,掌握危机沟通技能是一门十分重要的课程。

客观来说,我国行政机关在危机沟通技巧方面还不太成熟,例如,在"7·23"甬温线动车追尾事故新闻发布会中,当有记者问道"为什么要在现场掩埋车体?是不是想毁灭证据?"时,原铁道部发言人有一句经典名言:"不管你们信不信,反正我信了。"这句话也被网友们戏称为"高铁体"。在北京"7·21"暴雨事件中,北京市政府预警的方式遭到舆论的批评:五次连发预警,为何不能给市民发条提醒短信?对此,北京市气象局副局长将原因归结于发送短信的基站十分有限,全市市民都收到短信需要很长的时间。此解释随后即遭到三大运营商的否认,认为全网发送短信根本不存在技术障碍。北京市气象局以技术障碍为由推卸责任,不敢坦承错误,最后沦为了网民的笑柄。[①]此外,这次事件前后总共召开过3次新闻发布会,但新闻发言人的整体表言都不太理想。譬如,从头到尾通读稿件,甚至像哀悼和慰问遇难者家属这种感性的词语都不能脱稿,本来是人性化和感人的表态,最后却变成了照本宣科的说明,效果大打折扣。

---

① 王君主编:《公共危机管理典型案例·2012》,人民出版社2014年版,第9~10、20页。

二、制约救援执行机制良性运行的原因

(一) 应急联动不协调

当前,我国应急处置效率低下多是由于参与主体之间沟通不畅、衔接断裂所致,以下将以南方雪灾事件进行佐证。第一,政府部门之间信息共享不及时、指令上传下达耗时走样,缺乏协调,各自为政,导致行动小组"不作为""慢作为"或"重复作为""冲突作为"。例如,铁道部(原)与广东省政府就曾因旅客运送问题产生过激烈的冲突。第二,相关负有应急处置义务的主体(企事业单位、基层群众性自治组织)因无明确的法律依据而"不能为"。例如,南方雪灾事件中,电网企业在抢修受损电力设施时,由于存在道路损毁或无路可通的情况而不得不重新开辟道路,从而占有和破坏了一些耕地、林地和树木。然而,行政应急法并未赋予电网企业享有对这些财产行使紧急征用的权力,在雪灾结束后,我国两大电网企业(中国国家电网和中国南方电网)因此招致了大量的民事赔偿诉讼。趋利避害是"人"的天性,这种"有责无权"的法律架构,会使这类主体在突发事件面前表现出踯躅不前、犹豫徘徊,极大地削弱了应急救援处置的积极性和主动性。第三,公民、法人、非政府组织等民间力量时常因遭受政府排斥、组织不力等原因而"不知何为"。例如,一些地方"捐赠物资很多都顶到了天花板,但都成包成包地没开封,而就在这些捐赠物资旁边,很多妇女和老人都盖着单薄的床单席地而眠"。① 沟通不畅、组织不力使得应急救援处置工作显得混乱无序,不但浪费资源做无用功,还浪费时间,错失了抢险施救的最佳时机。

(二) 物资储备不充分

在南方雪灾事件中,江西九江大桥的车辆积压在桥上三天都无法疏散,根本原因就在于整个江西省高速公路只配有一台铲雪车;大量乘客滞留机场而长沙黄花机场被迫关闭,原因则是因为没有配置除冰车;一些地方用工业盐除冰

---

① 王敬波主编:《公共危机管理案例》,国家行政学院出版社2014年版,第46~48页。

的做法，也是在缺乏融雪剂情况下的无奈之举。对比之下，浙江、江苏等地因采用了一批新型专业化军用装备：用装载机斗齿和推土机铲刀多角度破冰，将用于重装备洗消作业的射流车用以消融路面冰雪，在机械除雪和人工清理的配合下，华东几省的交通得以快速恢复。① 在汶川地震救援处置中，专业工具与特种装备从整体上来看是十分匮乏的。除了少数专业地震救援队伍配有如液压扩张钳、生命探测仪等先进仪器装备以外，大部分救援队伍使用的都是极其原始的救援工具，如十余万军队救援力量就是用铁锹实施救援的。② 此外，从国家安监总局通报的数起因施救不力的案例来看，缺乏必要的防护装备和监测设备、检测仪器等通常是造成应急处置人员伤亡增加的主要原因。"工欲善其事，必先利其器"，应急器械设备的匮乏和落后，常常使应急处置"难于无米之炊"，拖慢了节奏，影响了效果。

（三）专业应急机构发展不健全

应急队伍建设是成功开展救援处置工作的基本前提和重要保证，我国当下应急救援执行机制运行不畅也折射出队伍建设的缺失。首先，我国专业救援队伍建设不足，许多企事业单位考虑到成本问题而没有建立专门的救援队伍，也没有配备兼职救援人员。即便建有专业的救援队伍，人员素质往往也参差不齐。例如，天津港爆炸事件中，参与救援处置的天津港公安局消防支队其实是隶属于企业的专职队，与公安消防并非一个系统，编制上也不属于中国消防系统，队员们的薪水实际上是由天津港（集团）有限公司发放的，即多为合同制用工，合同一般一年一签。"合同制队员基本上来自农村，年纪轻，社会经验少，大多抱着出来玩玩、开开眼界，干个两三年再另谋职业的想法。"③ 公安部消防局宣传处副处长也表示，他们目前在体力、知识和技能上尚无法与专

---

① 张素平、张凌：《南方冰雪灾害挑战装备制造业》，载《装备制造》2008年第Z1期。

② 佘廉、郭翔：《从汶川地震救援看我国应急救援产业化发展》，载《华中科技大学学报（社会科学版）》2008年第4期。

③ 孙来友：《港口消防安全的中流砥柱——记天津港公安局消防支队建队40周年》，载《水上消防》2015年第1期。

业的消防队员相提并论。① 再如,据统计,汶川地震中专业的地震救援队伍人数仅5257人,这其中还包含有281人的俄、韩、日等国家及我国香港、台湾地区的外援力量,余下约13万的救援者几乎都没有接受过专业的救援训练,救灾能力明显力不从心。②

其次,我国应急救援队伍的训练较为注重体能,而技能则摆在第二位。在实际工作中,我们过于关注救援处置的外在形式,如行动上是否表现得积极勇敢,相较之下,对于救援处置的内在本质——控制事态、降低损害并防止衍生灾害的实际效果则显得有些忽视,似乎在现场只要不闲着,越忙越累越是英雄。"为什么跟国外的消防员相比,我国牺牲的消防员都那么年轻,没有经验,比例比平均水平要高,是不是没有评估准确风险就直接勇敢地进去了,是不是过于强调勇敢和献身精神而忽略了技术因素和职业水准。"③ 在天灾人祸面前,舆论潮水般的正面报道转移了人们的注意力,就连政府部门都沉溺在感动的氛围中,而很多知识技能的短板也就此被遮盖了。一位资深消防员表示,这种训练模式"虽然提高了消防员的体能,但却经常出现火场上受大伤而训练场上出伤残的情况"。④

(四) 应急处置方式不合理

1. 处置方式错误

例如,在紫金矿业污染事故的抢修过程中,由于污水呈酸性,需要倒入石灰和片碱与之中和。片碱学名为氢氧化钠,具有高腐蚀性。据一位卫生系统人士介绍,将片碱倒入不断流动的江水中,不但不会起到中和作用,还会造成二

---

① 聂辉、张恒、吕高见:《天津港消防队至少51人失联 家属称队员曾半年多未出过火警》,载《京华时报》2015年8月16日,第4版。
② 佘廉、郭翔:《从汶川地震救援看我国应急救援产业化发展》,载《华中科技大学学报(社会科学版)》2008年第4期。
③ 《天津港消防员牺牲前留言:生死有命 富贵在天》,载凤凰网卫视,http://phtv.ifeng.com/a/20150820/41440462_0.shtml,2019年1月9日访问。
④ 戚建刚、杨小敏:《从灾难中学习——突发事件应对案例评析》,中国法制出版社2007年版,第195页。

次污染,"他们根本就不懂"。① 再如,在南方雪灾事件中,某些省份过早关闭高速公路,导致路面积雪不断加深并冻结为厚重的冰层,难以清除,反而加剧了道路的拥堵。② 部分地区电网企业在对电网铁塔除冰时,竟先从铁塔底部开始除冰,使得塔架重心上移,加速倒塌。无数的案例已多次证明一个事实:方法错误、举措失当不但无法有效平息事态,还会加剧恶化。

2. 处置方式缺乏长远考量

例如,部分地区因缺乏专门的融雪剂而不得不用工业盐进行除冰,效果不好不说,还使得周边的农作物和植被遭受污染,出现"盐灾"。③ 救援处置只注重眼前利益,对未来全局性问题缺乏长远考量,或许是在事发当下迫于情势而不得不作出一些无奈之举,如在缺少专业设备的情况下,选择用推土机、铁铲等非专业工具进行除冰,即便知晓这种工具会对路面造成破坏,但两害相权取其轻,这种做法也算是合理的。但是像紫金矿业中用片碱中和酸性物质并刻意隐瞒媒体、群体性事件中动辄将军警推到第一线,通过投掷震爆弹和催泪瓦斯等简单粗暴的方式来强行驱散过激人群等做法,都是典型的短视行为,或许能平息本次事件,但也为将来埋下了隐患,可谓"按起葫芦浮起瓢"。

3. 处置方式不精细

例如,"7·21"北京暴雨事件处置过程中,相关主体就有几点因细节把控不当而饱受诟病。一是在暴雨造成交通瘫痪时,机场高速收费站不顾排队车辆熄火的危险,照旧"一丝不苟"地收费。二是许多车辆因路面积水导致熄火"趴窝",车主们无奈之下将车推到"尽量不碍事"的路边,准备等雨停后拖车救援,但在 22 日上午,不少车主发现被贴条了。④ 三是北京市红十字会

---

① 肖晋主编:《公共危机管理典型案例·2010》,人民出版社 2012 年版,第 179 页。
② 如果不提早封路,过往车辆可以不断对积雪进行碾压,车辆尾气产生的热量也具有化雪的作用,反而能延缓道路结冰的过程。
③ 王敬波主编:《公共危机管理案例》,国家行政学院出版社 2014 年版,第 50~51 页。
④ 王君主编:《公共危机管理典型案例·2012》,人民出版社 2014 年版,第 7~17 页。

向遇难者家属索要 620 元的运尸费。这些做法都因缺乏人情味而让人们在无情的暴雨灾害面前再次感到心寒。

(五) 危机沟通不真诚

我国在经历"非典"等一系列重大突发事件后,信息公开之于应急救援处置的重要意义已成共识,信息迟报、漏报、谎报、瞒报等情况已大有好转。但是,受"信息公开可能造成社会恐慌"这种传统行政管理思维惯性的影响,信息公开制度的施行目前还存在一定的反复。总体上来说,信息公开分两种面向:一为应急主体内部之间,二为应急主体与外部公众之间。前者可视为应急联动不协调的一种表现,在上文已有论及,笔者在此将着重阐述后者。

知情权是具有宪法地位的公民基本权利之一,不论普通事件还是突发事件,公民的知情权都是不可被剥夺的,这是一个基本前提。进一步而言,突发事件关乎公众生命财产安全,关乎经济秩序和社会稳定,因而,事件越是紧急,越是应当及时将相关情况告知公众。可见,以信息公开易引发恐慌、不利于应急管理为由封锁、压制消息,从而侵害公民知情权的做法是站不住脚的。政府对各类流言不够重视,置若罔闻,不及时公开信息、不及时澄清谣言,使谣言跑在了真相的前面,最终导致事件升级,发展到难以控制的程度,这样的错误我们犯过太多次。无数的教训告诉我们,政府信息"留白"太多,只会给谣言提供滋长的温床。谣言的传播公式可以帮助我们解答其中缘由:R (流言的强度和流布量) = I (重要度) × A (暧昧度)①。若事件的重要度与暧昧度之中有一个要素值为零,谣言就会消失。但是,就突发事件而言,其重要性不可能为零,因而只能在暧昧度或模糊性上下工夫。只有全面公开信息,才能保证事件的暧昧度降到零,才能彻底清除谣言。

在实践中,行政机关常常有事件公开将引发社会恐慌、影响当地经济发展和自身政绩等担忧和顾虑,究其根本,还是源于根深蒂固的"本位意识",认

---

① Irving, John A., "The Psychology of Rumor", *Public Opinion Quarterly*, Vol. 11, No. 4, 1947, p. 617.

为政府才是应急管理的主体,"民可使由之,不可使知之",民众只是管理的对象,永远处于被动的地位。这种观念忽视了公民的国家主人地位,狭隘地解析了"以人为本"应急管理原则的真正内涵,表现出来的行为自然就是草率地开一开新闻发布会、敷衍地答一答记者提问,把行政应急法规定的信息公开程序变成走一走过场的作秀,而面对民众真切关心的实质性问题,要么是装聋作哑、三缄其口;要么是采用否认策略或"替罪羊策略"——"不知情、不清楚""责任人是我单位的临时工";要么是"打太极""踢皮球""官话套话"——"暂时还不知道""目前正在在调查""这个问题不该本部门管";要么则是态度粗暴——"无可奉告""严正声明";甚至有些新闻发布会根本不设置提问环节,提早买通媒体给"封口费"等做法也不在少数。赫伯特·西蒙认为大部分人的理性是有限的,因而会在行动中表现出情绪化或非理性。① 事实上,公众对突发事件的社会认知出现偏差正是由碎片化的信息所引发——公众对情景的识别并不是基于整个情景的俯瞰,而是"以某一个独立的刺激物为基础"②,因而无法做到理性的审慎思考和逻辑推断。有学者更是提出,公众的负面情绪(害怕、愤怒、不安等)是信息零碎带来的不确定性的产物之一,这种负面情绪会激发人们进一步探求真相,进而刺激媒体的使用量。③ 这种观点也恰好以信息公开为主线,将行政机关与媒介平台串联了起来。

三、救援执行机制的完善

笔者认为,对救援执行机制进行完善的基本思路是,需要以法律的形式将以下四种方案予以明确规定。

---

① H. Simon, *Models of Man: Social and Rational*, New York: John Wiley and Sons, 1957, p. 74.

② Potter, M. C., "Short-term Conceptual Memory for Pictures", *Journal of Experimental Psychology Human Learning & Memory*, Vol. 2, No. 5, 1976, pp. 509-522.

③ Boyle and Michael P. (eds.), "Information Seeking and Emotional Reactions to the September 11 Terrorist Attacks", *Journalism and Mass Communication Quarterly*, Vol. 81, No. 1, 2004, pp. 155-167.

(一) 加大协调联动

依照经济学的原理,社会的分工、职业的细化可以提高工作效率,推动生产力的发展,但同时也意味着不同部门之间、不同行业之间的依赖性逐渐加深。应急救援与处置是一项整体性工作,仅依靠单一主体是绝不可能完成的,尤其是当突发事件跨越了多个管理权限时,协调联动就变得尤为重要。① 因而多元主体的共同参与是理所当然的,其在各司其职的同时,也存在互依互赖、互相依存的关系。对此,应理顺各方主体之间条条、块块、条块等不同的关系,在此基础上,通过修改行政应急法以使各方主体之间的关系明确化、程式化。

1. 纠正权责不均的立法架构

在各类应急主体中,政府和军队作为应急救援处置的主要力量,其权责框架在法律层面有详细的规定;公民、法人等民间力量参与到应急救援处置中多以自愿性、鼓励性为主;而相关企事业单位、基层群众性自治组织等主体,在应急救援处置阶段的地位、性质、权责分配则没有前两类那么明晰。这类主体在事实上具有一定的行政应急管理职责,当然地应授予与其职责相匹配的权力。从立法技术角度而言,有事前授权和事后追认两种模式,目的旨在均衡权责,防止因权责失衡而使该类主体在避害就利的心理驱动下消极被动地应对突发事件。各方主体关系清晰,权责明确是提高应急联动整体合力的基本前提。

2. 系统地推进预案清理和修改工作

《法治政府建设实施纲要(2015—2020年)》第13条要求建立行政法规、规章和规范性文件清理长效机制,在2017年年底之前,有关部门和地方政府要完成对现行法规、规章、规范性文件的清理工作。笔者认为,应急预案的清理完善工作也应在后续跟上。第一,自2006年我国在全国范围内

---

① Daley E., "Wireless Interoperability", *Public Manage*, Vol. 84, No. 4, 2003, pp. 6-10.

开展大规模的应急预案体系建设以来①，十年的时间内，应急预案的数量翻了几番，基本形成了"横向到边、纵向到底"的预案体系。然而，预案数量的激增源于国家的强力推进，因而存在低位阶预案抄袭高位阶预案、高位阶预案抄袭法律规范的应付交差现象，这使得预案的实用性大为减弱。第二，应急预案的制定主体和参与主体都十分广泛，各单位通常是从自身角度出发来开展预案编制工作，因而极易出现各级各类预案之间相互抵触、冲突的现象。第三，就应急预案本身的性质、特点和功能而言，及时清理和修订预案也是其永葆生命力的关键所在。综上，可以认为建立应急预案清理修订长效机制具有合理性和必要性。但是，为保证预案之间的对接与连贯，清理修订工作应秉持开放化、系统化和体系化的态度，以克服以往各主体、各行业闭门造车的做法。

3. 切实保障应急培训演练落到实处

"士虽有学，而行为本焉。"若不付诸实践，理论上再怎么强调应急联动的重要性也是空谈。行政机关内部不同部门之间的配合是否默契，行政机关与其外部的军队、企事业单位和社会力量等主体之间的协调是否有序，各主体之间信息交流、应急保障、工作机制等是否存在摩擦和矛盾……这些都应在应急演练中真实地反映出来。权后才知轻重，度后方知长短②，越是贴近实战，这些问题呈现得越是真实，从而越能检验和锻炼各方主体的默契度和行动力。在应急培训演练的内容上，应强调多元主体间的应急联动，旨在打破部门或行业壁垒的思维禁锢，改变各方主体单打独斗的思维惯性，逐步建立开放、沟通、协作、联动的应急救援处置工作模式。

（二）夯实应急准备

人们常说，"思路决定出路，方法决定效率"，而在突发事件中，效率又关乎事件的成败。现实中因处置方法不当而造成应急周期拖延、损害扩大的例

---

① 以 2006 年国务院发布《国家突发公共事件总体应急预案》为标志。
② 原句是"权，然后知轻重；度，然后知长短。"引自战国·孟轲《孟子·梁惠王上》。意指用秤称一称，然后才知道物体的轻重；用尺量一量，然后才知道物体的长短，即实践的重要性。

子不可胜数①,而这些其实都与事前的应急准备不充分关联甚密。

1. 落实物资保障

充盈的、先进的、精良的应急仪器设备工具可以为应急救援处置提供物质支持。汶川地震中海事卫星电话、遥感技术、生命探测仪、野战方舱医院、野战运血车、野战净水车等高科技装备就为抢险救援工作节省了不少时间。② 对此,可从加大经费投入和科研力度,改进物资储备目录和方式、加强物资运送协调能力等方面予以完善,具体内容已在第二章第五节论及,此处不再赘述。

2. 加强队伍保障

训练有素、作风优良、专业过硬的队伍建设可以为应急救援处置提供组织支持。根据《突发事件应对法》的规定,基层政府对本行政区域内的突发事件应对工作负责。基层政府离事发地近、熟悉环境,与外部赶来的救援处置力量相比具有不可比拟的效率优势,因而,无论从合法性还是合理性上来讲,基层政府都应为应急救援的主要力量。然而,从实践情况来看,基层政府往往却是应急准备薄弱的重灾区,这极大地制约了其救援处置工作的开展。对此,应进一步梳理、探索和完善应急救援队伍的管理体制,严格人员准入制度和考核制度,规范奖惩制度,并通过体系化的培训演练不断提高队伍的反应力、协调力和行动力。

3. 提升技能保障

系统的、全面的、领先的应急知识和技能可以为应急救援处置提供智力支

---

① 例如,国家安监总局分别在 2007 年、2009 年和 2010 年在其官网上通报了当月获当年连续发生 7 起、3 起和 4 起因施救不当而造成伤亡扩大的安全事故。其中,在 2007 年通报的 7 起案件中,最初涉险人数为 7 人,这是因为施救不当,最终导致 25 人死亡;在 2009 年通报的案件中,最初涉险人数为 3 人,最终导致 11 人死亡;在 2010 年通报的 4 起案件中,最初涉险人数为 5 人,最终导致导致 19 人死亡。参见苏楠:《安监通报 3 起施救不当事故 最初 3 人涉险最终 11 人死亡 6 人受伤》,载人民网,http://politics.people.com.cn/GB/1027/8961339.html,2019 年 2 月 1 日访问;吴博:《安监总局通报 4 起因施救不当导致伤亡扩大事故》,载中国新闻网,http://www.chinanews.com/gn/2010/07-16/2406590.shtml,2019 年 2 月 1 日访问。

② 中央财经大学中国发展和改革研究院案例与调查评价中心编:《应对突发事件案例·点评·启示》,国家行政学院出版社 2011 年版,第 43~44 页。

持。弗兰西斯·培根有句名言："知识就是力量。"在突发事件发生时，深厚扎实的应急知识是完全可以转化为战斗力的。对此，应纠正"重体能、轻技能"的训练模式，通过有针对性的培训，不断充实和更新应急救援人员的知识容量和结构，并使之内化养成为全面的应急素养，做到知识的融会贯通、举一反三。只有将知识学活、用活，才能在面对各种复杂多变的现场时做到从容应对、灵活处置。

(三) 优化处置方式

对于"不正确"的处置方式，可以通过应急知识培训演练予以纠正和改善，而此处论述的主要是针对"不合理"的处置方式。当前，我们的救援处置工作主要是围绕着保障公民生命财产安全和维护社会秩序两条主线来展开的，应急救援处置工作的主战场是突发事件的现场，以受害最严重区域为重点。集中优势力量，以最快的速度平息事态，无疑是明智之举，但是，应急救援与处置的视野不能仅仅盯着如何救人、如何灭火等明面的事情上，随着应急管理机制的逐步完善，处置方式应从短效化、粗犷化和刚硬化转向长远化、精细化和人性化。

1. 选择最有利于保护人民权益的方式

严格按照《突发事件应对法》第 11 条的规定，确保应急救援处置措施与事件的危害性质、程度和范围相适应，当有多种措施可供选择时，应选择最有利于保护公民、法人和其他社会组织权益的措施。此处即暗含未来长远发展之意，因为以牺牲长远利益为代价而换取眼前利益的措施，本质上并不符合最大利益保护原则的要求。俄罗斯别斯兰人质事件、菲律宾劫持人质事件都是将视野狭隘地聚焦于抓捕劫持者上面而忽视了被劫持者人身安全的错误示范。①

2. 把握大方向的同时，注意细节

随着应急管理机制的发展和完善，公民对应急救援处置工作的要求与期盼

---

① 例如，在别斯兰事件中，处置人员不顾人质生命安全，排爆、抑爆措施不力，最终导致大量人质死于爆炸引起的屋顶坍塌。在菲律宾劫持人质事件中，人质的死亡的原因之一在于长达 20 多个小时的对峙中，菲警方始终处于维护权威不向歹徒妥协的立场而失去和平谈判化解危机的有利时机。

也随之提高。笔者认为,过去我们判断救援处置行动是否成功的"对不对"的标准必将在不久的将来转变为"好不好"的标准。因此,应急救援处置在把握大方向的同时,还应注重细节,像菲律宾劫持人质事件中阿基诺三世和"表叔"杨达才都是因面部表情管理不当,在突发事件面前露出微笑而招致广泛的批评。①

3. 方式应显人性化

为保证应急处置救援行动的顺利开展,法律往往赋予行政机关很大的权力,相较于其他阶段而言,这一阶段行政行为的强制性、管理性和命令性色彩较浓,而指导性等柔性化色彩较淡。但是,笔者以为,即便是在应急状态下,行政机关也不应摒弃其服务型的本质。正所谓细节显魅力,人性化的应急处置措施可以让公民感受到温暖与关怀,而这一点也将是未来鉴别一个城市、一个国家应急处置水平优良与否的重要标尺。

(四) 强化危机沟通

当今世界信息技术飞速发展,全面封锁信息已变为一件极其困难的事情,尤其是与突发事件相关的一些负面信息,因为题材和内容更加博人眼球而变得越发可以被封锁。如果政府部门不及时发布官方信息、不说明事实真相,就会引发民间各种猜测,导致流言四起。此时再去辟谣,不但效果不好,还极易陷入"塔西佗陷阱"——当公权力遭遇信任危机时,无论说真话还是说假话,做好事还是做坏事,都会被认为是在说假话、做坏事。较之具体的爆炸、恐怖袭击等伤亡惨重的突发事件,行政机关遭遇信任危机所产生的危害更大,影响更深远。这是因为,信任是使某项制度具有合法性的一项加固因素②,公共权威的一项关键性职能就是增加人们心中普遍存在的信任感③,而信任危机将摧

---

① 菲律宾前总统阿基诺三世事后解释称自己只要高兴、愤怒或遇到荒谬的事情时都会微笑;杨达才则解释称当时现场气氛太沉重,希望笑一笑缓和气氛。

② Tyler, T. R., "Public Trust and Confidence in Legal Authorities: What Do Majority and Minority Group Members Want from the Law and Legal institutions?", *Behavioral Sciences and the Law*, Vol. 19, No. 2, 2001, pp. 215-235.

③ Bertrand de Jouvenel, *Sovereignty*, Chicago: University of Chicago Press, 1963, p. 123.

毁整个政治系统。故此，有学者指出，有效地回应一个危机事件事关组织的存亡。①

对此，行政机关应改变以往的保守方式，强化信息公开理念，加强危机沟通。媒体是连接政府与公众的桥梁，良好的危机沟通有利于彰显政府应急管理的责任感和使命感，对于政府的担忧和顾虑，完全可以通过正确的舆论引导方式予以化解。具体来说，应注重四大转变：一是时间上，注重快速反应。随着新媒体的飞速发展，一般事件发生后，基本能实现"现场直播"，2 小时内能形成热门话题，4 小时内就能形成社会舆论热点。危机舆情引导的第一时间已从早前的黄金 24 小时缩减为现今的黄金 4 小时，未来还有可能更短。媒体传播方式的变革对行政机关危机沟通的反应力与行动力提出了更高的要求。二是阵地上，注重从网下到网上。据中国互联网络信息中心（CNNIC）发布的第 37 次《中国互联网络发展状况统计报告》显示，截至 2015 年 12 月，中国网民规模已达 6.88 亿，互联网普及率达到 50.3%，半数中国人已接入互联网，手机网民占比超过九成。因此，应当看到舆情引导的主战场正在悄然发生变化，已从传统媒体转到新媒体上。对此，行政机关应充分借助微博、微信等新媒体平台的影响力，占据有利阵地，有效做好危机公关。三是技巧上，注重从应付到应对，即转变以往行政机关对待媒体的"鸵鸟政策"或"乌龟政策"②，将危机沟通视为一门必修课，通过设立专门的新闻发言人制度，建立并培养包括新闻发言人、舆情分析人员、评论员和专业顾问等在内的专业舆情引导团队，使危机沟通从随便应付转为专业应对。危机发生后的沟通，有利于修复组织的形象或预防形象的受损。③ 在面对危机时，要懂得如何正确地与公众沟

---

① King, Granville, "Crisis Management & Team Effectiveness: A Closer Examination", *Journal of Business Ethics*, Vol. 41, No. 3, 2002, pp. 235-249.

② 意指躲起来、不见面、不说话。

③ Coombs, W. Timothy, and S. J. Holladay, "An Exploratory Study of Stakeholder Emotions: Affect and Crises", *Research on Emotion in Organizations*, Vol. 1, No. 1, 2005, pp. 263-280.

通，以降低公众的责难，进而维护或快速修复组织的形象。如果确实存在错误，诚恳地道歉当属是最佳危机沟通策略。① 四是在内容上，注重从结果式发布到过程式发布。一直以来，行政机关对信息公开秉持的是"先调查后发布"的态度，认为只有待事件调查清楚、有定论之后才能公开相关情况。但事实上，这中间"不算长"的"留白"时间足以滋生无数谣言。公民需要的也不仅仅是事件的结果，而是从不断更新的信息中掌握事态发展的动向。因此，行政机关的舆情引导不用求大求全，实时动态地发布事件信息即可最大限度地满足公众的情报需求。此外，还应善待、善管和善用媒体，以 3W、3T 和 5S 为原则②，不断强化信息公开理念，提高危机沟通能力。

就媒体而言，应当正确认识到其在突发事件中扮演的角色、所处的地位及承担的社会责任。在 2002 年莫斯科轴承厂剧院劫持人质事件中，俄罗斯媒体的现场直播节目无意中让恐怖分子知晓了俄军的行动计划，导致俄特种部队不得不临时更改进攻方案。事后，俄罗斯媒体签署了一份自律公约，内容大致包括不报道部队调遣情况、解救方法等，不直播对恐怖分子的采访……此后，在 2004 年的别斯兰人质事件中，俄罗斯政府对媒体新闻报道控制得极为严格，在被劫持者实际人数超过 1000 人的情况下，俄官方告知的人数却为 354 人，而俄罗斯多家媒体集体"失语"，这直接导致俄罗斯媒体的信任度持续下滑。据民调显示，只有 7% 的俄罗斯民众还愿意相信媒体报道的真实性。③ 可见，媒体在突发事件中既是外在的旁观者，要保持中立地位，客观公正地报道新

---

① William L. Benoit, Shirley Drew, "Appropriateness and Effectiveness of Image Repair Strategies", *Communication Reports*, Vol. 10, No. 2, 1997, pp. 153-163.

② 3W 原则指 Who（由谁说）、When（什么时候说）、How（怎么说）。3T 原则指 Tell You Own Tale（以我为主提供情况，掌握信息发布主动权）；Tell It Fast（尽快提供情况）；Tell It All（提供全部情况）。5S 原则指 Shoulder the Matter（承担责任）、Sincerity（真诚沟通）、Speed（速度第一）、System（系统运行）、Standard（权威证实）。参见周忠伟、丁建荣主编：《公共安全危机管理》，中国人民公安大学出版社 2014 年版，第 99~105 页。

③ 徐兢辉：《从别斯兰人质事件——看媒体对危机报道的处理》，载《城市党报研究》2005 年第 6 期。

闻，监督行政机关，但同时，其又是应急系统的构成部分①，还具有配合、服从行政机关应急管理的义务，在新闻报道的方式、内容和视角等方面应优先让位于应急处突的现实需要。

---

① Quarantelli, E L, and R. R. Dynes, "Response to Social Crisis and Disaster", *Annual Review of Sociology*, Vol. 3, No. 3, 1977, pp. 23-49.

第五章 恢复重建阶段法律实施机制之优化

第一节 恢复重建阶段法律实施的内容

依照罗伯特·希斯危机管理4R理论,突发事件集中暴发,在经应急主体系列处置措施后会进入恢复期(Recovery),此时,风险值逐渐减小,社会秩序从非常态逐步恢复到常态。为迅速消除突发事件带来的社会负面影响,恢复社会正常的生产生活秩序,总结和吸取经验教训,完善相关的制度安排,必须高度重视突发事件的恢复重建工作。《突发事件应对法》在第五章对此进行了专门规定。恢复重建,是指在应急状态结束后,应急主体对受突发事件影响的地区进行救助和帮扶,使其生产生活、社会经济秩序等恢复到突发事件发生以前的状态,生活环境和社会环境达到甚至超过事前的标准。

突发事件救援处置阶段与恢复重建阶段的风险值和紧急程度不同,故两个阶段法律实施的运行环境也大不相同。前者任务紧迫、高度紧张,对救援处置行动的时间要求很高,必须果断迅速,相较之下,后者则相对缓和,工作开展的时间周期也长了许多。例如,2008年我国汶川地震①后规划的恢复重建时间为八年,1995年日本阪神地震后的恢复重建工作长达十年。在跨度如此长的

---

① 突发事件分为自然灾害、事故灾难、公共卫生事件和社会安全事件四大类,其中,以自然灾害的破坏辐射力最为突出。2008年汶川地震是中华人民共和国成立以来震区面积最大、波及范围最广、受灾人数最多、损失最为惨重的一次特大自然灾害,涉及的事后恢复重建也最具规模和系统,因而,本章第一、第二节主要以汶川地震一例作为素材支撑,以期系统地反映恢复重建过程中存在的问题与不足。

时间周期里，恢复重建工作又可分为几个阶段，如汶川地震恢复重建八年规划中，"前三年"的工作重心主要集中于恢复公民生产生活秩序和重要基础设施、公共服务设施等较为紧急、关系重大的事项，"后五年"的工作重心则放在社会经济的全面发展和人民生活质量的进一步提高上。可见，恢复重建包含两层意思：一是恢复还原，即将受损的人和物通过医治、修缮等方式还原到事前的样貌；二是重建发展，即在恢复受损事物时，立足长远，通过全面统筹规划、除旧布新，使事物呈现出比事前更好的状态，而非简单地达到与灾前[1]一致的水平。[2] 以上两点也是恢复重建阶段法律实施机制欲达成的两大目标。[3]

从当前有关突发事件和应急管理的研究成果来看，学界对事中的处置与救援关注度较高，研究颇丰。近些年，随着预防理念的深入，对事前预防准备、监测预警的研究也有所增加，但对事后恢复重建阶段的相关问题依旧关注不足，成果不多。这主要是因为，人们习惯性地将应急救援与处置视为应急管理的最后阶段，似乎事件平息了，应急管理就结束了。此外，恢复重建涉及社会的方方面面，既需要规划、土地、建筑、财政、金融、产业等多个方面的投入，还涉及安置、户籍、收养、抚养、抚恤、补偿、就业、捐助等多项制度的重构，而这些项目的运行环境和适用的法律法规与常态、常态法之间往往没有明显的界分。以上种种，造成了现阶段人们对恢复重建环节的忽视。然而，突发事件的巨大破坏力会造成社会多方面的断裂，恢复重建工作的好坏，往小处说关乎地区未来的发展和人民生活质量的高低，往大处说则关乎整个国家的均衡发展与富强稳定。2007 年美国中部堪萨斯州格林斯堡镇遭龙卷风袭击，导致全镇 90% 以上的建筑物被毁，然而，通过积极的恢复重建，现今的格林斯堡

---

[1] "灾害不应仅被视为是自然或技术分风险，还可视为基于社会正常运行的例外。" See Robert A. Stallings, "Disaster and the Theory of Social Order", In E. L. Quarantelli (eds.), *What Is a Disaster? Perspective on the Question.*, London: Routledge, 1998, p.137. 考虑到行文方便，此部分将"灾害"作广义理解，即突发事件。

[2] E. L. Quarantelli, "The Disaster Recovery Process: What We Know and Do Not Know from Research", *Disaster Research Center*, 1999, p.286.

[3] 《汶川地震灾后恢复重建总体规划》在"重建目标"部分多次指出："……要达到或者超过灾前水平。"

第五章 恢复重建阶段法律实施机制之优化

已成为一个完全采用洁净能源的生态友好可持续发展的新城。① 因此,应看到并重视恢复重建的长远作用,并将其视为社会资源再次分配、城镇新建规划、贫富差距缩小的一个良好契机。

以恢复重建工作的阶段和性质来划分,笔者认为,此阶段法律实施机制的内容可以概括为三个方面:(1) 救助性机制(《突发事件应对法》第 59 条、第 61 条第 2、第 3、第 4 款)。(2) 发展性机制(《突发事件应对法》第 60 条、第 61 条第 1 款)。(3) 总结性机制(《突发事件应对法》第 62 条)。

第二节 救助性机制

需要指出的是,尽管在我国相关应急立法中并未明确界定"救助性机制"的内涵,但是,对与救助性机制相关的内容事项作出了较为详细的规定。例如,我国《突发事件应对法》中对救助性机制的相关内容进行了明确规定,如该法第 59 条就"制定恢复重建计划""修复公共设施"等事项作出了安排;第 61 条区分了救助对象的类型以及救助方式等。笔者认为,救助性机制,是指公民因突发事件而遭致生活困难,由国家和社会提供医疗、物资或资金帮助,以维持其基本生活标准的内在运行方式。相较于恢复重建阶段的其他机制而言,救助性机制的运行周期较短,这是由救助性机制自身包含的具体内容所决定的,从运行环境上来说,救助性机制旨在解决紧急的关乎公民生存的事项,如生命的抢救、伤口的处理、食物和饮用水的保障、临时性住房的安置、水电气通信等基础设施的恢复,等等。

一、我国救助性机制存在的不足

(一) 政策执行落实不到位

恢复重建涉及面广、参与主体多,是一项涉及多方资源整合的系统化工

---

① 张强、陆奇斌、张欢等编著:《巨灾与 NGO——全球视野下的挑战与应对》,北京大学出版社 2009 年版,第 2 页。

程，若缺乏统筹规划和组织协调，则极易导致工作的杂乱与无序。对此，国家高度重视灾后恢复重建的规划工作。2008年汶川地震后出台的《汶川地震灾后恢复重建条例》是我国首部专门针对某个地区震后恢复重建的条例，其颁布施行标志着我国灾后恢复重建法制工作的起步，表明政府对恢复重建工作法制建设的高度重视。此后，一系列相应配套的政策也陆续出台，如《汶川地震灾后恢复重建总体规划》《关于支持汶川地震灾后恢复重建政策措施的意见》《成都市村镇灾后重建规划制定管理办法（试行）》《关于严格耕地占补平衡管理的紧急通知》，等等。但是，由于种种原因，有关应急主体在政策的执行与落实上还存在些许不尽如人意之处。例如，2008年"5·12"汶川地震后，5月19日银监会就下发了灾区债务可暂时延期履行的通知，但据一些灾民反映，个别银行依然存在追要利息的现象。再如，根据民政部、财政部、国家粮食局出台的《关于对汶川地震灾区困难群众实施临时生活救助有关问题的通知》等相关规定，受灾居民每人每天可以领到10元补助金，初期为3个月，但一些地区的灾民直到2009年也才领到150元；一些村民的土地被征用却没得到任何补偿，或者政府承诺补偿800斤大米，最后签字确认时却缩减为700斤。① 按照《汶川地震灾后恢复重建总体规划》，四川省平均每村可获得357万元的中央基金，但实际上，2516个贫困村共获得中央基金投入14.36亿元，平均每个村只获得了57万元，这与规划相比，存在不小的差距。②

（二）救助工作开展不均衡

救助工作涉及医疗救治、生活保障、劳动就业、物质帮助、收养教育等多个方面，然而，当前救助工作过于关注基础设施和房屋等硬件建设，对人的软件建设有所忽视；过于关注身体伤残的医治、生活必需品的发放、临时性住房的安置等眼前的、紧急的、见效快的事情，对一些长远的、潜在的、见效慢的事情有所忽视。例如，有学者对汶川地震三年后的儿童营养状况进行调查，发

---

① 高晋康、何霞等著：《汶川大地震灾后恢复重建重大法律问题研究》，法律出版社2009年版，第236~238页。
② 黄承伟、杨方：《灾后贫困村恢复重建多部门合作的探索：基于"汶川地震灾后重建暨灾害风险管理计划"项目实践的总结》，中国财政经济出版社，2012年，第36页。

现受灾地区儿童膳食中蛋白质和能量摄入严重不足,这对儿童健康发育和成长极为不利。① 有些地区由于交通不便,地缘偏远,其救助力度远不如靠近城镇的中心区域,在灾民心中留下了待遇不平等的阴影。再如,我国灾情统计分类不够细化,只关注总体受灾人数,性别意识比较淡薄,导致汶川地震中出现妇女卫生用品、孕妇、哺乳母亲的特需品等物资匮乏或发放迟滞,很多受灾地区的女性是在震后许多天之后才第一次领到这类物资。②

此外,突发事件会给人们造成不同程度的心理创伤,尤其是老人、妇女和儿童,需要长期的心理疏导和治疗,但囿于危害不明显、治疗周期长且见效慢等原因,灾后心理治疗工作始终未被给予应有的重视。调查发现,汶川地震后受灾民众的心理疾患发病率较高,患有创伤后应激障碍(PTSD)的人高达10%以上,有的地区甚至高达45.5%。世界卫生组织的研究表明,重大灾难后,人们的心理问题可分为三种程度:大约20%~40%的受灾民众会出现轻度心理失调,这种情况并不需要心理干预,只需过几天或几周症状就能得到缓解;大约30%~50%的民众会出现中度甚至是重度的心理失调,这种情况需要及时的心理干预,否则情况将会严重;还有约20%的人可能患有严重的心理疾病,这种情况需要长期的心理治疗。③ 有研究表明,年龄、性别、孤独感以及恐惧感都是影响灾民心理恢复的重要因素。④ 此外,一些利益纠纷未能得到及时解决,这也成为受灾民众情绪不稳定、缺乏安全感的催化因素,社会氛围整体上较为压抑。

(三) 民间救助力量参与不充分

突发事件恢复重建阶段的救助工作需要投入大量的人力物力财力,需要一

---

① 李小云、黄承伟主编:《汶川地震灾区贫困村恢复发展评估——来自8个贫困村的调研》,中国财政经济出版社2012年版,第7页。

② 陈桂明著:《汶川地震灾后恢复重建主要法律问题研究》,法律出版社2010年版,第13页。

③ 张小明:《公共危机事后恢复重建的内容与措施研究》,载《北京科技大学学报(社会科学版)》2013年第2期。

④ Kuwabara H, Shioiri T, "Factors Impacting on Psychological Distress and Recovery after the 2004 Niigata-Chuetsy Earthquake, Japan: Community-based Study", *Psychiatry and Clinical Neurosciences*, Vol. 62, No. 10, 2008, pp. 503-507.

个组织去统筹协调各类资源。这项工作是个人和普通组织都无法胜任的，必须由国家或政府层面主持开展。当前，我国推行的是政府主导的工作路线，但在实践运行过程中，却常常出现政府大包大揽、民众过于依赖的倾向，民间救助力量的作用未能充分发挥出来。第一，志愿者或普通公民。我国历来有"一方有难八方支援"的优良传统，在一些重特大突发事件发生之后，很多公民希望投入到事后救助工作中去，为恢复重建尽绵薄之力，但却由于不知如何参加或缺乏组织而造成参与无门或无序。当前，普通公众参与救灾的形式主要限于捐款捐物，真正参与到救灾行动中来的人非常少。对于实质性参与到救灾行动中的志愿者而言，也存在不少问题。例如，汶川地震中有很多志愿救援人员不仅没能帮上忙，反而还给政府救援队伍带来诸如编制、食宿等方面的压力。① 因缺乏沟通与协调，民间救助车辆堵在路上，耽误了正式救援队伍赶赴支援的时间，捐赠的物资也因缺乏统筹而出现积压退回或不足再调等情况，这些都影响了救助的效率。第二，非政府组织（NGO）。当前我国非政府组织的发育还不健全，组织体系不尽完善，参与的力度和范围也十分有限。政府与非政府组织之间缺乏信任基础与合作经验，也是压抑非政府组织积极性的一个重要原因。此外，一些非政府组织带有半官方性质，在救助领域时常衍生出垄断现象。例如，政府通常会指定红十字会和慈善总会两家为唯一的接受救灾款物机构，而这两家机构由于具有政府背景，在信息公开、工作效率等方面都因缺乏竞争而使公众颇有微词。② 不仅如此，一些社会组织在提供救灾物资时未能与政府部门或其他组织有效衔接，导致物资无法统一调拨和使用且缺乏必要的接收和监督机构，容易造成物资的管理混乱、使用不当和浪费。第三，受灾民众。长期的政府主导模式使得我们缺乏一个与政府和市场相匹配的公民社会，公民意识

---

① 高晋康、何霞等著：《汶川大地震灾后恢复重建重大法律问题研究》，法律出版社2009年版，第25页。

② 例如，全国为汶川地震募集捐款625亿元，但其中501亿元未公布去向。"郭美美事件"和"洗钱"风波等也令红十字会、中华少年儿童慈善基金会等慈善机构深陷信任危机。玉树地震后，李连杰的壹基金的捐款数额与在红十字会捐赠平台查询的数额有很大出入。参见《汶川地震8周年：625亿捐款，501亿未公布去向》，载《今日头条》，http：//top.todayonhistory.com/a/201605/39203.html，2019年2月9日访问。

发育迟滞，导致在灾后救助时公民缺乏自救、互救的主动意识，因而出现了政府和志愿者忙前忙后，受灾民众却袖手旁观、坐享其成的窘况。

二、制约救助性机制良性运行的原因

（一）救助理念偏颇

一是对救助工作的性质认识不清。恢复重建阶段的救助工作与现场处置阶段的应急救援和社会正常状态下的发展建设之间存在职能重叠，难以明确划定界限①，因而在工作中常常出现定位不准，随之面临的就是组织体系、工作思路等方面的混淆。假设，因看到事后社会环境逐步恢复到正常状态而将救助工作纳入常态工作范畴，忽视其应急功能定位，则救助管理机构将会沿用常态的行政组织结构，而在常态下，各管理部门本就自成体系，相互之间的协调性要比应急状态下减弱不少。二是对救助工作的内容认识不清。恢复重建包括两个阶段——以生存为重心的紧急救助阶段和以发展为重心的持续恢复阶段，但两者之间绝非截然割裂，相反，前者是后者的基础，而后者是前者的提升。同时，两者之间还存在交叉与重合，如心理救助工作就衔接、贯穿着两个阶段。当前对救助工作的内容和范围似乎仅以时间或紧急程度为判断标准，习惯性地将危害暂时不立即显现的工作放入第二阶段，这种思路常常导致工作开展起来顾此失彼，有所偏失。三是对救助工作的主体认识不清。灾后恢复重建需要大量的资源投入，政府虽具有绝对性优势，但面对巨大的人力物力财力，仅靠政府一方压力无疑是巨大的。因此，应改变政府垄断式的救助工作格局，动员社会多方力量协同开展恢复重建。

（二）相关立法缺位

救助性机制涉及的范围非常广泛，涉及的法律关系也十分复杂，有关系到公民基本权利与政府权责的宪法行政法问题，有关系到土地纠纷、房屋纠纷、

---

① 有学者甚至认为，"恢复重建是一个动态的过程，并不存在明确的界点。" See Mileti D S.,"Disasters by Design: A Reassessment of Natural Hazards in the United States", *Ameaças*, Vol. 8, No. 10, 1999, p. 699.

合同纠纷、捐赠收养等方面的民商法问题,有关系到金融债务、保险理赔、税费减免等方面的经济法问题,还有关系到工伤认定、劳动就业、居民安置等方面的社会法问题。当前我国灾后救助的法律法规还不够完善,主要表现在以下几个方面:第一,缺乏统一的救助基本法,《防洪法》《防震减灾法》《气象法》等都是单灾种立法,而非综合性立法。第二,法律规范无法回应现实需求,要么滞后,与现实脱节;要么宏观抽象,可操作性较差。例如,灾民如何安置?迁往何地?土地、住房、户籍、教育、就业等问题如何解决?地域的文化特点是否还能保留?移民后的生活环境能否和原来一样?这些问题在法律层面尚缺乏相应的制度安排。第三,相关规定层级较低,规范性不强,效力不高。当前的一些灾后救助工作更多地是依靠领导的重视及临时性的政策来解决问题。① 第四,相关规定缺乏科学论证。例如,关于受灾主体的身份认定问题,一些文件采用的是户籍标准②,即以拥有受灾地区的户籍为标准来认定灾民身份从而获得救助,如此一来,就造成实际受到灾害损害但不具受灾地区户口的公民丧失了获得补偿的权利,而身在异地未受到灾害影响的本地人却可被认定为灾民。这种立法标准显然是有失公允的,更有甚者,以职业和经济条件作为灾民认定的依据,具有极大的歧视性。③

恢复重建工程浩大繁杂,照理说,事件影响越大、损害后果越严重,恢复重建工作的难度应当越大,但是法律缺失却带来一个怪象:像汶川地震、天津港爆炸这样一些大型灾难事后的恢复重建工作往往得以顺利进行,而一些小的、不引人瞩目事件的恢复重建工作开展起来则时常遇到诸多困难。究其根

---

① 周佑勇、甘乐:《论行政救助制度的发展与完善》,载《中南民族大学学报(人文社会科学版)》,2008年第5期。

② 例如,《都江堰城镇居民住房灾难救助安置意见》《彭州市政府关于加快灾后农村住房重建工作的实施意见》等。参见薛有成:《玉树灾后恢复重建中的主体法律问题》,载《攀登》2010年第4期。

③ 例如,四川都江堰滨江街道办事处制定的《灾民入住集中安置点资格认定办法》第4条规定:如在公安机关办理暂住等级,且在我市从事蹬三轮车、擦皮鞋、捡破烂等工作的小商小贩,由认定机构进行严格清理,不得进入集中安置点和领取救灾款物,并劝其返回原籍。

源，想必是因为突发事件规模越大，越能引起领导人的重视和社会各界的关注，像汶川地震、南方雪灾等事件都是举全国之力来开展恢复重建，工作顺利，成效显著，但并非得益于制度规范，反而还掩盖了恢复重建阶段制度性规范缺失的弊端。从当前实践运行状况来看，灾后恢复重建工作开展的依据多以政府文件、行政命令为主，整个过程似乎也是政治动员大于制度动员。① 但是，应当看到，恢复重建工作涉及面广，仅靠领导的重视是不稳定的，若缺乏制度化专业化的灾后重建机制，各地将不知如何开展工作，最终导致做法多样、标准不一。

(三) 救助体系模糊

一是救助机构职能分散。目前我国仅涉及自然灾害的管理部门就多达十几个，不同的部门分别管理不同类型的灾害，各个涉灾部门一般都建有相对独立的信息管理系统，基于职能分工，难以实现全方位的信息共享。二是救助机构职能缺位。总体而言，我国对救援处置阶段，即事中的救助主体有较为详细的规定，但对于事后的救助主体则有所缺位。突发事件发生后，公民生活困难重重，但常常求助无门，归根究底，还是在于制度的滞后。三是社会与公众参与地位不明。突发事件发生后，一方面存在巨大的救助空间需要民间力量予以填补，但另一方面又缺乏制度化的参与渠道，这种内在矛盾不解决，救助性机制就无法高效运行。社会组织、人民团体、慈善机构、基层社区、保险机构以及志愿者和各界爱心人士，如何参与到灾后救助工作中来，在整个救助体系中处于何种地位，权利义务边界如何界定，如何与政府部门有效衔接与合作……这些都是急需解决的问题，否则，恐怕只会将众多有志愿服务意向的公民拒之门外。② 四是外部救助力量的持续性不足。有调查显示，汶川地震一年后，一线的民间组织大约从300家降至不足50家，志愿者人数也从近300万人降至不足5万人。这反映出我国志愿者和非政府组织对灾后恢复重建的长期性缺乏足

---

① 罗登亮著：《汶川地震灾后住房恢复重建的法律选择——以"政府—市场"关系为视角》，法律出版社2010年版，第7~8页。

② Kweit M G, Kweit R W., "Citizen Participation and Citizen Evaluation in Disaster Recovery", *The American Review of Public Administration*, Vol. 34, No. 4, 2004, pp. 354-373.

够的认识和准备,同时也反映了我国志愿者和非政府组织的发育不全,灾后救助多以激情为主,持久力有所欠缺。①

三、救助性机制的完善

(一) 明确工作定位

首先,应明确灾后救助是恢复重建阶段的一个重要组成部分,而恢复重建又是应急管理的最后一个阶段。突发事件的控制与平息不代表整个应急管理工作的结束,因此,恢复重建依然属应急管理范畴。在明确灾后救助的工作属性后,相应的工作机制和工作方式才能与常态下的工作机制和方式区别开来。其次,应拟清救助工作的内容与范围。事有轻重缓急,灾后救助带有应急性、紧急性的特点,因而,应集中力量优先解决那些关乎公民生存的特别紧迫的事项。但是,暂时不急不等于不重要,救助工作的内容界定不能仅以事件紧急程度为衡量标准,还应综合考量事件的性质、特点及影响。若考虑不周,有所偏废,不但影响后续的长远性发展,还会为次生灾害的发生埋下隐患。最后,应正视政府不是万能的,正确认识多元主体参与救助的重要性和必要性,通过制度的构建与完善,充分鼓励、动员、协调好各方力量,各自发挥所长,提高救助工作的效率。

(二) 加快推进专门性立法

如前所述,我国只是在《突发事件应对法》中的个别条款中间接规定了救助性机制,缺乏针对救助性机制的专门立法。由此带来的后果是救助性机制的法律规定过于宏观,无法有效应用于实践。事实上,"灾后重建,法制先行"是国际通行的做法,例如,1974 年美国国会通过的《灾害救助和紧急援助法》就明确指出,政府对灾民提供保障给付,这种应急救助法律制度的确立不是一种"恩赐"或"慈善",而是灾民应当享有的基本权利。因此,救助性

---

① 张海波、童星:《巨灾救助的理论检视与政策适应——以"南方雪灾"和"汶川地震"为案例》,载《社会科学》2012 年第 2 期。

机制不应是临时的、随意的，相反应当是法定的。① 灾后救助需要不同部门之间的密切配合，需要相关制度之间的衔接协调，而这些都以法制化的权威指领和刚性约束为基本前提。美国、日本在这方面立法比较完善，如日本有《灾害对策基本法》《灾害救助法》《受灾者生活支援法》《严重灾害特别财政援助法》《大规模地震对策特别措施法》，等等。

笔者认为，完善我国行政应急法律实施机制中的救助性机制法律设计，至少应当包括以下几个方面：首先，应加快研究制定专门针对恢复重建的综合性立法，从总体上对恢复重建工作的原则和程序作出系统化安排，明确政府、社会和灾民各自的权利、义务，为各项具体工作的开展和后续投融资、财政、金融、产业、扶贫等政策的制定奠定法律基础；其次，建立统一的、具有较高法律位阶的救助性机制专门立法，以明确相关主体实施救助性机制过程中的权利与义务，并在此基础上配套精细化的操作规范，逐步清除立法盲点，完善恢复重建救助法律体系，将该工作纳入法制化轨道。唯此，才能真正保障各类资源在流动过程中不出现能量递减，保障救助工作依法依规、稳定有序地开展，各项政策落到实处，保障各方主体的合法权益。

（三）构建多元化的救助体系

1. 应转变政府大包大揽的工作思路，明确并加快形成党委领导、政府主导、社会协同、公民广泛参与的救助工作格局

就政府救助机构而言，在中央层面，可以参考借鉴俄罗斯建立紧急情况部这一专门的中央灾害救助部门的做法，在我国尝试建立统一的事后救助机构，将各涉灾部门分散、交叉、重叠的职权整合协调起来。在地方层面，根据属地原则，地方政府仍是灾后救助的主要力量。对此，可成立相应的工作委员会，承接上一阶段的应急指挥机构，实现组织机构上的有机转换。②

2. 应充分发挥社会救助力量的补充作用，将政府救助与社会救助紧密结

---

① 赵颖：《服务型政府视角下的应急救助及行政法的回应》，载马怀德主编：《应急管理法治化研究》，法律出版社 2010 年版，第 301 页。

② 张欢、吴苏锦：《突发事件恢复重建机制浅析》，载《城市与减灾》2011 年第 S1 期。

合起来，互补长短，形成完整的救助体系

（1）就个人而言，志愿者是不谋求任何回报而无私奉献的个人，他们具有高尚的道德情操，是社会正能量的弘扬者。然而，当前由于规章制度不健全，导致部分志愿者自身权利无法保障，令人唏嘘。例如，当自愿者人身财产遭受侵害时，由谁为其提供帮助？1999年《广东省青年志愿服务条例》是我国第一部关于青年志愿者的地方性法规。随后，一些省市也陆续出台了志愿者服务条例，但内容多是涉及登记在册的志愿者，对于未经注册的志愿者权益保护问题鲜有提及，而这些未经注册的志愿者大部分都是由于不知登记渠道或由于时间紧迫来不及登记的。① 志愿工作除了志愿者的使命感和服务热情外，还需要有规范的制度支撑，否则，热情很快就会褪去，若无法保障志愿者的合法权益，解除其后顾之忧，他们的积极性将被磨灭，志愿服务工作也将难以为继，一些潜在的有意投身志愿服务事业的公民也会因权利义务不明确而对该工作望而却步。在这方面，德国的经验可为我们提供借鉴。德国总人口数约为8200万，其中大约有2300万的志愿者服务年限超过14年。应急志愿者构成了应急救援力量的主力军。以消防队为例，德国的职业消防队伍大约有2.7万人，但消防志愿者人数却高达130万人，承担了70%以上的救助任务。如此高的参与率，既有国民素质高、风险意识强的原因，也与国家的支持与鼓励不无关联。例如，德国的《奖励志愿社会年法》《奖励志愿生态年法》等法律纷纷规定，年满12岁的德国公民即可申请登记为志愿者，参加各类公益活动并接受应急培训；② 鼓励17至27岁的青年离开校园，投身于志愿服务的行列。德国公民保护与灾难救助局（BBK）在每年12月5日（国际志愿者日）会颁发由内政部设置的青年工作奖和最佳表现奖，奖金高达7500欧元。德国多个单行法也对志愿者参与救援的权益问题进行了规定。例如，当志愿者在工作期间参加应急救援工作或者应急培训，则政府应为其支付工资损失；当志愿者在应急救援过程中提供了超出普通救援的服务或者有法律义务之外的活动，或遭受

---

① 薛有成：《玉树灾后恢复重建中的主体法律问题》，载《攀登》2010年第4期。
② 董泽宇：《德国应急救援体系及其启示》，载《中国应急管理》2011年第11期。

了特殊损失，政府可从其他方面给予赔偿弥补。此外，志愿者在房租、交通、社会保障、升学、就业等方面都具有优惠奖励和额外加分，从事志愿服务满六年即可免除服兵役义务，这些措施使得很多年轻人受到鼓励而加入进来。① 当然，德国的志愿者有严格的培训要求，半年至一年内必须完成 80~120 个小时的培训学时，考核合格才能开展实际救援工作。② 德国的志愿者已成为应急救援的中流砥柱，这种社会化的志愿者模式不但有利于提高公民的风险意识与公益精神，还能缩减政府应急救援的预算和开支，可谓真正的全民动员。我国当下志愿者自觉意识还未觉醒，对此，我们可学习借鉴德国模式，在制度层面上进行科学设计和合理引导，完善对志愿者的准入、激励和保障机制。

（2）就组织而言，非政府组织可以克服政府科层式结构在应急状态下灵活性不足的弊端，还能填补政府人力精力不足无暇顾及的软件建设方面的空白。例如，美国红十字会是联邦紧急事务管理局（FEMA）的合作伙伴，其 700 多家站点在灾害发生 2 小时后都会迅速行动，提供救援服务。德国的志愿服务组织主要有七个，分别为德国工人助人为乐联盟（ASB）、德国红十字会（DRK）、德意志生命救助协会（DLRH）、德国马耳他骑士战地服务中心（MHD）、德国约翰尼特事故救援团（JUH）、德国消防队（DFV）以及德国技术救援署（THW）。各组织分工有序，以 THW 为例，其总部设在波恩，下设 8 个联邦级分部和 66 个区域级分部，有 668 个地方技术救援小组，2 个物流中心及 2 个培训学校，组织体系非常完备。③ 非政府组织或社团在市民社会的组

---

① 例如规定，若志愿者在工作期间参加应急救援工作或者应急培训，则政府为其支付工资损失；若志愿者在应急救援过程中提供了超出普通救援的服务或者有法律义务之外的活动，或遭受了特殊损失，政府可从其他方面给予赔偿弥补。此外，志愿者在房租、交通、社会保障、升学、就业等方面都具有优惠奖励和额外加分，使得很多年轻人受到鼓励而加入进来。参见闪淳昌、薛澜主编：《应急管理概论——理论与实践》，高等教育出版社 2015 年版，第 76~79 页。

② 德国志愿者在工作态度、专业技能、生理和心理等方面都要接受全面的培训。参见封眭：《德国应急管理体系的启示》，载《城市与减灾》2006 年第 2 期。

③ 凌学武：《德国应急救援中的志愿者体系的特点与启示》，载《四川行政学院学报》2009 年第 6 期。

成部分中处于中心位置,其存在可以深化市民社会。① 作为救助性机制的重要补充,我国非政府组织的优势力量还有很大的挖掘空间。对此,立法部门应制定、修改、完善相关法律规定,明确非政府组织的法律地位、组织结构、权责边界,为其参与救助活动提供合法性依据,从而将那些有投身救助事业意向但因政策不明朗而一直持观望态度的民间组织吸纳进来,使其在第一时间就能发挥积极作用。政府部门应与非政府组织在物资调配、职能分工、信息共享等方面建立常态化、制度化的沟通合作模式,高度肯定并赞扬非政府组织的奉献精神,充分动员一切潜在的优势资源。就非政府组织自身而言,也要加强学习与管理,不断提高自身的救助技能、与政府沟通的能力及自律机制。需要说明的是,个人或社会组织的参与也需要以明确的立法形式加以确立。

3. 加大国际救援合作力度,完善国际组织间的互动与协调

2004年12月26日上午8时,印度洋发生地震并引发海啸,波及十余个国家,造成30余万人死亡,140多亿美元的财产损失。灾难发生之后,各国政府纷纷向受灾最严重的印尼伸出援手,捐款、捐物、派出医疗队和救援队。但是,突如其来的人流和物流让印尼政府变得手足无措:救援工作不知如何开展,运送救灾物资的车辆堵在混乱不堪的路上,救灾物资不知道该送给谁……这种无序状态比比皆是。与此同时,多国的飞机在印尼上空穿梭,大大超过机场起降能力。例如,棉兰机场设计的飞机起降能力为20至30架次,但每天大约有300架次起降。印尼本国难以负荷如此多的飞机,而各国军方也开始为飞行安全感到担忧。1月4日,班齐亚机场一架波音737货机撞上了一头水牛,最终印尼政府不得不决定临时关闭机场。② 当前,突发事件呈现从单一性向复合性、从区域性向全球性转变的发展趋势,气候变化、国际恐怖主义、传染性疾病等事件对国际协作提出了新的要求,建立跨区

---

① Alan Thomas, Susan Carr and David Humphreys, *Environmental Policies and NGO Influence: Land Degradation and Sustainable Resource Management in Sub-Saharan Africa*, London: Routledge, 1998, pp. 2-3.

② 中央财经大学中国发展和改革研究院案例与调查评价中心编:《应对突发事件案例·点评·启示》,国家行政学院出版社2011年版,第61~71页。

域、跨国家的国际组织互助合作机制是新时期的时代回应。① 当然，也需要在法律中对此加以明确。

4. 受灾民众应积极开展自救与互救

受灾民众在能力范围内也应做一些力所能及的事情，尽早融入社会，一来有利于平复心理，治愈灾后心理创伤；二来能在工作中找到自身存在的价值，重建生活的信心，避免出现"角色放弃"②的现象；三来不会产生过度依赖的倾向，在外部救助力量撤出后，不会出现心理失衡的落差情绪。毕竟"输血"是暂时的，唯有恢复"造血"功能才能永葆生机与活力。

第三节 发展性机制

发展性机制，是指在完成紧急救助以保障公民最低生活标准后，由国家和社会继续提供帮扶，以进一步提升和改善受突发事件影响民众的生活质量和经济社会发展水平的方式和方法。由此可知，发展性机制是救助性机制的升级。从运行环境上来说，发展性机制旨在解决暂时不急迫但面向长远的事项，因而，从运行时间上来说，发展性机制持续周期更长，一般需要若干年的时间，属于全面发展和提高阶段。

一、我国发展性机制存在的不足

（一）发展的节奏把握不准

在行政应急发展性机制的实践过程中，不同地区、不同应急主体对"发展"的理解有所不同，这主要表现在两个方面：一是发展速度过快。突发事件往往会给社会环境和基础设施造成严重损害，像地震后的唐山和汶川、北川、

---

① Boin, Arjen, and M. Rhinard, "Managing Transboundary Crises: What Role for the European Union?", *International Studies Review*, Vol. 10, No. 1, 2008, pp. 1-26.

② Lu Xiaoli, "Typhoon Evacuation in Wenzhou, China: A Preliminary Analysis of Progress and the Remaining Challenges 1", *Journal of Contingencies and Crisis Management*, Vol. 17, No. 4, 2009, pp. 303-313.

绵竹等县市，爆炸后的天津港等地，几乎都因突发事件的冲击力而被夷为平地。对于这些破坏力超强的大规模突发事件，事后的重建发展常常要与城镇规划、产业规划和扶贫政策等结合起来。将灾后重建发展规划与地方长远发展规划进行适度结合无疑具有合理性与前瞻性，但是一些地方政府和部门忽视现实情况，一味追求发展速度，用力过猛，反而使得效果差强人意。例如，汶川地震后，绵竹一些地区试图"一步到位"，不切实际地强调推进城镇化、工业化和社会主义新农村建设，加重了灾后重建的负担，引发了社会的不满。① 二是发展速度过慢。灾后重建发展耗时耗力，即便一些大型突发事件造成的惨痛损失牵动着全国人民的心，但随着时间的推移，人们的关注点和热情度都将由浓转淡，随着外部救助力量的撤出和后续经费的收紧，一些地方表现出极强的不适应感，重建发展进展缓慢。

（二）具体的措施运用不当

在重建发展过程中，有一些举措的出发点是好的，但因调研不充分、论证不周全而影响了发展的实效，民众满意度不高。例如，汶川地震中我国开创性地采用了以"一省支援一县"的对口支援机制。为安置灾民，在活动板房建设方面，各省市不遗余力，不但木板、水泥等建筑材料从本地购买再长途运输到灾区，就连工人都全部外带。这种做法看似对受灾地区施以了援手，但潜在的危害不容小觑：一是使得原本大约600元/平方米的建设成本飙升至2000元/平方米以上；二是灾区大量劳动力闲置，支援省外带工人压缩了受援地灾民的就业机会，于是很多灾民在家门口看着远道而来的人为自己忙碌，而他们却不知劲往何处使；三是施援省的购买力其实留在了各自省内，不利于灾区市场范围的扩大，甚至还会形成对受灾地区市场的挤出效应。灾区民众纷纷感叹："还不如把资金直接拨给我们，我们自己建。"② 再如，有学者调研发现，一些地区民众认为活动板房修建的意义并不大。一是成本很高，价格接近甚至

---

① 陈桂明著：《汶川地震灾后恢复重建主要法律问题研究》，法律出版社2010年版，第44页。

② 郑长德：《论灾后恢复重建与共享型发展》，载《阿坝师范高等专科学校学报》2010年第1期。

超过了在当地建商品房的成本，而且板房使用寿命只有三年；二是对于农村地区的灾民而言，集中的板房区安置生活花销大，而且无法照顾到他们的劳作需要，很多农民每天要走十几里路才能回到地里干活，十分辛苦。倘若能根据灾民需要，将活动板房的修建款作为商品房补助款发放到灾民手上，实际上对他们的帮助更大。①

二、制约发展性机制良性运行的原因

（一）未准确界定发展主旨之内涵

1. 重建发展规划与长远发展规划相混淆

灾后重建规划确实应与推进新农村建设、工业化、城镇化和产业结构优化升级等方面相结合。但是，灾后的建设与发展无论是在时间、环境、还是资源等要素上，都与常态下的建设与发展有着天壤之别。因此，即便灾后重建发展规划要体现统筹兼顾、面向长远，但基本前提应为"立足当下"。只有在充分考虑当下的实际需求及环境承载能力的基础上，才能进一步谈"面向未来"，否则将出现"大跃进"和过犹不及的局面。

2. 发展主体定位不明

运行环境不同，使发展性机制与救助性机制在主体方面呈现出一定的差异。在恢复救助阶段，突发事件给灾民的身体和心灵都造成了巨大的伤害，而公共基础设施和基本生活保障问题又是迫在眉睫的，此时要求以灾民为主开展自救是很困难的，也不合情理。因此，这个阶段的救助主体应以政府和社会组织等外部力量为主，以灾民自救与互救为补充。然而，到了重建发展阶段，灾民的生活能力和身心健康逐渐恢复，若依旧沿用救助阶段的模式将会消减灾民自强不息的精神和品格，助长"等靠要"的病态依赖心理。事实上，随着时间的推移和社会经济秩序的恢复，外界的关注度和参与程度都会减弱。外部力量的撤出会使灾民们产生较大的心理落差，对生活的希望与热情也会迅速冷

---

① 陈桂明著：《汶川地震灾后恢复重建主要法律问题研究》，法律出版社2010年版，第37页。

却，导致重建发展缓慢甚至一度停滞。对此，我们必须清楚地认识到，重建发展的主体是灾民，只有他们顽强勇敢，才能重建家园，迎来新的生活，政府的帮助和外界的援手都是辅助性的。

（二）缺乏完善的发展规划设计

科学合理的发展规划设计在恢复重建阶段具有重要意义，是发展机制得以顺利开展的前提。然而，或许是基于当前人们对灾后重建不够关注而缺乏经验，或许是基于事态紧急而不得不匆忙应对等原因，发展规划制定不周延导致灾后恢复重建，尤其是在重建发展阶段暴露出不少问题。笔者将其归纳为以下三种。

1. 规划制定脱离客观实际

有权主体在制定规划时背离了所处的客观背景，理想的重建发展目标并不是简单还原到突发事件发生之前的样貌，而是要做到"放眼长远、适度超前"。但是，一些地方过于浮躁，未能结合当地实际情况和灾民的重建能力，忽略了环境承载能力，违背了农业与农村的发展规律，强行推进村镇合并与集中安置。不合理的村镇合并破坏了原来的县、镇、乡、村之间互相依托、互相服务的格局，给农民的生产生活造成极大的不便。再如，一些地方从地震中吸取教训力争提高居民住房抗震性的初衷是好的，但未充分评估当地民众的实际能力而对灾民的住房重建标准设定过高，建设成本大大超出了灾民的重建能力，即便有国家补贴，但金额毕竟有限，因而相当一部分民众都无法承受因市场短期内供小于求而带来的价格上涨。[①]

2. 规划制定缺乏预见性

灾后恢复重建规划的编制工作一般会在灾后半年左右的时间内完成，但这期间灾民的心理与需求会发生很大的转变。从总体上来看，我国的恢复重建规划一般能满足灾民的短期需求，但对于灾民的长期需求则在某种程度上缺乏前瞻性。例如，部分村庄修建的道路过窄而无法通车，重建的房屋过大而家中人

[①] 陈桂明著：《汶川地震灾后恢复重建主要法律问题研究》，法律出版社2010年版，第44页。

口大部分迁到城市生活等，造成了房屋的闲置和资源的浪费。这些都是由于重建发展规划未考虑到村庄人口结构的变化、生产生活方式的变化以及未来的发展趋势所造成的。①

3. 发展规划存在"一刀切"的倾向，缺乏对弱势群体的政策倾斜

许多人认为，弱势群体问题与突发事件事后恢复重建的关联性不强，弱势群体存在的困难和问题无非还是原来的一些老问题。然而，相较于一般民众，突发事件对弱势群体的冲击更大、伤害更深，若没有专门的政策保护，弱势群体的恢复发展更为艰难。例如，在农村倒塌毁损的房屋恢复重建中，中央财政和地方财政只能提供一部分资金补助，普通农户还能通过自己建房或外出打工挣钱等方式来填补资金缺口，但这对于残疾人和老人而言是不太现实的。当然，政府也考虑到了此种情况，统一建设安置性住房的政策就是面向那些无力自建房的农户，但这也埋下一个隐患，即残疾人和老人等弱势群体将别无选择，而未来可能的景象是，这片安置性住房中居住的大部分人都是残疾人和老人，这将直接形成农村或城乡结合部的"贫民窟"，加剧社会分化，造成社会排斥。②

三、发展性机制的完善

（一）理清思路，树立正确的重建发展理念

1. 灾后重建发展应当立足现状

灾后重建在尊重科学、尊重自然、尊重社会经济发展规律的基础上，充分考虑受灾地区的实际情况，做好灾后评估工作，为发展规划的编制提供客观科学的支撑。要深刻认识重建发展的内在要求，有计划、有步骤地开展恢复重建工作，分清轻重缓急，准确把握重建发展与救助恢复、长远发展三者之间在目标、任务与手段上的联系与差别。重建发展不是简单还原，政府部

---

① 李小云、黄承伟主编：《汶川地震灾区贫困村恢复发展评估——来自8个贫困村的调研》，中国财政经济出版社2012年版，第13页。

② 陈桂明著：《汶川地震灾后恢复重建主要法律问题研究》，法律出版社2010年版，第9~10页。

门要立足长远，适度超前，但也不能好高骛远。此外，地方政府应极力避免出现借灾后重建发展而盲目扩张、强行推行城镇化，将重建发展项目变成领导干部政绩工程和面子工程，在落实重建发展规划时出现浪费和低效等异化倾向。①

2. 应正确看待灾民在重建发展阶段的地位与作用

灾民虽是受害者，但重建发展阶段依旧应以灾民为主体。一方面，受人力物力财力等资源的局限，单方面依靠外部救助是不现实的；另一方面，从灾害风险管理的实践经验来看，地方性知识②是防灾减灾的关键要素。因为灾民对自身所处的自然环境和市场环境最为熟悉，对应急准备和灾后回应具有更清楚的认知和更切实的经历，因而也更能有针对性地开展灾后恢复重建，提高风险防范能力。"基于地方性知识的认识论和方法论，传统的那种自上而下地强加在丰富多样的地方性现实之上的做法，不免有'虚妄'之虞。"③对此，应矫正当前过度依赖外部主体的倾向，通过宣传教育和相关制度的完善，充分调动灾民自建家园的积极性和能动性，切实发挥灾民的主体力量。

(二) 因地制宜，制定科学的重建规划

1. 重建发展规划应体现针对性

所谓"针对性"，就是指由于各地自然环境和经济发展水平各不相同，因而，各地适用的具体的重建发展规划不能笼而统之。各受灾地区要在总体重建规划的宏观指导下，从自身客观情况出发，系统评估当地受灾民众的实际需求和能力，进一步出台细化办法。出台的规划与办法应以尊重自然环境和生产发展规律为基本前提，在重建发展的标准、内容和进度上体现差异性，以满足各

---

① 陈蓓蓓、李华燊、吴瑶：《汶川地震灾后重建理论述评》，载《城市发展研究》2011年第3期。

② 地方性知识作为一种知识观念或知识认知的实践方式，区别于传统的一元化知识观，强调特定群体在特定的时间和地方对风险的认知。详见［美］克利福德·吉尔兹著《地方性知识：阐释人类学论文集（中译本）》，王海龙、张家瑄译，中央编译出版社2000年版，第78页。

③ 陈桂明著：《汶川地震灾后恢复重建主要法律问题研究》，法律出版社2010年版，第37页。

地不同的发展需求。此外，规划编制要能够体现民主性与科学性，就要求在规划编制的过程中适当引入专家论证和公众参与机制，注重专家以及公众参与功能的实现。事实上，这种做法早已有之。"二战"结束后，在城市恢复重建工作中，城市规划师需要广泛征询民意，德国的科隆等城市通过建立公众论坛等方式积极吸纳民众参与讨论重建规划。① 此外，还应尽可能保留、体现当地文化特色。② 如此，既能体现出民主的精神，也能发挥地方性知识的优势和专家性知识的矫正作用；既有利于提高公众的满意度，也有利于发挥民众对政府的监督作用，使灾民真正受益。

2. 重建发展规划应体现预见性

所谓"预见性"，就是指规划方案不能只考虑眼前利益而忽视了长远利益。面向未来、面向长远是发展的题中之义，但是，这种预见性在规划制定中存在着几组矛盾：一是专家的认知与灾民的需求之间往往存在差异；二是灾民在面对剧烈变动的社会环境时，可能暂时无法明确知晓自身的需求，近期需求与长远需求也会出现不一致；三是人类认识的固有局限也加大了预测的难度。这些都使得发展目标如何定位、未来图景如何预测存在着极大的不确定性。对此，笔者建议，在编制重建发展规划时，不宜大而全。相反，应将重建发展目标分而割之，分类型、分阶段、分步骤地予以细化。如此，既有利于灵活调整目标以满足不断变化的实际需求，也有利于任务的落实与评估整改。

3. 重建发展规划应体现正义性

此处的正义指实质正义。所谓"正义性"，是指通过重建发展，使不同的人都能获得机会均等、结果相当的利益保障。从社会公平角度而言，灾后重建

---

① 宋敏：《灾后重建规划进程体系研究》，载《合肥工业大学学报（自然科学版）》，2012年第3期。

② 有学者认为：如果建筑物不能体现当地文化特色，可能会遭到当地居民的排斥。See Rachmamarcillia S., Ohno R., "Importance of Social Space in Self-built and Donated Post Disaster Housing after Java Earthquake 2006", *Asian Journal of Environmen-Behavior Studies*, Vol. 7, No. 3, 2012, pp. 25-34.

发展规划中应当对相关处于相对弱势的公民基于特殊的政策倾斜。如若只追求形式正义，采用"一刀切"的政策规划，看似人人平等，但最后的结果却差强人意。例如，1994年美国加州北岭地震是美国历史上损失最惨重的灾害之一，尽管联邦政府在震后投入了约110亿美元的资金，但仍然有很多灾民无法受益，原因之一就在于许多政府项目是为中产阶层制定的，他们有知识、有能力、有时间去完成相关的申请流程①，而低收入阶层等弱势群体无形中被排斥在外，而这个群体恰好又是最需要帮助的。此后，各国纷纷认识到灾后弱势群体保护的重要性问题，也相应地出台了一系列政策文件，如日本的《高龄者自立支援、生产生活氛围恢复推进方案2007》就是为了避免出现在救援人员与志愿者集中撤离后，老年人独立生活意识和能力低下问题而制定的。我国应切实遵循以人为本的原则，顺应时代发展趋势，在灾后重建发展阶段加大对弱势群体的政策倾斜和保护力度，力求在社会资源重新分配的过程中缩小贫富差距，实现真正的公平正义。

（三）完善制度，实施可持续的发展战略

1. 拓宽资金来源渠道

突发事件会给公共设施和公民财产造成不同程度的破坏，尤其是一些大规模的灾难，其能量值足以使多个县市沦为废墟，灾后重建发展可谓百废待兴。不仅如此，这般大规模的灾害还会使扶贫成果毁于一旦，如汶川地震导致近60万的人口返贫，贫困发生率由灾前的11.68%上升为34.88%。② 这些问题的解决有一个漫长的过程，需做好打持久仗的心理准备，但面临的首要问题便是巨大的资金压力。《汶川地震灾后恢复重建总体规划》指出，经测算，恢复重建资金总需求大约为1万亿元；玉树地震恢复重建资金则在320亿元左

---

① 李小云、黄承伟主编：《汶川地震灾区贫困村恢复发展评估——来自8个贫困村的调研》，中国财政经济出版社2012年版，第31页。

② 黄承伟、杨方主编：《灾后贫困村恢复重建多部门合作的探索：基于"汶川地震灾后重建暨灾害风险管理计划"项目实践的总结》，中国财政经济出版社2012年版，第31页。

右。① 有研究认为，政府财力状况对社会恢复重建标准的高低具有决定性意义。② 但是，面对如此庞大的资金需求，仅靠中央财政和地方财政难免捉襟见肘。我国在汶川地震恢复重建工作中采用了多种资金筹措渠道，包括社会募捐、银行贷款、资本市场融资、城乡居民自有和自筹资金、企业自有和自筹资金，等等。资金来源既有政府渠道，也有市场渠道和社会渠道；既有国内渠道，也有国外渠道。但是，这类做法尚未予以制度化，一些小规模的、社会关注度不高的突发事件，事后恢复重建依旧以政府拨款为主，资金缺口较大，加重了政府的财政负担。对此，我国在事后发展重建阶段应积极引入市场机制，充分发挥社会的力量，将传统的政府强势主导模式转变为政府主导、受灾主体与市场互动的重建发展模式。美国之所以灾后修复速度较快，一个重要的原因就是拥有一个成熟的市民社会，人们愿意超越血缘关系，牺牲私人时间和财产而投身于公共事务之中。③ 对此，我们应当营造一种互帮互助、无私奉献、大爱无疆的社会氛围，引导、鼓励公民和企业参与进来，一起帮助受灾地区重建家园。同时，还应高度重视资金的管理与运作，既要规范管理，加快资金的周转率，提高利用率，也要注重公开性问题，通过透明的监督，杜绝腐败的滋生。此外，还需进一步探索多元化的资金来源渠道，引入世界银行和亚洲开发银行等国际贷款项目，创新投融资渠道。

2. 加大相关政策扶持力度

对受灾地区民众而言，与其依靠外部力量不断"输血"，不如提高自身"造血"功能。当然，这依赖于政府的政策倾斜与保护。亚洲发展银行在2007年的一份报告中提到"共享型发展"理念，认为财富增长过程中出现的新的

---

① 张睿、张永波：《灾后恢复重建项目公众参与主体决策路径分析》，载《湖南社会科学》2013年第4期。

② David R. Morgan, Sheilah S. Wstson, "Political Culture, Political System Characteristics and Public Policies among the American States", *Publius the Journal of Federalism*, Vol. 21, No. 2, 1991, pp. 31-48.

③ 宋全成：《论我国地震灾区移民安置与恢复重建资金的来源与运作问题》，载《山东社会科学》2008年第10期。

经济机会是不均等的,而弱势群体尤其是穷人因受环境和市场失灵等因素的制约,通常难以公平地获得这些机会。因此,必须依靠政府来制订计划和政策,以保障弱势群体能充分参与到新的经济机会中来。① 这里有几个问题需要重点关注:一是教育问题。据调查,汶川地震后,一些高水平、高职称的教育工作者纷纷辞职离开,而教育问题关系到灾区未来发展创造的机会及地区的竞争力,教育事业的落后与松懈,会导致地区若干年后再次呈现社会资源极端分化的样态。因此,政府应通过政策导向,鼓励、吸引、留住优秀的教育工作者,为受灾地区的长远持续发展培养后备力量。二是就业问题。随着时间的推移,人们的就业生产需求会越来越强烈,在重建发展阶段,以工代赈是一个很好的办法,地方政府应多向灾民提供职业技能培训和就业机会,以缓解其巨大的债务压力和不安全感。对此,可吸引企业特别是劳动密集型企业入驻投资②,以真正实现灾后的可持续发展。三是产业问题。突发事件会给地貌、地质等带来一定程度的破坏,因而产业结构需要作出适时调整。对此,地方政府应结合受灾地区的工业基础、农业特色、文化旅游产业等项目,通过贷款贴息、税费减免、财政补助等措施,因地制宜地实施产业扶持,抓住灾后恢复重建制度创新、产业振兴的契机。

3. 提高保险保障水平

目前,我国巨灾保险覆盖率和赔付率较低,公民和企业参与热情不高。有学者就自然灾害保险的购买情况进行过调查,发现仅 8.5%的人曾购买过这类保险,而高达 80.2%的人竟不知其为何物。③ 2004 年,美国和加勒比地区系列飓风造成的经济损失总额为 622 亿美元,其中保险损失大约为 315 亿美元,

---

① 转引自郑长德:《论灾后恢复重建与共享型发展》,载《阿坝师范高等专科学校学报》2010 年第 1 期。
② 常晓冲:《制度性视角下的灾后重建问题思考》,载《湖北民族学院学报(哲学社会科学版)》2012 年第 5 期。
③ 何振、刘丰:《县级政府应对自然灾害救济过程中存在的问题及对策探究》,载《中国行政管理》2010 年第 12 期。

保险赔付率为51%；2007年全世界因巨灾造成的经济损失总额约706亿美元，其中保险损失为276亿美元，保险赔付率为39%。① 相比我国，2008年南方雪灾事件中保险赔付率只占3%，而汶川地震的保险赔付率仅为0.2%。在寥寥无几的赔付中，大部分又属于车险赔付，基本上都与巨灾保险无直接关联。② 这其中涉及巨灾保险法律法规体系缺失、公民余企业保险意识不强、我国保险业发展滞后等多方面的问题。相较之下，美英日等国保险市场较为发达，可为我们提供一定的借鉴。美国遵循的是政府主导模式，由政府强制推行巨灾保险计划；英国遵循的是市场主导模式，业主自愿购买保险公司的巨灾保险；日本遵循的则是折中模式，即采用政府与市场相结合的手段。当下我国保险市场还不太成熟，在保险深度和密度、保费收入等方面的指标与发达国家相比还存在一定的差距。全球自然灾害保险赔偿的平均水平约为36%，而我国仅在5%左右。③ 对此，保险业应进一步论证和开发保险的产品和险种，实现巨灾保险的多元化，以抵御不同类型的社会风险。立法机关应逐步完善巨灾保险法律体系，出台明确的赔偿实施细则，为保险行业的发展提供合法性框架。政府部门应加强宣传和引导，尤其是在突发事件多发易发地区，不断提高公民的风险意识和保险意识。当前，我国可借鉴日本模式，即国家以适度的强力推动巨灾保险计划的开展与落实，再通过完善的再保险体系，将风险在市场中分散开来，最终建立以政府出资为基础，商业保险为主体，其他社会力量为补充的多层次、多类型的巨灾保险体系。④

---

① 李小云、黄承伟主编：《汶川地震灾区贫困村恢复发展评估——来自8个贫困村的调研》，中国财政经济出版社2012年版，第29页。

② 李彦奇、欧阳玉秀：《中国巨灾保险现状、存在问题及发展对策研究》，载《经济研究导刊》2013年第30期。

③ 莫纪宏：《震后恢复与重建中法律关系变更问题研究》，载《河南省政法管理干部学院学报》2010年第6期。

④ 王晖、唐湘林：《地方政府应对自然灾害恢复重建中存在的问题与对策研究——基于湖南若干县（市）的实证分析》，载《湘潭大学学报（哲学社会科学版）》2011年第5期。

第四节　总结性机制

在米特洛夫、玛利亚·内森、丹尼斯和奥古斯丁等学者看来，经验教训的总结是其危机管理生命周期理论的重要组成部分。在恢复重建阶段引入总结性机制是十分必要的，在法治发达国家的实践中得以体现，例如，美国《全国突发事件管理系统》在对"恢复"进行界定时提到："……评估突发事件以吸取教训，完成事件报告……"我国《突发事件应对法》第62条也将查明事件发生的原因和经过，总结经验教训、制定改进措施等内容放在恢复重建部分加以规定。应当说，经验教训的分析与总结也是恢复重建阶段的一个重要组成部分。①

所谓"总结性机制"，是指在突发事件处置全部结束后，通过全面的治理评估，查找应急管理各环节的不足进而总结应急管理工作的经验和教训并在此基础上制定改进措施的一系列方式和方法。总结性机制是一个事后反思的过程。汉朝刘向《说苑·善说》有云："前车覆，后车戒。"温家宝总理曾言：一个民族在灾难中失去的，必将在民族的进步中获得补偿，关键是要善于总结经验和教训。② 只有不断总结经验教训，把握应急管理的工作规律，才能提高政府防风险、抗风险的能力。此谓殷忧启圣、多难兴邦。客观上来讲，我国正处于一个突发事件多发频发的时期。一方面是因为我国现阶段正处于改革的深水期和攻坚期，不同利益相互撞击导致各类矛盾不断凸显；另一方面则可归咎于总结性机制的虚化，应急理念和眼光不够长远，只满足于当下事件的解决，

---

① 恢复是指："制定、协调和实施服务和现场复原预案，重建政府运转和服务功能，实施对个人、私人部门、非政府组织和公共的援助项目以提供住房和促进复原，对受影响的人们提供长期的关爱和治疗，以及实施社会、政治、环境和经济恢复的其他措施，评估突发事件以吸取教训，完成事件报告，主动采取措施减轻未来突发事件的后果。" See John Erich, "Homeland Security Department Unveils National Incident Management", *Emergency Medical Services*, Vol. 13, No. 6, 2004, pp. 135.

② 转引自王岩：《温家宝：一个民族在灾难中失去的必将进步中获得补偿》，载搜狐网，http://news.sohu.com/36/57/news210195736.shtml，2019年3月7日访问。

忽视了经验教训的汲取与积累及其对新一轮风险预防的重要意义。对于前者，是一个社会发展所必须要付出的代价，而对于后者，我们尚有较大的提升空间。

一、我国总结性机制存在的不足

就当前而言，总结性机制似乎陷入了一种"事件爆发—调查总结—再爆发—再总结"的死循环模式。从经济学角度来讲，本可预防的低成本事件，偏偏要将成本代价拉得很高；本可从一件或小规模事件中学习到的经验，偏偏要待发生数件或演化为造成重大损失的大规模事件之后才能真正引发思考、深入学习，这种得不偿失的做法有违成本收益原则。从行政法学视角而言，倘若总结性机制无法实现其应有之功能，将直接影响到行政应急权力之行使，此外，还可能增加行政成本，降低了行政效率。

1. 不同地区同类事件屡次出现

例如，2013年5月20日，山东省章丘市保利民爆济南科技有限公司乳化震源药柱生产车间发生爆炸事故，33人死亡，19人受伤，直接经济损失为6600余万元。2013年10月8日，山东省滨州市博兴县诚力供气有限公司焦化装置的煤气柜在生产运行过程中发生重大爆炸事故，10人死亡，33人受伤，直接经济损失为3200万元。2013年11月22日，山东省青岛市黄岛区中国石化公司输油管道泄露引发爆燃，62人死亡，136人受伤。2014年8月2日，江苏省苏州市昆山市经济技术开发区的昆山中荣金属制品有限公司抛光二车间发生特别重大铝粉尘爆炸事故，146人死亡，114人受伤，直接经济损失为3.51亿元。2014年12月31日，广东省佛山市广东富华工程机械制造有限公司发生气体爆炸事故，18人死亡，30余人伤。2015年8月12日，天津港瑞海危险品物流仓库起火爆炸，165人死亡，798人受伤，直接经济损失高达68.66亿元。① 再如，据统计，近年来环境类群体性事件以年

---

① 秦叔宝：《天津塘沽爆炸事件的警示 近年来全国爆炸事件一览表》，载搜狐网，http://mt.sohu.com/20150814/n418840717.s html，2019年3月13日访问。

均30%左右的速度递增,同样是居民为抵制PX项目上马而发生的群体性事件,先后在厦门、成都、大连、宁波、茂名和上海等地轮番上演;重庆、海南、温州等地出租车罢运事件7年来超过百起。① 这种现象印证了突发事件是社会改革大背景下的产物,但同时也深刻暴露出我国行政应急总结性机制的薄弱与缺失,导致人们一次又一次地犯错,国家和人民生命财产一次又一次地蒙受重大损失。

2. 同一地区同类事件屡次出现

例如,1997年11月20日,浙江省温岭市横峰劲伟鞋厂发生火灾,17人死亡,1人受伤。② 2006年8月12日,温岭市区太平街道中华路316号一间民房发生火灾,4人死亡,1人受伤。2011年9月9日,温岭市横峰街道石刺头村鑫卓鞋厂发生火灾,7人死亡,5人受伤。③ 2013年2月23日,温岭市泽国镇牧西村发生火灾,8人死亡,17人受伤。2014年1月2日,温岭市城北街道山马工业园区一家名为大地的鞋厂发生火灾,虽未造成人员伤亡,但大火足足烧了四五个小时,两栋五层高的房子也几乎被烧成了空壳。④ 在大地鞋厂火灾12天之后,2014年1月14日,温岭市城北街道杨家渭村大东鞋厂又现火灾,共造成16人死亡,5人受伤。以上仅是温岭地区火灾的一个缩影。更有甚者,中石油兰州石化10年出现7起事故⑤,大连的中石油4年内发生8起

---

① 中共省委党校课题组:《近年来我国防控突发事件的经验与启示》,载《领导之友》2013年第1期。

② 张聆听:《鞋业王国除火魔——温岭市整治制鞋业火灾隐患记实》,载《浙江消防》2006年第6期。

③ 沈俊杰:《温岭横峰火灾后续:起火原因初步认定为电器引发》,载中国台州网,http://www.taizhou.com.cn/news/2011-09/15/content_444647.htm,2019年3月14日访问。

④ 李攀:《工业园区一鞋厂突发大火 还好厂房里50多人跑得快》,载浙江新闻网,http://zjnews.zjol.com.cn/system/2014/01/02/019789923.shtml,2019年3月8日访问。

⑤ 孙卫涛、毕华章:《中石油兰州石化十年七起事故 刚大检修完还泄漏》,载新浪网,http://finance.sina.com.cn/360desktop/roll/20140805/023819911169.shtml,2019年3月8日访问。

爆炸,① 福建漳州古雷 PX 化工厂 2 年之内就发生了 2 次爆炸。② 这和"头痛医头、脚痛医脚"的管理方式,只是无法根除病灶的"花拳绣腿",悲剧依旧不断重演,着实令人痛心疾首。

二、制约总结性机制良性运行的原因

(一) 反思停留于"口号式"

目前,尽管各地在突发事件发生后均对事件进行总结和反思,但是,从实效性来看,总结与反思的符号意义远大于其实际功能。例如,瓮安事件后,当地政府和公安机关都从中得到了许多教训,也领悟到群体性事件处置中的若干要领,诸如信息要第一时间公开、领导要第一时间出现在现场、不滥用警力,等等。事实上,瓮安事件后不久,全国县委书记和县公安局长都接受了国家层面的相关应急处置培训,但为何一年之后,背景极其相似的"石首事件"再度"失守"？上文列举的安全生产爆炸事件在各地轮番上演,纵观相关事件调查报告,原因不外乎是审批违规、管理不严、操作不当、安全检查不到位、设计规划不合理,等等。既然事故原因存有共性,为何总要重蹈覆辙,所谓的吸取经验教训,到底效果何在？

再如,温岭地区每一次火灾后,政府部门都会开展事故调查,火灾原因也是如出一辙,不外乎电器电路老化或超负荷、房屋违章搭建、规划设计不合理、经营者安全意识淡薄、消防设施不到位、忽视消防安全培训等几类。每一次火灾后,政府部门也纷纷表示要吸取教训、痛定思痛、警钟长鸣,并积极开展消防安全隐患排查整治行动。可是,一幕幕的惨剧依旧重复上演,不禁引人深思：为何温岭火灾如此频繁？为何政府十几年都治理不好？这其中一个很重要的原因就是吸取经验教训仅停留在"喊口号"的层面,即未深刻体会经验总结的意义与作用而采取一种消极敷衍的应对方式。行政机关习惯于就事论

---

① 王冰凝：《中石油管道危机附身 4 年时间在大连爆发八次事故》,载人民网,http://energy.people.com.cn/n/2014/0704/c71661-25237368.html,2019 年 3 月 11 日访问。

② 苏凯芳：《福建古雷 PX 项目时隔不到 2 年再次发生爆炸（图）》,载网易新闻,http://news.163.com/api/15/0406/20/AMHU74GD0001124J.html,2019 年 3 月 14 日访问。

事、四处灭火这种事后型的应急管理模式，忽视了突发事件的关联性与反复性，认识不到"他山之石，可以攻玉"所带来的预防效益，常常是在他人"摔跟头"的地方自己再次摔倒。不检讨自身存在的问题，最后的结果就是原地踏步，同类事件不断出现；不借鉴不汲取他人的教训，最后的结果就是以自身的利益损害为代价来换取成长的经验，而这种代价往往是巨大的，但却不是必需的。

（二）排查停留于"运动式"

所谓"运动式"执法模式，是指在特定的时空里聚合人力物力等资源对风险隐患和违法犯罪行为进行集中检查和专项整治，其最大的特点就是执法方式的飓风样态和执法时间的临时样态。可以说，"运动式"治理与"法治"的内在要求相去甚远，在前一种模式中，行政官员的意志居于法律至上，因而"运动式"治理模式具有极大的不确定性。例如，1997年温岭市横峰劲伟鞋厂的火灾在当年被列为全国十大火灾事故之一，这种轰动效应引起了领导层的高度重视，随后开展了历时一年的专项整治行动，共整改"三合一"① 企业2075家，查封企业55家，发出整改通知3000多份，整改面达95%。在2000年，为防止火灾事故回潮，温岭市又开展了历时半年的专项整治工作，行动中又发现了许多令人胆战心惊的问题，最后共整改企业624家，发出限期整改通知3780份。② 短短三年的时间，竟又滋生这么多隐患，不禁令人唏嘘。事实上，这种风险排查模式在我国十分普遍，其循回路径大致为：重大突发事件引起社会关注和上级重视——领导作出批示，出台专项整治文件——执法部门轰轰烈烈地开展检查、处罚行动——总结表彰，以一系列数字彰显专项整治行动取得的丰硕成果。

运动式执法的效果在短期内是非常明显的，但从长远来看，其内在缺陷更为显著：第一，以实际损害倒逼隐患排查的运动式执法仍属事后型应急管理模

---

① "三合一"指车间、仓库和员工宿舍没有明确区分开来，混为一体，这种"三合一"式的家庭小作坊普遍存在较大的消防隐患。

② 张聆听：《鞋业王国除火魔——温岭市整治制鞋业火灾隐患记实》，载《浙江消防》2006年第6期。

式，易导致事前疏于管理而事后矫枉过正的执法倾向。第二，运动式执法易滋生执法的随意性和选择性，使执法者平时怠于监管，执法标准不一。第三，运动式执法易助长违法者的投机心理，使风险隐患不断回潮，违法行为屡禁不止。处罚的威慑力不在于其严厉性，而在于其必然性。① 如若存有违法违规但不受处罚的空隙，人们就会在逐利性的本能驱使下抱着侥幸心理去钻那个缝隙，这也是为何温岭市乃至全国突发事件频发、集中整治效果不明显的原因。第四，运动式执法成本高昂。以效益法律观和法律经济学的视角来考量，一切制度和规则在实施过程中都会给执法者或相对人带来成本或收益。② 短时间内调动大量人财物等资源，从实践效果来看，这种方式并不能有效遏制风险隐患的滋生，即可视为边际成本高于边际收益，存在执法资源浪费之虞。

三、总结性机制的完善

（一）重塑应急理念

概括而言，应急管理有三种模式：第一种属于以预防为导向的"防火型"模式，指防患于未然，规避一切突发事件。此种模式要求日常管理的每个环节都需按标准要求落实到位、完美无缺，这无疑是一种理想愿景。第二种属于以处置为导向的"救火型"模式，指不关注事件形成的原因，只关注事发后的应对与处置，是一种典型的工具主义思维的产物。第三种是介乎两者之间的模式，即"游离型"模式，这种模式的表现形态为"事件边发生边总结、边总结边发生"。邓小平同志曾经说过，过去的成功是我们的财富，过去的错误也是我们的财富。成本最低的财富就是把别人的教训当作自己的教训。建立完善的总结性机制，首先应正确认识突发事件的产生背景与发展规律。突发事件具有社会性，是人类社会的产物。既然是社会的产物，那么突发事件的类型自然与社会发展息息相关，各个国家和地区的发展进度虽不同步，但却有着较高的

---

① 朱晓燕、王怀章：《对运动式行政执法的反思——从劣质奶粉事件说起》，载《青海社会科学》2005 年第 1 期。

② [美] 罗伯特·考特，托马斯·尤伦著：《法和经济学》，张军等译，上海人民出版社 1994 年版，第 2 页。

相似度。比如几十年前美国洛杉矶在工业化进程中衍生的雾霾现象,使这座城市被冠以"烟雾之都"的称号,而我国近些年也正经历着这一切。这也印证了为何同一类型的突发事件反复出现的必然性。其次,突发事件的相似性与反复性又恰好为我们学习借鉴其他国家和地区的有益经验,提高自身的风险防范能力提供了可能。因为危机本身就是一种非常有效的学习方式,整个社会都需要通过危机获取经验。① 不是每一起突发事件的应急管理都要以事件现实发生的切实损害为必要代价,我们完全有可能"站在别人的肩膀上"减小损害。最后,要深刻认识总结性机制的作用与意义。

纵观各国法治发展进程,基本都遵循着"实践—观念—制度"这样一种路径:"9·11"事件是美国组建国土安全部、出台《爱国者法案》的重要推手;佘祥林案是将精神损害纳入国家赔偿的重要推手;孙志刚案推动了我国收容教养制度的废除;上访妈妈唐慧案推动了劳动教养制度的废除;"非典"事件、三鹿奶粉事件、昆明"3·01"事件的出现则分别成为我国出台《突发事件应对法》《食品安全法》《反恐怖主义法》的"引爆点"。美国社会学家刘易斯·科塞认为,一个灵活的社会可以通过社会冲突而受益,因为社会冲突可以促使规范改进和创造,进而社会能在变化了的条件下及时进行调整并延续下去。② 以具体事件倒逼政府应急管理反思与检视进而推动社会进步的路径是必然的,这是因为人类思维具有局限性,法律或制度具有滞后性,而要求人跳脱当下的局限去前瞻性地预防或规避所有突发事件,是极其不现实的一件事,并且与突发事件的社会性相悖。客观地评价,前两种模式比较极端,大部分国家和地区采用的是第三种模式。当然,第三种模式内部还存在一个概率问题。根据经济学原理,以一次事件为代价和以十次事件为代价而换取的应急管理制度的完善,在成本上是截然不同的。这个成本与概率问题往往是检验一个政府应急能力的重要标尺。例如,在 1995 年阪神大地震中,日本的生命线系统脆弱

---

① Linsu Kim, "Crisis Construction and Organizational Learning: Capability Building in Catching-up at Hyundai Motor", *Organization Science*, Vol. 9, No. 4, 1998, pp. 506-518.

② [美] L. 科塞:《社会冲突的功能》,孙立平等译,华夏出版社 1989 年版,第 114 页。

问题引发了一系列次生灾害,如通信、公路、铁路等系统中断,天然气管道破裂引发火灾和爆炸,但面对火灾和爆炸政府却又无能为力,因为地震还破坏了城市供水网管。对此,日本政府积极总结反思,加强了生命线系统的建设,在2011年东日本大地震中尽显成效。① 再如,印度寺庙每年的宗教节日几乎都会发生大规模踩踏事件;而美国每年上百万人参加的除夕倒计时活动,自1904年12月31日开始,112年之间从未发生过一起踩踏事件。② 恩格斯曾说,没有哪一次巨大的历史灾难,不是以历史的进步为补偿的。③ 但是,历史的进步有大有小、有快有慢、有先有后。如何以最小的损害换取最大的进步,是我们需要深刻思考的。

(二) 强化常态执法

突发事件的突发性仅指其呈现方式,但产生的根源完全可以追溯到日常工作管理之中,相应地,其预防对策也应往常态执法机制中去寻求答案。正如笔者前文所述,由于运动式执法存在着固有的缺陷,行政机关应当实现从运动式执法向制度化执法的转变。各行政部门应加强日常监督管理,落实审批、检查、监督等各个环节;密切缝合常态与非常态的对应衔接,结合总结评估反馈结果,补强排查力度,逐一跟踪、落实整改,在常态下化解矛盾、排除隐患。唯此,才能实现连续性的、制度性的长效风险化解机制,防患于未然,绝患于初萌。毕竟,"和平与安全需要国家更多的前摄性(Proactive)而不是反应性(reactive)。"④

(三) 拓宽交流途径

1. 建立常态与非常态相结合的动态痕迹管理

将应急处突的结果性管理转为过程性管理,预防为主,关口前移,对风险

---

① 迟菲:《应急管理:社会管理的核心功能》,载《中国科学院院刊》2012年第1期。
② 王宁:《从"12.31"踩踏事件看应急预案》,载《现代职业安全》2015年第2期。
③ 转引自王君主编:《公共危机管理典型案例·2012》,人民出版社2014年版,第26页。
④ L. Feinstein, A. Slaughter, A Duty to Prevent. *Foreign Affairs*, Vol. 83, No. 1, 2004, pp. 136-151.

隐患较大的行业、相关重点领域实施动态的过程监管,每一个工作步骤、工作环节都要轨迹清晰,以利总结经验,升华管理机制,也便于事后查找原因、对应追责。

2. 建立案卷管理制度

一方面,突发事件发生后,通过事后调查评估,查找事发缘由和处置过程中存在的问题,深刻反思管理模式运行中的缺陷,分析从中得到的启示与教训,形成调查报告,整理、分类并归档。另一方面,完善突发事件案例库。当前,很多地方都有"一网五库"① 的做法,其中一个即为突发事件案例库。从实践层面看,案例库的建设普遍较为滞后,主要表现在两个方面:一是案例补充、更新不及时;二是束之高阁,借鉴与警醒效能较弱。对此,应通过制度规范,进一步明确案例库建设的主体、功能、权责、程序和期限等问题。案例库的内容应包括突发事件的时间、地点、事件发展概况、应急处置方略、媒体反应、社会舆论、文字图片和经验教训等。要通过深入挖掘,选取典型案例,分析原因,评估后果,固定成果,为经验总结提供鲜活的材料支撑。孟连事件之后,政府机关从最核心的利益问题入手,确立了"清地权、分林权、选模式、发证书"的解决方案,疏解民怨,调处纠纷,最终使"孟连事件"转化为"孟连经验"。② 从案例中寻找失败的经验并达成共识,是预防潜在危机的最有效武器。③

3. 完善档案交流制度

交流的方式主要为:第一,通过会议形式,定期通报本地区、本行业乃至全国发生的重大突发事件,通过交流学习,引以为鉴,提前防范类似事件再次发生。有学者认为,突发事件结束后是个重要的学习时期,因为"新鲜出炉"

---

① "一网五库"指应急管理组织体系网,应急救援队伍数据库、应急物资储备和避险场所数据库、应急管理专家库、应急预案库和突发事件案例库。参见暨南大学应急管理研究中心网站,http://www.gdemo.gov.cn/ywwk/。

② 中共河北省委党校课题组:《近年来我国防控突发事件的经验与启示》,载《领导之友》2013年第1期。

③ Eleanor Stead, Clive Smallman, "Understanding Business Failure: Learning and Un-Learning From Industrial Crises", *Journal of Contingencies and Crisis Management*, Vol. 7, No. 1, 1999, pp. 56-72.

的案例会让组织内的成员更加愿意学习应急知识。① 第二,通过专题研讨、现场考察等形式,组织有关人员参加学习交流培训,尤其是对新任领导,必须以考核合格作为结业依据,避免将学习培训视为走过场的形式主义,杜绝再次出现刚培训不久却依旧在石首事件中采用错误的处置方式等类似情形。第三,通过信息平台,交换经验成果,打破地域、时间的限制,最大限度地实现案例共享,通过多看、多听、多思,举一反三,普查隐患,做到别人亡羊我补牢,邻家失火我查灶。交流的时间可以依具体情况而定,如应急管理人员应接受定期培训;案情通报可根据全国或本地事发率的情况等因素灵活把握;在特定季节或重大节假日等关键节点,应注意拧紧螺丝,警钟长鸣。2004年北京市密云县灯展会上发生的踩踏事故与2014年上海市外滩发生的踩踏事故都发生在节假日,但两起事件相隔十年,时间间隔太长,思想上也有所懈怠。反思与总结不是碎片化的短暂行为,而应体现持续性和动态性特征。选取的案例也没有新旧与地域之分,要反复学习、举一反三,不断强化风险意识,防止和避免重蹈覆辙。

(四) 建立并完善问责制度

责任是权力的孪生物,是权力的当然结果和必要补充,凡权力行使的地方,就有责任。② 责任制度具有预防违法、监督行政和纠错之功能,我国官员问责制建立的直接动因源于突发事件,以"非典"疫情暴发后卫生部部长张文康和北京市市长孟学农因工作不力被免职首开先河。经过十多年的发展,我国问责制度逐步完善,在问责的阶段、功能和对象等方面都发生了重大转变。③ 应当看到,追究个体责任毕竟不是目的,官员问责制旨在对相关人员形成压力,督促其恪尽职守。然而,随着时间的推移,被问责的官员可以复出,这种约束力会不会减小?此外,直接引起突发事件的责任人员被问责,但体制

---

① Maria Nathan, "From the Editor: Crisis Learning—essons from Sisyphus and Others", *Review of Business*, Vol. 21, No. 3, 2000, pp. 34-42.

② [法]法约尔著:《工业管理与一般管理》,周安华等译,中国社会科学出版社1999年版,第6页。

③ 例如,问责制最初只侧重于事后问责,即对突发事件处置失职进行问责,后来逐步将范围扩大到事前问责,即预防不力导致事件发生的,同样要追责。此外,问责的对象有所扩大,在以往单纯的行政机关及其工作人员的基础上,将各级党委的领导干部也纳入到问责对象中来。

机制上留下的隐患该如何解决？山西"塌方式"腐败最根本的原因就是政治生态环境不好，是由制度缺陷所造成的。制度缺陷同样会带来风险且这种风险更大、危害更深远。① 因此，为避免出现"事发—问责—新官上任—再事发—再问责"这种原地踏步式的恶循环，有学者建议建立制度问责，即不仅要问人的责任，还要问制度的责任。从突发事件中找出制度、政策、结构、价值等更为隐蔽的风险源，通过制度变革、政策调整、结构优化、价值重塑等途径，从更深的层面来预防突发事件。② 实践表明，制度问责，常问常新。

---

① 制度风险指政策或监管失败的风险。See Julia Black, "The Role of Risk in Regulatory Processes", In Robert Baldwin, Martin Cave and Martin Lodge, *The Oxford Handbook of Regulation*, London: Oxford University Press, 2010, p. 305.

② 张海波、童星：《公共危机治理与问责制》，载《政治学研究》2010 年第 2 期。

结　　语

传统的法律实施理论是将法律实施机制分为守法、执法和司法三种类型或守法、执法、司法和监督四种类型，本书未采用传统法理学的三机制或四机制划分模型，而是从突发事件及行政应急法的特点出发，依照突发事件的生命周期特质，以危机周期理论、整体论、还原论和行政过程论为理论依托，将行政应急法律实施机制切割为四个阶段、十二种机制。这四个阶段的法律运行环境与工作重心各不相同，但整体观之，却非截然割裂，相反，无论突发事件处于萌芽、发展、爆发、消退的哪个环节，"均发生在一个广泛链接、动态发展的复杂世界之中"①，而这也构成本书章节之间内在勾连的逻辑主线。

传统研究思路习惯于将快速反应、信息公开、公众参与等内容配以机制进行专门论述，但本书认为，这些内容是贯穿于突发事整个过程之中的，将其定性为行政应急法律的原则似乎更为恰当，《国家突发公共事件总体应急预案》有关"工作原则"的规定也印证了这一点。② 因而，本书未遵循传统研究思路，而是以《突发事件应对法》为蓝本，将行政应急法律实施机制予以分解和类型化。本书坚持以问题为导向，严格按照"提出问题—分析问题—解决问题"的研究范式，结合大量真实案例，以求客观真实地反映我国当下行政应急

---

① E. L. Quarantelli, Epilogue, "Where We Have Been and Where We Might Go", In E. L. Quarantelli (eds.), *What Is a Disaster? Perspective on the Question*, London: Routledge, 1998, p. 244.

② 《国家突发公共事件总体应急预案》将"工作原则"规定为：以人为本，减少危害；居安思危，预防为主；统一领导，分级负责；依法规范，加强管理；快速反应，协同应对；依靠科技，提高素质。

法律实施机制的问题与不足。

或许，本书会给人留下这样一种印象，即一味强调不足与缺陷，否定我国应急管理和行政应急法律实施的积极成果，有失客观公允。对此，有必要作一说明与解释：第一，本书并未否定我国应急管理和行政应急法律实施的积极成果，相反，行文中还多次强调我国行政应急法治在短短十来年的时间内发展迅猛，积累了不少有益经验和丰硕成果。第二，本书认为，在看到既有成绩的同时也应看到当下的不足，以"挑剔"的视角来看待现存的问题，是分析、解决问题的基本前提，也是行政应急法治不断发展的重要推手。毕竟，歌功颂德容易导致故步自封，在不断发展变化的社会浪潮中，停滞不前就意味着退步与落后，而制度化落后反过来会成为社会进步的枷锁——不适应社会发展的法不能称其为"良法"，进而也谈不上"法治"。第三，当前我国成功预防和应对突发事件的案例也不在少数，文章列举的几个典型的失败的案例从概率上来讲，似乎不能说明什么。对于这个疑问，笔者认为，当今社会，突发事件已从"非常态"转变为"常态"，仅从数据统计上来鉴别政府应急管理能力的高低有失片面。例如，小规模的火灾等"常态"突发事件的发生频率必然远高于大规模的核电站爆炸等"非常态"突发事件，这就如同"修水管"的次数永远高于"修大坝"。然而，每一件"常态"突发事件都是经由"非常态"突发事件的教训积淀而来。一次或数次失败的应急管理不能彻底否定和推翻现有的成绩，但若政府只满足于成功处置"修水管"式的"常态"突发事件，而无法有效应对"修大坝"式的"非常态"突发事件，遑论其现代性和预见性，因此，文章以问题为导向，初衷不在于"批判"（现有行政应急法律实施机制存在的不足），而在于"希望"（行政应急法律可以得到更好的实施）。

当然，囿于个人写作水平及能力的限制，本书还存在一些缺陷：一是选题较大，涉及面广，每一个机制都可单独成文，因而在理论深度的挖掘上还有所欠缺。二是法律的实施问题看似是一个法学问题，但却不是一个纯粹的法学问题。本书在撰写过程中参考借鉴了很多经济学、管理学、心理学、传播学甚至理工类技术方面的知识，驾驭起来难度较大。三是由于信息公开、公众参与等问题贯穿于行政应急各阶段，因而有些部分会重复论述，但侧重点有所不同。

参考文献

一、中文类

（一）专著

[1] 艾学蛟：《危机：突发事件经典案例解析与实用指南》，中国长安出版社 2011 年版。

[2] 陈秀梅，甘玲，于亚博：《领导者应对突发事件的理论与实务》，人民出版社 2005 年版。

[3] 陈景民：《食品安全行政性规制研究》，光明日报出版社 2015 年版。

[4] 陈君石、石阶平：《食品安全风险评估》，中国农业大学出版社 2010 年版。

[5] 陈毅：《风险、责任与机制：责任政府化解群体性事件的机制研究》，中央编译出版社 2013 年版。

[6] 陈桂明：《汶川地震灾后恢复重建主要法律问题研究》，法律出版社 2010 年版。

[7] 邓国胜等：《响应汶川：中国救灾机制分析》，北京大学出版社 2009 年版。

[8] 方世荣、邓佑文、谭冰霖：《"参与式行政"的政府与公众关系》，北京大学出版社 2013 年版。

[9] 方世荣、石佑启：《行政法与行政诉讼法》，北京大学出版社 2006 年版。

[10] 法律出版社专业出版编委会：《案例导读：食品安全法及配套规定适用与解析》，法律出版社 2014 年版。

［11］高晋康、何霞等：《汶川大地震灾后恢复重建重大法律问题研究》，法律出版社2009年版。

［12］高晓红、崔艳武：《公共事务活动风险管理》，中国质检出版社、中国标准出版社2014年版。

［13］郭强、菅强：《中国突发事件报告》，中国时代经济出版社2009年版。

［14］郭太生：《公共安全危机管理》，中国人民公安大学出版社2009年版。

［15］国家行政学院应急管理案例中心：《应急管理典型案例研究报告（2015）》，社会科学文献出版社2015年版。

［16］何心展、王毓玳、楼茵：《中国沿海城市突发公共事件应急机制》，经济科学出版社2006年版。

［17］韩大元，莫于川：《应急法制论——突发事件应对机制的法律问题研究》，法律出版社2005年版。

［18］黄承伟、杨方：《灾后贫困村恢复重建多部门合作的探讨——基于"汶川地震灾后重建暨灾害风险管理计划"项目实践的总结》，中国财政经济出版社2012年版。

［19］金自宁：《风险规制与行政法》，法律出版社2012年版。

［20］姜平：《突发事件应急管理》，国家行政学院出版社2011年版。

［21］靳尔刚、王振耀：《国外救灾救助法规汇编》，中国社会出版社2004年版。

［22］罗登亮：《汶川地震后住房恢复重建的法律选择——以"政府—市场"关系为视角》，法律出版社2010年版。

［23］李飞：《中华人民共和国突发事件应对法释义》，法律出版社2007年版。

［24］李步云：《论法治》，社会科学文献出版社2008年版。

［25］李纪中：《政府危机管理》，中国城市出版社2003年版。

［26］李国刚：《突发性环境污染事故应急监测案例》，中国环境科学出版社2010年版。

［27］李小云、黄承伟：《汶川地震灾区贫困村恢复发展评估——来自8个贫困村的调研》，中国财政经济出版社2012年版。

[28] 刘作翔、冉井富：《法律实施的理论与实践研究》，中国科学文献出版社2012年版。

[29] 刘作翔：《权利与规范理论——刘作翔法学文章与读书笔记选》，中国政法大学出版社2014年版。

[30] 刘笑盈：《突发事件处置与舆论引导》，五洲传播出版社2013年版。

[31] 刘刚：《风险规制：德国的理论与实践》，法律出版社2012年版。

[32] 刘鹏：《城市公共危机预警研究》，中央编译出版社2010年版。

[33] 刘铁：《对口支援的运行机制及其法制化研究：基于汶川地震灾后恢复重建的实证分析》，法律出版社2010年版。

[34] 刘阳怀：《警务指挥与战术总论》，中国人民公安大学出版社2015年版。

[35] 刘茂，吴宗之：《应急救援概论——应急救援系统及计划》，化学工业出版社2004年版。

[36] 林鸿潮：《公共应急管理机制的法治化》，华中科技大学出版社2009年版。

[37] 马怀德：《法律的实施与保障》，北京大学出版社2008年版。

[38] 马怀德：《应急管理法治化研究》，法律出版社2010年版。

[39] 马怀德：《应急反应的法学思考——"非典"法律问题研究》，中国政法大学出版社2004年版。

[40] 马怀德：《法治背景下的社会预警机制和应急管理体系研究》，法律出版社2010年版。

[41] 马怀德：《非常规突发事件应急管理的法律问题研究》，中国法制出版社2015年版。

[42] 莫纪宏：《"非典"时期的非常法治——中国灾害法与紧急状态法一瞥》，法律出版社2003年版。

[43] 莫德升、朱敦军、张翘楚：《公共安全危机管理》，中国人民公安大学出版社2007年版。

[44] 戚建刚：《我国群体性事件应急机制的法律问题研究》，法律出版社2014年版。

[45] 戚建刚、杨小敏：《从灾难中学习——突发事件应对案例评析》，中国法制出版社 2007 年版。

[46] 戚建刚、杨小敏：《行政紧急权力的制约机制研究》，华中科技大学出版社 2010 年版。

[47] 戚建刚：《中国行政应急法学》，清华大学出版社 2013 年版。

[48] 戚建刚：《法治国家架构下的行政紧急权力》，北京大学出版社 2008 年版。

[49] 戚建刚：《中国行政应急法律制度研究》，北京大学出版社 2010 年版。

[50] 全国干部培训教材编审指导委员会：《公共危机管理》，人民出版社 2006 年版。

[51] 沈岿：《风险规制与行政法新发展》，法律出版社 2013 年版。

[52] 沈宗灵：《法理学研究》，上海人民出版社 1990 年版。

[53] 孙茂勤、高光斗：《紧急警务指挥理论与实践》，群众出版社 2004 年版。

[54] 史越东：《指挥决策定量分析》，海潮出版社 2008 年版。

[55] 史越东：《指挥决策学》，解放军出版社 2005 年版。

[56] 唐钧：《社会稳定风险评估与管理》，北京大学出版社 2015 年版。

[57] 王旭坤：《紧急不避法治——政府如何应对突发事件》，法律出版社 2009 年版。

[58] 王宏伟：《突发事件应对法案例解读》，中国石化出版社 2010 年版。

[59] 王宏伟：《重大突发性事件应急机制研究》，中国人民大学出版社 2010 年版。

[60] 王耀海：《制度演进中的法治生成》，中国法制出版社 2013 年版。

[61] 王辉霞《食品安全多元治理法律机制研究》，知识产权出版社 2012 年版。

[62] 王大敏：《行政法制约激励机制研究》，中国人民公安大学出版社 2010 年版。

[63] 王晖：《论作战协同指挥》，国防大学出版社 2005 年版。

[64] 王占军、刘海霞：《公共安全管理》，群众出版社 2011 年版。

［65］王超：《重大突发事件的政府预警管理模式研究》，湖北科学技术出版社 2010 年版。

［66］王君：《公共危机管理典型案例·2012》，人民出版社 2014 年版。

［67］王敬波：《公共危机管理案例》，国家行政学院出版社 2014 年版。

［68］文学国、范正青：《中国危机管理报告（2013）》，社会科学文献出版社 2013 年版。

［69］吴志攀、刘俊：《中国法制建设研究》，中国人民大学出版社 2009 年版。

［70］谢士文：《我国法律实施问题研究》，中国法制出版社 1999 年版。

［71］夏保成，姚军玲：《中国应急管理（2011）》，当代中国出版社 2013 年版。

［72］肖群鹰、朱正威：《公共危机管理与社会风险评价》，社会科学文献出版社 2013 年版。

［73］薛克勋：《中国大中城市政府紧急事件响应机制研究》，中国社会科学出版社 2005 年版。

［74］肖晋：《公共危机管理典型案例·2010》，人民出版社 2012 年版。

［75］袁曙宏、方世荣、黎军：《行政法律关系研究》，中国法制出版社 1999 年版。

［76］杨解君：《走向法治的缺失言说（三）——法治推进与行政法实施问题评析》，法律出版社 2014 年版。

［77］杨小敏：《食品安全风险评估法律制度研究》，北京大学出版社 2014 年版。

［78］杨解辉：《紧急状态与公安机关应急机制研究》，中国人民公安大学出版社 2006 年版。

［79］杨雪冬：《风险社会与秩序重建》，社会科学文献出版社 2006 年版。

［80］姚国章：《日本灾害管理体系：研究与借鉴》，北京大学出版社 2009 年版。

［81］章志远：《行政法学总论》，北京大学出版社 2014 年版。

［82］周友苏：《重大公共危机应对研究》，人民出版社 2013 年版。

[83] 周文光、李尧远：《应急管理案例分析》，北京大学出版社2013年版。

[84] 周忠伟、丁建荣：《公共安全危机管理》，中国人民公安大学出版社2014年版。

[85] 朱景文：《中国人民大学中国法律发展报告2014：建设法治政府》，中国人民大学出版社2015年版。

[86] 张维迎：《信息、信任与法律》，生活·读书·新知三联书店2003年版。

[87] 张云：《我国食品召回应急法律机制研究》，法律出版社2012年版。

[88] 张强、陆奇斌、张欢等：《巨灾与NGO——全球视野下的挑战与应对》，北京大学出版社2009年版。

[89] 赵颖：《公共应急法治研究》，法律出版社2011年版。

[90] 钟开斌：《应急决策——理论与案例》，社会科学文献出版社2014年版。

[91] 赵震江：《法律社会学》，北京大学出版社1998年版。

[92] 中央财经大学中国发展和改革研究院案例与调查评价中心：《应对突发事件案例·点评·启示》，国家行政学院出版社2011年版。

（二）译著

[93] ［英］安东尼·吉登斯：《现代性的后果》，田禾译，译林出版社2011年版。

[94] ［美］埃利诺·奥斯特罗姆：《公共事务的治理之道——集体行动制度的演进》，上海译文出版社2012年版。

[95] ［美］保罗·布莱肯、艾安·布莱默、大卫·戈登：《突发事件战略管理：风险管理与风险评估》，中央编译出版社2014年版。

[96] ［英］彼得·泰勒-顾柏：《新风险 新福利：欧洲福利国家的转变》，马继森译，中国劳动社会保障出版社2010年版。

[97] ［美］E. 博登海默：《法理学：法律哲学与法律方法》，中国政法大学出版社2010年版。

[98] ［法］古斯塔夫·勒庞：《乌合之众》，冯克利译，中央编译出版社2005年版。

[99] ［美］科恩：《论民主》，聂崇信、朱秀贤译，商务印书馆1980年版。

[100] [美] 凯斯·R. 孙斯坦：《风险与理性——安全、法律与环境》，师帅译，中国政法大学出版社 2005 年版。

[101] [澳] 罗伯特·希斯：《危机管理》，王成、宋炳辉、金琪译，中信出版社 2004 年版。

[102] [美] 理查德·A. 波斯纳：《法律的经济学分析》，蒋兆康译，商务印书馆，1997 年版。

[103] [美] 罗伯特·考特、托马斯·尤伦：《法和经济学》，张军等译，上海人民出版社 1994 年版。

[104] [美] 理查德·B. 斯图尔特：《美国行政法的重构》，沈岿译，商务印书馆 2002 年版。

[105] [英] 罗杰·科特威尔：《法律社会学导论》，潘大松等译，华夏出版社 2015 年版。

[106] [美] P. 诺内特、P. 塞尔兹尼克：《转变中的法律与社会：迈向回应型法》，季卫东、张志铭译，中国政法大学出版社 2004 年版。

[107] [美] 庞德：《法理学（第 1 卷）》，邓正来译，中国政法大学出版社 2004 年版。

[108] [美] 乔万尼·萨利托：《民主新论》，冯克利、阎克文译，上海人民出版社 2010 年版。

[109] [美] 诺曼·R. 奥古斯丁等：《危机管理》，北京新华信商业风险管理有限责任公司译，中国人民大学出版社 2001 年版。

[110] [美] 塞缪尔·亨廷顿、琼·纳尔逊：《难以抉择：发展中国家的政治参与》，汪晓寿、吴志华、项继权译，华夏出版社 1989 年版。

[111] [美] 塞缪尔·亨廷顿：《文明的冲突与世界秩序的重建》，周琪译，新华出版社 2010 年版。

[112] [美] 塞缪尔·亨廷顿：《变化社会中的政治秩序》，王冠华、刘为译，上海人民出版社 2008 年版。

[113] [美] 威尔逊：《国会政体》，熊希龄、吕德本译，商务印书馆 1986 年版。

[114] [德] 乌尔里希·贝克：《风险社会》，何博闻译，译林出版社 2004 年版。

[115] [德] 尤耳根·哈贝马斯：《合法化危机》，刘北成、曹卫东译，上海人民出版社 2009 年版。

[116] [以] 叶海尔·得罗尔：《逆境中的政策制定》，王满传、尹宝虎、张萍译，国家行政学院出版社 2009 年版。

[117] [美] 朱迪·弗里曼：《合作治理与新行政法》，毕洪海、陈标冲译，商务印书馆 2010 年版。

[118] [英] 珍妮·斯蒂尔：《风险与法律理论》，韩永强译，中国政法大学出版社 2012 年版。

[119] [美] 乔治·J. 斯蒂格勒：《法律实施的最佳条件》，周仲飞译，《环球法律评论》1992 年第 2 期。

[120] [英] 斯蒂芬·艾斯特：《第三代协商民主（上）》，蒋林、李新星译，《国外理论动态》，2011 年第 3 期。

[121] [英] 斯蒂芬·艾斯特：《第三代协商民主（下）》，蒋林、李新星译，《国外理论动态》，2011 年第 4 期。

[122] [美] 特里·L. 库柏：《行政伦理学实现行政责任的途径》，张秀琴译，中国人民大学出版社 2010 年版。

（三）期刊论文

[123] 柏青江：《论经济法的法律责任及实施机制》，载《吉林省经济管理干部学院学报》2009 年第 4 期。

[124] 曹建明：《加强法律监督 确保法律实施》，载《法制资讯》2014 年第 5 期。

[125] 陈立梅：《突发公共事件应急管理宣传教育对策研究》，载《南京邮电大学学报（社会科学版）》2007 年第 2 期。

[126] 陈文明：《修改〈突发事件应对法〉的几点建议》，载《法制与经济》2012 年第 12 期。

[127] 陈瑶：《美国"337 条款"的法律实施机制》，中南大学 2007 年硕士论文。

[128] 陈党：《行政问责法律制度研究》，苏州大学 2007 年博士论文。

[129] 陈治：《论福利供给变迁中的政府责任及其法律实现机制》，载《理论与改革》2007 年第 5 期。

[130] 陈蓓蓓、李华燊、吴瑶：《汶川地震灾后重建理论述评》，载《城市发展研究》2011 年第 3 期。

[131] 常晓冲：《制度性视角下的灾后重建问题思考》，载《湖北民族学院学报（哲学社会科学版）》2012 年第 5 期。

[132] 常征：《"公共管理与公众参与"研讨会综述》，载《中国行政管理》2001 年第 9 期。

[133] 程惠霞：《"科层式"应急管理体系及其优化：基于"治理能力现代化"的视角》，载《中国行政管理》2016 年第 3 期。

[134] 崔维：《应急预案编制：问题与优化》，载《山东行政学院学报》2012 年第 1 期。

[135] 常健、许尧、张春颜：《社会稳定风险评估机制中的问题及完善建议》，载《中国行政管理》2013 年第 4 期。

[136] 杜万平：《环境行政权的监督机制研究——对环境法律实施状况的一种解释》，载《环境资源法论丛》2006 年第 00 期。

[137] 董泽宇：《突发事件应急教育初探》，载《中国减灾》2014 年第 19 期。

[138] 董泽宇：《论突发事件应急教育的作用、内容与形式》，载《城市减灾》2014 年第 3 期。

[139] 董泽宇：《德国应急救援体系及其启示》，载《中国应急管理》2011 年第 11 期。

[140] 董泽宇、宋劲松：《我国应急预案体系建设与完善的思考》，载《中国应急管理》2014 年第 11 期。

[141] 杜怀强：《俄罗斯处置别斯兰人质事件的教训与启示》，载《国防科技》2004 年第 12 期。

[142] 丁烈云、喻发胜：《省级政府应急物资储备现状与体制改革》，载《公共管理高层论坛》2008 年第 1 期。

[143] 戴承奇、刘开鸿、赵宏振等：《挤掉应急培训与演练中的水分》，载《中国石油企业》2015年第5期。

[144] 段晓婷：《中美食品安全法律制度比较研究》，辽宁大学2013年硕士论文。

[145] 邓海峰：《碳税实施的法律保障机制研究》，载《环球法律评论》2014年第4期。

[146] 邓浩：《〈突发事件应对法〉的实施与政府行政能力建设分析》，载《法制与经济》2009年第6期。

[147] 方世荣：《论公法领域中"软法"实施的资源保障》，载《法商研究》2013年第3期。

[148] 范愉：《多元化的法律实施与定量化研究方法》，载《江苏大学学报（社会科学版）》2013年第2期。

[149] 方纯：《法律的激励机制及其实现条件》，载《广西民族学院学报（哲学社会科学版）》2006年第4期。

[150] 宫文祥：《当行政遇上科学：从风险评估谈起——以美国法为例》，载《月旦法学杂志》2008年第2期。

[151] 高雷阜、于冬梅、赵世杰：《不确定需求下应急物资储备库选址鲁棒优化模型》，载《中国安全科学学报》2015年第12期。

[152] 高雪静、魏永忠：《论我国农村社会安全突发事件协同治理机制的完善》，载《中国人民公安大学学报（社会科学版）》2014年第1期。

[153] 高秦伟：《科学民主化：食品安全规制中的公众参与》，载《北京行政学院学报》2015年第5期。

[154] 国务院应急管理办公室：《2006年我国突发公共事件应对情况》，载《中国应急管理》2007年第1期。

[155] 国务院办公厅国务院应急管理办公室：《全国应急预案体系建设情况调研报告》，载《中国应急管理》2003年第1期。

[156] 何振、刘丰：《县级政府应对自然灾害救济过程中存在的问题及对策探究》，载《中国行政管理》2010年第12期。

[157] 何浏：《〈中华人民共和国突发事件应对法〉的制定和完善——基于多源流理论的政策分析》，载《法制与社会》2014 年第 8 期。

[158] 郝梓霖：《欧盟食品安全法律实施机制研究》，辽宁大学 2014 年硕士论文。

[159] 郝艳华等：《黑龙江高校大学生应急教育实施现状及改进策略分析》，载《中国公共卫生管理》2015 年第 2 期。

[160] 胡平峰：《中小型应急物资储备库功能优化研究》，载《南京工业大学学报（社会科学版）》2010 年第 6 期。

[161] 洪凯、陈绮桦：《美国应急演练体系的发展与启示》，载《中国应急管理》2011 年第 9 期。

[162] 姜小文、韩永飞：《我国应急物资储备体系优化探析》，载《淮北职业技术学院学报》2013 年第 4 期。

[163] 蒋立山：《法律实施的评价标准》，载《法学杂志》1994 年第 1 期。

[164] 蒋维永：《欧盟食品安全法律制度研究》，西南政法大学 2008 年硕士论文。

[165] 康青春、周雪昂：《消防战勤保障物资储备点布局与选址问题》，载《中国安全科学学报》2011 第 1 期。

[166] 林鸿潮：《论应急预案的性质和效力——以国家和省级预案为考察对象》，载《法学家》2009 年第 2 期。

[167] 林鸿潮：《论应急处置状态结束的法律机制》，载《云南行政学院学报》2010 年第 4 期

[168] 林鸿潮：《公共应急管理中的横向府际关系探析》，载《中国行政管理》2015 年第 1 期。

[169] 林鸿潮：《巨灾应对背景下公共部门的能力整合模式——兼论国家安全委员会的公共应急职能》，载《中国政法大学学报》2015 年第 1 期。

[170] 林鸿潮：《我国非常规突发事件国家救助标准制定之完善——以美国"9.11 事件"的救助经验为借鉴》，载《法商研究》2015 年第 2 期。

[171] 林鸿潮：《论非常规突发事件应对中的市场机制——从社会动员的缺陷

[172] 林鸿潮：《公共应急管理中的的市场机制：功能、边界和运行》，载《理论与改革》2015年第3期。

[173] 林鸿潮：《公共危机管理问责制中的规则原则》，载《中国法学》2014年第4期。

[174] 林鸿潮：《第三方评估政府法治绩效的优势、难点与实现途径——以对社会矛盾化解和行政纠纷解决的评估为例》，载《中国政法大学学报》2014年第4期。

[175] 林鸿潮、黎静：《突发事件应对中的政府间权责分配与法律责任承担——"11·22"青岛中石化大爆炸事故引发的讨论》，载《行政法学研究》2014年第3期。

[176] 林鸿潮：《论应急处置状态结束的法律机制》，载《云南行政学院学报》2010年第4期。

[177] 林鸿潮：《政府应急能力建设及其自我认知调查——"社会预警与应急管理建设"问卷分析报告》，载《行政法学研究》2009年第1期。

[178] 刘铁明：《突发事件应急预案体系概念设计研究》，载《中国安全生产科学技术》2011年第8期。

[179] 刘怀增、熊亮：《国内外体验式应急培训模式的应用探索》，载《物流技术》2014年第7期。

[180] 刘利民、王敏杰：《我国应急物资储备优化问题初探》，载《物流科技》2009年第2期。

[181] 刘爱玲：《反思"8·12"天津爆炸事故》，载《现代职业安全》2015年第5期。

[182] 刘淑华：《论河北省跨行政区污染防治的法律实施机制》，载《科技信息》2014年第6期。

[183] 刘亚平、杨美芬：《德国食品安全监管体制的构建及其启示》，载《德国研究》2014年第1期。

[184] 刘畅：《日本食品安全规制研究》，吉林大学2010年博士论文。

[185] 刘敏镭:《中英食品安全法律制度比较及其启示》,湖南大学 2013 年硕士论文。

[186] 刘作翔:《中国法治国家建设的战略转移法律实施及其问题》,载《中国社会科学院研究生院学报》2011 年第 2 期。

[187] 李晓明、陈蕾:《社会稳定风险评估机制初论》,载《山东警察学院学报》2012 年第 1 期。

[188] 李建钊、童若辉、甘杰等:《浅议环境应急监测工作中存在的问题及对策》,载《长沙大学学报》2015 年第 5 期。

[189] 李伟:《突发公共卫生事件应急机制若干行政法律问题研究》,载《法治论坛》2008 年第 1 期。

[190] 李煜兴、周佑勇:《长三角地区区域规划实施的法律保障机制研究》,载《华东经济管理》2010 年第 2 期。

[191] 李瑜青:《诚信机制在法律实施中的价值——以构建政务诚信为切入点》,载《探索与争鸣》2013 年第 10 期。

[192] 李友根:《法律实施机制的健全:论〈广告法〉的修改》,载《广告大观(综合版)》2006 年第 6 期。

[193] 李亚肖:《论森林碳汇国际法律机制及其在中国的实施》,河南经贸大学 2013 年硕士论文。

[194] 路有全:《当前法律实施弱化现象的分析与思考》,载《社会科学》1995 年第 10 期。

[195] 吕同舟、黄伟、钟婷:《公众参与问题的研究综述》,载《管理观察》2009 年第 6 期。

[196] 罗吉、李广兵:《与时俱进 探索环境资源法律实施机制——2002 年环境资源法学高级研讨会综述》,载《法学评论》2003 年第 2 期。

[197] 兰澎钦,刘丽萍:《贯彻〈突发事件应对法〉提高应对突发事件的能力》,载《北京石油管理干部学院学报》2013 年第 4 期。

[198] 莫纪宏:《〈突发事件应对法〉及其完善的相关思考》,载《理论视野》2009 年第 4 期。

[199] 莫纪宏：《震后恢复与重建中法律关系变更问题研究》，载《河南省政法管理干部学院学报》2010 年第 6 期。

[200] 莫于川：《国外应急法制的七个特点》，载《中国应急管理》2007 年第 1 期。

[201] 莫于川、梁爽：《社会应激能力建设与志愿服务法制发展》，载《行政法学研究》2010 年第 4 期。

[202] 马怀德：《修改〈突发事件应对法〉的几点建议》，载《理论视野》2009 年第 4 期。

[203] 马怀德、周慧：《问责观念转变与突发事件问责——基于突发事件应对的视角》，载《中国应急管理》2011 年第 2 期。

[204] 马怀德、周慧：《〈突发事件应对法〉存在的问题与建议》，载《人民论坛 学术前沿》2012 年第 7 期。

[205] 马怀德：《完善北京城市应急决策指挥机制》，载《法学杂志》2012 年第 9 期。

[206] 牟方兵：《我国突发事件应对的法律完善》，湖北大学 2012 年硕士论文。

[207] 庞宇：《我国应急预案管理的问题及对策》，载《科技管理研究》2013 年第 11 期。

[208] 庞宇：《美国高校应急管理教育培训现状》，载《中国应急管理》2012 年第 10 期。

[209] 庞正：《法治概念的多样性与一致性——兼及中国法治研究方法的反思》，载《浙江社会科学》2011 年第 3 期。

[210] 彭涛、叶正茂：《健全和完善我国公共危机管理预警机制》，载《行政与法》2014 年第 4 期。

[211] 戚建刚：《极端事件的风险恐慌及对行政法制之意蕴》，载《中国法学》2010 年第 2 期。

[212] 戚建刚：《非常规突发事件与我国行政应急管理体制之创新》，载《华东政法大学学报》2010 年第 5 期。

[213] 戚建刚：《风险规制的兴起与行政法的新发展》，载《当代法学》2014年第6期。

[214] 戚建刚：《食品危害的多重属性与风险评估制度的重构》，载《当代法学》2012年第2期。

[215] 戚建刚、郭永良：《〈武汉市突发事件实施办法（草案）〉若干问题研究》，载《武汉科技大学学报（社会科学版）》2014年第1期。

[216] 戚建刚、郑理：《论公共风险监管法中动议权制度之构建》，载《中国高校社会科学》2015年第5期。

[217] 戚建刚、张璟月：《论我国公共风险监管法制之信任危机——以过程论为分析视角》，载《云南社会科学》2015年第4期。

[218] 戚建刚：《解析"11·22"青岛输油管道爆炸事件中的六类违法行为》，载《法学杂志》2014年第6期。

[219] 闪淳昌：《利在当代　功在千秋——国家突发公共事件应急预案体系建设回顾》，载《中国应急管理》2007年第1期。

[220] 佘廉、郭翔：《从汶川地震救援看我国应急救援产业化发展》，载《华中科技大学学报（社会科学版）》2008年第4期。

[221] 苏茂林：《乡镇一级政府应急预案运行现状调查研究》，载《成都行政学院学报》2013年第4期。

[222] 孙来友：《港口消防安全的中流砥柱——记天津港公安局消防支队建队40周年》，载《水上消防》2015年第1期。

[223] 宋全成：《论我国地震灾区移民安置与恢复重建资金的来源与运作问题》，载《山东社会科学》2008年第10期。

[224] 宋敏：《灾后重建规划进程体系研究》，载《合肥工业大学学报（自然科学版）》2012年第3期。

[225] 宋迎军：《论法律实施》，载《河北法学》1995年第5期。

[226] 沈岿：《风险评估的行政法治问题——以食品安全监管领域为例》，载《浙江学刊》2011年第3期。

[227] 孙海阳：《企业社会责任在我国的定位和法律实施机制研究》，中国政

法大学 2005 年硕士论文。

［228］童星、陶鹏：《论我国应急管理机制的创新——基于源头治理、动态治理、应急处置相结合的理念》，载《江海学刊》2013 年第 2 期。

［229］陶鹏、童星：《中国基层政府应急疏散行为模式：基于多案例比较分析》，载《中国地质大学学报（社会科学版）》2014 年第 4 期。

［230］童星、张海波：《基于中国问题的灾害管理分析框架》，载《中国社会科学》2010 年第 1 期。

［231］唐玮、姜传胜、佘廉：《提高突发事件应急预案有效性的关键问题分析》，载《中国行政管理》2013 年第 9 期。

［232］谭博文：《完善新疆救灾物资储备保障体系的对策研究》，新疆大学 2011 年硕士论文。

［233］涂光晋、宫贺：《实践—观念—制度—规范——"非典"以来我国政府危机管理研究》，载《国际新闻界》2008 年第 6 期。

［234］王锡锌：《参与失衡与管制俘获的解决：分散利益组织化》，载《广东行政学院学报》2008 年第 6 期。

［235］王锡锌、章永乐：《我国行政决策模式之转型——从管理主义模式到参与式治理模式》，载《法商研究》2010 年第 5 期。

［236］王宁：《从"12.31"踩踏事件看应急预案》，载《现代职业安全》2015 年第 2 期。

［237］王宏伟：《完善重大决策社会稳定风险评估机制的五大转变》，载《云南社会科学》2013 年第 2 期。

［238］王敬波：《略论政府应急征用法律制度的完善》，载《行政法学研究》2011 年第 4 期。

［239］王亮、邱玉琢：《两级应急物资储备协同预先配置优化决策研究》，载《软科学》2015 年第 12 期。

［240］王晖、唐湘林：《地方政府应对自然灾害恢复重建中存在的问题与对策研究——基于湖南若干县（市）的实证分析》，载《湘潭大学学报（哲学社会科学版）》2011 年第 5 期。

[241] 王雷：《如何优化地方政府应急物资储备刍议》，载《长春教育学院学报》2013年第2期。

[242] 王一帆：《网络舆情监测预警机制研究》，载《情报探索》2016年第3期。

[243] 王松磊：《"4·14"玉树地震应急救援的启示——基于玉树地震灾区的实地调研》，载《西藏发展论坛》2010年第4期。

[244] 王祯军：《2007年以来国内应急法制研究综述》，载《大连干部学刊》2012年第7期。

[245] 王辉霞：《公众参与食品安全治理法治探析》，载《商业研究》2012年第4期。

[246] 王悦：《我国食品安全法律监管模式与制度体系研究》，华中农业大学2007年硕士论文。

[247] 王宝明：《立法与法律实施问题研究》，载《河北法学》1995年第4期。

[248] 王叔良、史建三：《上海法律实施状况之评析》，载《政治与法律》2012年第3期。

[249] 王佑臣、杨利：《当前法律实施中的主要问题、原因及对策》，载《山东法学》1992年第1期。

[250] 吴迪：《论欧盟食品安全法的最新发展：前瞻与启示》，载《河北法学》2014年第11期。

[251] 吴元元：《双重博弈结构中的激励效应与运动式执法》，载《法商研究》2015年第1期。

[252] 谢蒲定：《从执法检查报告分析影响和制约法律实施的因素》，载《人大研究》2011年第9期。

[253] 谢士文：《法律实施论纲》，载《河北法学》1996年第5期。

[254] 熊新光、顾铖祎：《对应急预案几个基本问题的思考》，载《中国应急管理》2012年第6期。

[255] 熊海帆：《巨灾风险管理问题研究综述》，载《西南民族大学学报（人

文社科版）》2009年第2期。

[256] 夏锦文：《法律实施及其相关概念辨析》，载《法学论坛》2003年第6期。

[257] 徐汉民：《法治的核心是宪法与法律的实施》，载《中国法学》2013年第1期。

[258] 徐亚文、伍德志：《论社会稳定风险评估机制的局限性及其建构》，载《政治与法律》2012年第1期。

[259] 许小峰：《强化气象灾害监测预警　提升应急防灾避险能力——解读〈关于加强气象灾害监测预警及信息发布工作的意见〉》，载《中国应急管理》2011年第8期。

[260] 许婉如：《论欧盟食品安全监管制度——兼论对我国的启示》，安徽大学2014年硕士论文。

[261] 薛有成：《玉树灾后恢复重建中的主体法律问题》，载《攀登》2010年第4期。

[262] 于安：《〈突发事件应对法〉的实施问题》，载《理论视野》2009年第4期。

[263] 姚迪：《当前突发事件应急管理宣传教育的思考》，载《灾害学》2009年第2期。

[264] 岳清春：《协同应急视域下的监测预警机制研究》，载《消防科学与技术》2016年第1期。

[265] 杨海坤、吕成：《迈向宪政背景下的应急法治——〈突发事件应对法〉颁布后的思考》，载《法治论丛》2008年第1期。

[266] 杨海坤：《群体性事件有效化解的法治路径》，载《政治与法律》2011年第11期。

[267] 杨天发：《论强化法律实施的保障机制》，载《理论与改革》1998年第2期。

[268] 杨琳：《解剖瓮安事件》，载《瞭望》2011年第17期。

[269] 郁忠民：《法律实施评述》，载《政治与法律》1988年第4期。

[270] 袁野：《建立我国巨灾保险制度的初步设想》，载《中国保险》2009 年第 4 期。

[271] 章志远、朱渝：《我国群体性事件法律化解机制之反思》，载《法治与社会发展》2013 年第 4 期。

[272] 张素丽、王睿、李振明：《浙江省突发事件应急预案管理现状调查研究》，载《工业安全与环保》2013 年第 12 期。

[273] 张红：《我国突发事件应急预案的缺陷及完善》，载《行政法学研究》2008 年第 3 期。

[274] 张红：《我国应急物资储备制度的完善》，载《中国行政管理》2009 年第 3 期。

[275] 张小明：《我国社会稳定风险评估的经验、问题与对策》，载《行政管理改革》2014 年第 6 期。

[276] 张小明：《公共危机事后恢复重建的内容与措施研究》，载《北京科技大学学报（社会科学版）》2013 年第 2 期。

[277] 张小明：《〈突发事件应对法〉实施中存在的主要问题与完善路径》，载《行政与法》2013 年第 9 期。

[278] 张乐、童星：《重大决策社会稳定风险评估的问题、回应与完善》，载《江苏社会科学》2015 年第 4 期。

[279] 张维平：《政府应急管理预警机制建设创新研究》，载《中国行政管理》2009 年第 8 期。

[280] 张平：《我国城市应急联动运行机制建设面临的挑战与重构》，载《中国人民公安大学学报（社会科学版）》2008 年第 5 期。

[281] 中共省委党校课题组：《近年来我国防控突发事件的经验与启示》，载《领导之友》2013 年第 1 期。

[282] 张海波、童星：《公共危机治理与问责制》，载《政治学研究》2010 年第 2 期。

[283] 张海波、童星：《巨灾救助的理论检视与政策适应——以"南方雪灾"和"汶川地震"为案例》，载《社会科学》2012 年第 2 期。

[284] 张海波、童星：《中国应急预案体系的优化——基于公共政策的视角》，载《上海行政学院学报》2012 年第 6 期。

[285] 张永领：《中国政府应急物资的储备模式研究》，载《经济与管理》2011 年第 2 期。

[286] 张永领：《我国应急物资储备体系完善研究》，载《管理学刊》2010 年第 6 期。

[287] 张聆听：《鞋业王国除火魔——温岭市整治制鞋业火灾隐患记实》，载《浙江消防》2006 年第 6 期。

[288] 张丽珊：《环境应急监测能力建设的问题及若干思考》，载《科技风》2014 年第 4 期。

[289] 张英菊：《基于弹性视角的应急预案有效性评价研究》，载《理论与改革》2015 年第 4 期。

[290] 张睿、张永波：《灾后恢复重建项目公众参与主体决策路径分析》，载《湖南社会科学》2013 年第 4 期。

[291] 张欢、吴苏锦：《突发事件恢复重建机制浅析》，载《城市与减灾》2011 年第 S1 期。

[292] 张素平、张凌：《南方冰雪灾害挑战装备制造业》，载《装备制造》2008 年第 Z1 期。

[293] 张虹：《生态补偿法律制度的完善和实施机制的构想》，兰州大学 2006 年硕士论文。

[294] 张旭：《食品安全法律责任制度研究》，河南大学 2010 年硕士论文。

[295] 张智辉：《法律监督三辨析》，载《中国法学》2003 年第 5 期。

[296] 张国庆：《我国政府信息公开研究综》，载《企业导报》2012 年第 11 期。

[297] 张琪：《法律实施的概念、评价标准及影响因素分析》，载《法律科学》1999 年第 1 期。

[298] 赵颖：《对行政应急性原则研究的回顾与展望》，载《行政法学研究》2005 年第 4 期。

[299] 赵鹏：《风险社会的自由与安全——风险规制的兴起及其对传统行政法原理的挑战》，载《交大法学》2001年第1期。

[300] 赵文菁：《论突发环境事件应急法律机制的实施——以4.11兰州水污染事件为例》，吉林大学2015年硕士论文。

[301] 赵秀华：《农村环境保护法律实施机制研究》，河南大学2012年硕士论文。

[302] 赵斌：《法律实施保障机制运行中的文化、制度与实践》，载《法制博览》2013年第6期。

[303] 朱最新：《服务型政府视角下的应急管理——兼评〈突发事件应对法〉》，载《法治论坛》2008年辑刊。

[304] 周春华：《行政紧急权力及其法律规制》，载《安徽大学法律评论》2008年第1期。

[305] 周建民、刘娟娟、徐晟航等：《发达国家食品质量风险评估现状及对我国的启示》，载《中国农机化》2011年第1期。

[306] 郑长德：《论灾后恢复重建与共享型发展》，载《阿坝师范高等专科学校学报》2010年第1期。

[307] 中国人民大学法学院课题组：《重金属污染风险防范与应急法律机制研究》，载《中国环境法治》2012年第2期。

[308] 朱新力、梁亮：《公共行政变迁与新行政法的兴起》，载《国家检察官学院学报》2013年第1期。

[309] 朱晓燕、王怀章：《对运动式行政执法的反思——从劣质奶粉事件说起》，载《青海社会科学》2005年第1期。

[310] 钟开斌、张佳：《论应急预案的编制与管理》，载《甘肃社会科学》2006年第3期。

[311] 钟开斌：《风险管理：从被动反应到主动保障》，载《中国行政管理》2007年第11期。

[312] 钟开斌：《回顾与前瞻：中国应急管理体系建设》，载《政治学研究》2009年第1期。

[313] 钟开斌:《日本灾害监测预警的做法与启示》,载《行政管理改革》2011 年第 5 期。

[314] 钟开斌:《中国应急预案体系建设的四个基本问题》,载《政治学研究》2012 年第 6 期。

[315] 钟开斌:《伦敦城市风险管理的主要做法与经验》,载《国家行政学院学报》2012 年第 5 期。

[316] 詹承豫:《动态情境下突发事件应急预案的完善路径》,载《行政法学研究》2011 年第 1 期。

[317] [德] 乌尔里希·贝克:《从工业社会到风险社会——关于人类生存、社会结构和生态启蒙等问题的思考(上篇)》,王武龙译,载《马克思主义与现实》2003 年第 3 期。

[318] [德] 乌尔里希·贝克:《从工业社会到风险社会——关于人类生存、社会结构和生态启蒙等问题的思考(上篇)》,王武龙译,载《马克思主义与现实》2003 年第 5 期。

二、外文类

[319] Akerlof, George A., "The Market for 'Lemons': Quality Uncertainty and the Market Mechanism", *Uncertainty in Economics*, Vol. 84, No. 3, 1970.

[320] A. Giddens, *Modernity and Self-identity: Self and Society in the Late Modern Age*, Cambridge: Polity Press, 1991.

[321] A. Giddens, "Risk and Responsibility", *Modern Law Review*, Vol. 62, No. 1, 1999.

[322] Atapattu, Sumudu, "Evolution and Status of the Precautionary Principle in International Law", *American Journal of International Law*, Vol. 96, No. 4, 2002.

[323] Albores, Pavel and D. Shaw, "Government Preparedness: Using Simulation to Prepare for a Terrorist Attack", *Computers & Operations Research*,

Vol. 35, No. 6, 2008.

[324] Boin, Arjen and P. Hart, "Organising for Effective Emergency Management: Lessons from Research", *Australian Journal of Public Administration*, Vol. 69, No. 4, 2010.

[325] Bruce Ackerman, "The Emergency Constitution", *Yale Law Journal*, Vol. 113, No. 4, 2004.

[326] Barbara Adam, Ulrich Beck and Joost Van Loon, *The Risk Society and Beyond: Critical Issues for Social Theory*, New York: SAGE Pubulication, 2000.

[327] Boin, Arjen and M. Rhinard, "Managing Transboundary Crises: What Role for the European Union?", *International Studies Review*, Vol. 10, No. 1, 2008.

[328] Boyle, Michael P. (eds.), "Information Seeking and Emotional Reactions to the September 11 Terrorist Attacks", *Journalism and Mass Communication Quarterly*, Vol. 81, No. 1, 2004.

[329] Cass R. Sunstein, T. Kuran, "Aavilability Cascades and Risk Regulation", *Stanford Law Review*, Vol. 51, No. 4, 1999.

[330] Cass R. Sunstein, "Laws of Fear: Beyond the Precautionary Principle", *Modern Law Review*, Vol. 69, No. 2, 2006.

[331] Charles F. Hermann, *International Crisis: Insights Form Behavioral Research*, New York: Free Press, 1972.

[332] Chris Ansell, Alison Gash, "Collaborative Governance in Theory and Practice", *Journal of Public Administration Research and Theory*, Vol. 18, No. 4, 2008.

[333] Chang, Yan (eds.), "Resourcing for Post-Pisaster Reconstruction: a Comparative Study of Indonesia and China", *Disaster Prevention and Management*, Vol. 21, No. 1, 2012.

[334] Chang, S. E., "Urban Disaster Recovery: a Measurement Framework and

its Application to the 1995 Kobe Earthquake", *Disasters*, Vol. 34, No. 2, 2010.

[335] Carreño, Ignacio and G. Berends, "Safeguards in Food Law —Ensuring Food Scares are Scarce", *European Law Review*, Vol. 30, No. 4, 2005.

[336] C. D. Haddow, J. A. Bllock and D. P. Coppola, *Introduction to Emergency Management*, Oxforf: Elsevier, 2008.

[337] Cho J, Lee J. , "An Integrated Model of Risk and Risk-reducing Strategies", *Journal of Business Research*, Vol. 59, No. 1, 2006.

[338] Coombs, W. Timothy, and S. J. Holladay, "An Exploratory Study of Stakeholder Emotions: Affect and Crises", *Research on Emotion in Organizations*, Vol. 1, No. 1, 2005.

[339] D. Fiorino, " Environmental Risk and Democratic Processesa Critical Review", *Columbia Journal of Enviromental Law*, Vol. 14, No. 2, 1989.

[340] David Mcloughlin, "A Framework for Integrated Emergency Management", *Public Administration Review*, Vol. 45, No. 4, 1985.

[341] Douglas M. , " Perceived Risk, Real Risk: Social Science and the Art of Probabilistic Risk Assessment", *Science*, Vol. 242, No. 8, 1988.

[342] Dreyer, Martion and Ortwin Renn, *Food Safety Governance: Integrating Science, Precaution and Public Involvement*, Berlin: Springer-Verlag, 2009.

[343] Daniel D. Stier, Richard A, "Goodman, Mutual Aid Agreements: Essential Legal Tools for Public Health Preparedness and Response ", *American Journal of Public Health*, Vol. 97, No. 1, 2007.

[344] Davies, Hilary and M. Walters, "Do all Crises Have to Become Disasters? Risk and Risk Mitigation", *Property Management*, Vol. 7, No. 1, 1998.

[345] Deutsch, W. , "Crisis Decision Making: The Information Approach", In D. Frei (eds.), *Managing International Crises*. London: Sahe, 1982.

[346] Daley E. , "Wireless Interoperability", *Public Manage*, Vol. 84, No. 4, 2003.

[347] E. L. Quarantelli, "Epilogue: Where We Have Been and Where We Might Go", In E. L. Quarantelli (eds.), *What Is a Disaster? Perspective on the Question*. London: Routledge, 1998.

[348] Eric A. Posner, "Adrian Vermeule, Accommodating Emergencies", *Stanford Law Review*, Vol. 56, No. 3, 2003.

[349] Eric A. Posner, "Adrian Vermeule, Emergencies and Political Change: A Reply to Tushnet", *Stanford Law Review*, Vol. 56, No. 6, 2004.

[350] Eric A. Posner, "Fear and Regulatory Model of Counterrorism", *Harvard Journal of Law and Public Policy*, Vol. 25, No. 2, 2002.

[351] Eleanor Stead, Clive Smallman, "Understanding Business Failure: Learning and Un-Learning From Industrial Crises", *Journal of Contingencies and Crisis Management*, Vol. 7, No. 1, 1999.

[352] E. Donald Elliott, "Strengthening Science's Voice at EPA", *Law and Contemporary Problems*, Vol. 66, No. 4, 2003.

[353] Edmund Burke. *Reflections on the Revolution in France*, Chicago: Regnery, 1955.

[354] Fred Cohen, "What Makes Critical Infrastructures Critical?", *International Journal of Critical Infrastructure Protection*, Vol. 3, No. 2, 2010.

[355] Frank B. Cross, "Paradoxical Perils of the Precautionary Principle", *Wash and Lee Law Review*, Vol. 3, No. 1, 1996.

[356] Fink Steven, *Crisis management: Planning for the inveritable*, New York: American Management Association, 1986.

[357] Fischhoff, B., "Risk Perception and Communication Unplugged: Twenty Years of Process", *Risk Analysis*, Vol. 15, No. 2, 1995.

[358] Grendstad, Gunnar, "Grid-Group Theory and Political Orientations: Effects of Cultural Biases in Norway in the 1990s", *Scandinavian Political Studies*, Vol. 23, No. 3, 2000.

[359] Garvin, T., "Analytical Paradigms: the Epistemological Distances between

Scientists, Policy Makers and the Public", *Risk Analysis*, Vol. 21, No. 3, 2001.

[360] G. Gollier, N. Treich, "Decision Making Under Uncertainty: The Economics of the Precautionary Principle", *Journal of Risk and Uncertainty*, Vol. 27, No. 1, 2003.

[361] H. Davies, M. Walters, "Do All Crisis Have to Become Disaters? Risk and Mitigation", *Disater Prevention and Management*, Vol. 14, No. 7, 1998.

[362] Hart, Paul T., U. Rosenthal and A. Kouzmin, "Crisis Decision Making The Centralization Thesis Revisited", *Administration and Society*, Vol. 25, No. 1, 1993.

[363] Henson, Spencer and J. Caswell, "Food Safety Regulation: An Overview of Contemporary Issues", *Food Policy*, Vol. 24, No. 6, 1999.

[364] Herbert A. Simon, *The New Science of Management Decision*, New York: Harper&Brothers Publisher, 1960.

[365] H. Simon, *Models of Man: Social and Rational*, New York: John Wiley and Sons, 1957.

[366] Irving, John A., "The Psychology of Rumor", *Public Opinion Quarterly*, Vol. 11, No. 4, 1947.

[367] James L Perry, *Handbook of Public Administration (Second Edition)*, San Francisco: Jossey Bass Inc, 1996.

[368] Jules Lobel, "Emergency Power and the Decline of Liberalism", *Yale Law Journal*, Vol. 98, No. 7, 1998.

[369] J. Rascoff, R. L. Revesz, "The Biases of Risk Tradeoff Analysis: Towards Parity in Environmental and Health-and-Safety Regulation", *University of Chicago Law Review*, Vol. 69, No. 4, 2002.

[370] John Erich, "Homeland Security Department Unveils National Incident Management", *Emergency Medical Services*, Vol. 13, No. 6, 2004.

[371] Jasanoff S., *The Fifth Branch: Science Advisors as policymakers*, Boston:

Harvard University Press, 1990.

[372] Julia Black, "The Roleof Risk in Regulatory Processes", In Robert Baldwin, Martin Cave and Martin Lodge, *The Oxford Handbook of Regulation*. London: Oxford University Press, 2010.

[373] Kusumasari B., Alam Q., "Local Wisdom-based Disaster Recovery Model in Indonesia", *Disaster Prevention and Management*, Vol. 21, No. 2, 2012.

[374] K. L. Blackstock, G. J. Kelly and B. L. Horsey, "Developing and Applying a Framework to Evaluate Participatory Research for Sustainability", *Ecological Economics*, Vol. 60, No. 4, 2007.

[375] Kemp, Roger L., "Comments on 'Assessing and Managing Environmental Risk: Connecting Local Government Managers with Emergency Management'", *Public Administration Review*, Vol. 69, No. 2, 2009.

[376] Kuran, Cass R. Sunstein, "Availability Cascades and Risk Regulation", *Stanford Law Review*, Vol. 51, No. 4, 1999.

[377] King, Granville, "Crisis Management & Team Effectiveness: A Closer Examination", *Journal of Business Ethics*, Vol. 41, No. 3, 2002.

[378] Koch, Charles H., "Judicial Review of Administrative Policymaking", *William & Mary Law Review*, Vol. 44, No. 10, 2002.

[379] Kuwabara H., Shioiri T., "Factors Impacting on Psychological Distress and Revovery after the 2004 Niigata-Chuetsy Earthquake, Japan: Community-Based Study", *Psychiatry and Clinical Neurosciences*, Vol. 62, No. 10, 2008.

[380] Kweit, Mary Grisez and R. W. Kweit, "Citizen Participation and Citizen Evaluation in Disaster Recovery", *The American Review of Public Administration*, Vol. 34, No. 4, 2004.

[381] Lin, Yen Hung (eds.), "A Logistics Model for Emergency Supply of Critical Items in the Aftermath of a Disaster", *Socio-Economic Planning Sciences*, Vol. 45, No. 4, 2011.

[382] Lindell, Michael K. and R. W. Perry, "The Protective Action Decision Model: Theoretical Modifications and Additional Evidence", *Risk Analysis*, Vol. 32, No. 4, 2012.

[383] Linsu Kim, "Crisis Construction and Organizational Learning: Capability Building in Catching-up at Hyundai Motor", *Organization Science*, Vol. 9, No. 4, 1998.

[384] L. Michael, Dekay (eds.), "Risk-based Decision Analysis in Support of Precautionary Policies", *Journal of Risk Research*, Vol. 5, No. 4, 2002.

[385] L. Feinstein, A. Slaughter, "A Duty to Prevent", *Foreign Affairs*, Vol. 83, No. 1, 2004.

[386] Martion Dreyer, Ortwin Renn. *Food Safety Governance: Integrating Science, Precaution and Public Involvement*, Berlin: Berlin Heidelberg Press, 2009.

[387] Meinhard Doelle, Chris Tollefson, *Enviromental Law Cases and Materials (Second Edition)*, North Carolina: Carswell, 2009.

[388] M. G. Kweit. R. W. Kweit, "Citizen Participation and Citizen Evaluation in Disaster Recovery", *The American Review of Public Administration*, Vol. 34, No. 4, 2004.

[389] Mileti D S., "Disasters by Design: A Reassessment of Natural Hazards in the United States", *Ameaças*, Vol. 8, No. 10, 1999.

[390] McDaniels T. L., Gregory R. S. and Fields D., "Democratizing Risk Management: Successful Public Involvement in Local Water Management Decisions", *Risk Analysis*, Vol. 19, No. 3, 1999.

[391] Millstone, Erik, "Can Food Safety policy-making Be Both Scientifically and Democratically Legitimated? If So, How?", *Journal of Agricultural and Environmental Ethics*, Vol. 20, No. 5, 2007.

[392] Maynard R L, "Late Lessons from Early Warnings: The Precautionary Principle 1896-2000", *Office of Scientific and Technical Information Technical Reports*, Vol. 155, No. 1, 2002.

[393] Mary Douglas, Aaron Wildavsky, *Risk and Culture*, Berkeley: University of California Press, 1982.

[394] Murali, Pavankumar, F. Ordóñez, and M. M. Dessouky, "Facility Location under Demand Uncertainty: Response to a Large-scale Bio-terror Attack", *Socio-Economic Planning Sciences*, Vol. 46, No. 1, 2012.

[395] Maria Nathan, "From the Editor: Crisis Learning—Lessons from Sisyphus and Others", *Review of Business*, Vol. 21, No. 3, 2000.

[396] Mete H. O., Zabinsky Z. B., "Stochastic Opimization of Medical Supply Location and Distribution in Disaster Management", *International Journal of Production Economics*, Vol. 126, No. 1, 2010.

[397] Moynihan, Donald P., "Normative and Instrumental Perspectives on Public Participation Citizen Summits in Washington, D. C. ", *The American Review of Public Administration*, Vol. 33, No. 2, 2003.

[398] National Researeh Counell, *Risk Assessment in the Federal Government: Managing the Process*, Washington D. C. : National Academy Press, 1983.

[399] Nakagawa S., Suwa K., "A Cultural Approach to Recovery Assistance Following Urban Disasters", *City Culture & Society*, Vol. 1, No. 1, 2010.

[400] O. Rourke R., *European Food Law* 3rd, London: Sweet and Maxwell Lxd, 1995.

[401] Owen Mcintyre, "Thomas Mosedale. The Precautionary Principle as a Norm Customary International Law", *Journal of Environmental Law*, Vol. 9, No. 2, 1997.

[402] Ortwin Renn. *Risk Governance: Coping with Uncertainty in a Complex World*, Streling: VA Press, 2008.

[403] Paul Slovic, "Perceptions of Risk: Reflections on the Psychometric Paradigm", In Sheldon Krimsky and Dominic Golding (eds.), *Social Theories of Risk*. Westport: Greenwood Press, 1992.

[404] Patrick Lagadec, *Crisis Management in the Twenty-First Century:*

"*Unthinkable*" *Events in* "*Inconceivable*" *Contexts*, New York: Wiley-ISTE, 2009.

[405] Potter, M. C. , "Short-term Conceptual Memory for Pictures," *Journal of Experimental Psychology Human Learning & Memory*, Vol. 2, No. 5, 1976.

[406] Quarantelli, E. L. , and R. R. Dynes, "Response to Social Crisis and Disaster", *Annual Review of Sociology*, Vol. 3, No. 3, 1977

[407] Rod MacRae, James Alden, "A review of Canadian Food Safety Policy and Its Effectiveness in Addressing Health Risks for Canadiands", *Pollution Probe*, Vol. 45, No. 6, 2002.

[408] Richrd A. Posner, *Catastrophe: Risk and Response*, Oxford: Oxford University Press, 2005.

[409] Rose Adam, "Defining and Measuring Economic Resilience to Disasters", *Disaster Prevention and Management*, Vol. 13, No. 4, 2004.

[410] R. Jackson, D. Jackson and Baxter Moore, *Politics in Canada: Culture, Institutions, Behaviour and Public Policy*, Scarborough: Prentice-Hall, 1986.

[411] Robert Heath, "Dealing with the Complete Crisis—the Crisis Management Shell Structure", *Safety Science*, Vol. 30, No. 2, 1998.

[412] Rob Beckley, Julian Birkinshaw, "Dealing with a Crisis—What the Police Have Learnt and What Others Can Learn from the Police", *Policing*, Vol. 3, No. 1, 2009.

[413] Robert A. Stallings, "Disaster and the Theory of Social Order", In E. L. Quarantelli (eds.), *What Is a Disaster? Perspective on the Question.* London: Routledge, 1998.

[414] Ronald W. P. , Michael K. L. , "Perparedness for Emergency Response: Guidelines for the Emergency Planning Process", *Disasters*, Vol. 27, No. 4, 2003.

[415] Robert, Bertrand and C. Lajtha, "A New Approach to Crisis Management", *Journal of Contingencies and Crisis Management*, Vol. 10, No. 4, 2002.

[416] Rubin, Claire B. and D. G. Barbee, "Disaster Recovery and Hazard Mitigation: Bridging the Intergovernmental Gap", *Public Administration Review*, Vol. 45, No. 45, 1985.

[417] R. B. Stewart, "Environmental Regulatory Decision-making under Uncertainty", *Research in Law and Economics*, Vol. 20, No. 2, 2002.

[418] Sorensen J H., "Hazard Warning Systems: Review of 20 Years of Progress", *Natural Hazards Review*, Vol. 2, No. 1, 2000.

[419] Stephen O. Bender, "Progress in Natural hazard Risk Reduction: What Hath Development Wrought?", *Environmental Hazards*, Vol. 10, No. 1, 2011.

[420] Smet, Hans De, P. Lagadec and J. Leysen, "Disasters Out of the Box: A New Ballgame?", *Journal of Contingencies and Crisis Management*, Vol. 20, No. 3, 2012.

[421] Sommerlad, Hilary, "Some Reflections on the Relationship between Citizenship, Access to Justice, and the Reform of Legal Aid", *Journal of Law and Society*, Vol. 31, No. 3, 2004.

[422] Sherry R. Arnstein, "A Ladder Of Citizen Participation", *Journal of the American Planning Association*, Vol. 35, No. 4, 1969.

[423] Stephen Breyer, *Regulation and Its Reform*, Cambridge: Harvard University Press, 1982.

[424] Susan Rose-Ackerman, "Progress Law and Economics and New Administrative Law", *Yale Law Journal*, Vol. 98, No. 4, 1988.

[425] Steven Fink, *Planning for the inevitable*, New York: American Management Association, 1986.

[426] Sinclair Amanda, "The Chameleon of Accountability: Forms and Discourses", *Accounting Organizations and Society*, Vol. 20, No. 2, 1995.

[427] Tierney, Kathleen J., "Disaster Governance: Social, Political, and Economic Dimensions", *Annual Review of Environment and Resources*, Vol. 37, No. 12, 2012.

[428] Tyler, T. R., "Public Trust and Confidence in Legal Authorities: What Do Majority and Minority Group Members Want from the Law and Legal Institutions?", *Behavioral Sciences and the Law*, Vol. 19, No. 2, 2001.

[429] U. Beck, W. Bons, C. Lau, "The Theory of Reflexive Modernization Problematic, Hypotheses and Research Programme", *Theory, Culture and Society*, Vol. 20, No. 2, 2003.

[430] U. Beck, *Risk Society: Towards a New Modernity*, London: Sage, 1992.

[431] Ukkusuri, Satish V. and W. F. Yushimito, "Location Routing Approach for the Humanitarian Prepositioning Problem", *Transportation Research Record Journal of the Transportation Research Board*, Vol. 2089, No. 6, 2008.

[432] Uriel Rosenthal, R. Arjen and Louise K. Comfort, "The Changing World of Crisis and Crisis Management", In Uriel Rosenthal, R. Arjen and Louise K. Comfort (eds.), *Managing Crisis: Treat, Dilemmas, Opportunities*. Springfield: Charles C. Thomas Pub. Ltd., 2001.

[433] Uriel Rosenthal, Michael T. Charles and Paul T. Hart (eds.), *Coping with Crises: The Management of Disasters, riots and terrorism*, Springfield: Charles C. Thomas Pub. Ltd., 1989.

[434] Venkatesh S, Memish Z A (eds.), "Bioterrorism-a new Challenge for Public Health", *International Journal of Antimicrobial Agents*, Vol. 21, No. 2, 2003.

[435] Webler, Thomas and S. Tuler, "Unlocking the Puzzle of Public Participation", *Bulletin of Science Technology & Societ*, Vol. 22, No. 3, 2002.

[436] Walker, Vern R., "Risk Regulation and the Faces of Uncertainty", *Risk*, Vol. 9, No. 2, 1998.

[437] Wade, Jared, *Managing Strategic Surprise Lessons from Risk Management and Risk Assessment*. Cambridge: Cambridge University Press, 2008.

[438] Weimer, David L., "Reinventing Government: How the Entrepreneurial

Spirit is Transforming the Public Sector", *Journal of Policy Analysis and Management*, Vol. 13, No. 1, 1994.

[439] William L. Benoit, Shirley Drew, "Appropriateness and Effectiveness of Image Repair Strategies", *Communication Reports*, Vol. 10, No. 2, 1997.